Einen Überblick über die deutsche Mariendichtung vom frühen Mittelalter bis in unsere Tage bietet die vorliegende Sammlung in Gestalt einer umfassenden Textauswahl. Es ist das erste Mal, daß eine solche wissenschaftlich fundierte Übersicht über die Entwicklung der deutschen Mariendichtung, die einen Zeitraum von neun Jahrhunderten umspannt, versucht wird. Den Theologen und den Literarhistoriker, den katholischen wie den protestantischen Laien, den religiös Meditierenden wie den reinen Liebhaber der Dichtung wird die Auswahl poetischer Kostbarkeiten in gleicher Weise ansprechen.

Der Literaturfreund wird eines der großen vergessenen Motive deutscher Dichtung, der Gläubige wird Zeugnisse seines Glaubens finden. Allen Lesern, auch solchen, deren Weltanschauung keinen inneren Bezug zur religiösen Seite des Themas hat, ihnen allen wird Schritt für Schritt die poetische Feier des Ewig-Weiblichen begegnen.

insel taschenbuch 1168

Deutsche Mariendichtung

DEUTSCHE MARIENDICHTUNG

aus neun Jahrhunderten

Herausgegeben und erläutert
von Eberhard Haufe

Insel Verlag

insel taschenbuch 1168
Erste Auflage 1989
Insel Verlag Frankfurt am Main 1989

Hinweise zu dieser Ausgabe am Schluß des Bandes
Vertrieb durch den Suhrkamp Taschenbuch Verlag
Umschlag nach Entwürfen von Willy Fleckhaus
Satz: Fotosatz Otto Gutfreund, Darmstadt
Druck: Nomos Verlagsgesellschaft, Baden-Baden
Printed in Germany

1 2 3 4 5 6 – 94 93 92 91 90 89

DIE KUNSTDICHTUNG
DES
MITTELALTERS

Lied, Gebet, Sequenz und Leich

*

FRAU AVA

Vor 1127

Dô got hie in erde
  geborn wolte werden,
dô hiez er iz vor sagen
  Ysaiam den wîssagen
und ander prophêten,
  daz er is willen hête,
daz in ein magit gebâre,
  daz iz deste gelouplîcher wâre,
swanne iz darnâch gescâhe,
  daz man in mennisk gesâhe.
wan diu magit ungeborne
  tet vil manic werlde verlorne,
daz der widertân wurte
  mit der magitlîchen geburte.

Si was aller magede hêrist
  von diu daz si allerêrist
dar an vol wonete,
  daz si geheizen habete
daz si gotes maget wâre
  und allez manchunde verbáre
zaller werlde wunnen,
  si reine ûzen und innen.

Dô hete got einen alten
  vil reinen gehalten
ze helfe der magede,

FRAU AVA

Vor 1127

Als Gott hier auf Erden
geboren wollte werden,
da befahl er voraus es zu sagen
Jesaias, dem Weissager,
und andren Propheten,
daß ihn verlange,
es möchte ihn eine Jungfrau gebären,
damit es desto glaubhafter wäre,
wenn es später einmal geschähe,
daß man als Menschen ihn sähe.
Denn ehe die Jungfrau geboren,
war alle Welt verloren,
das wurde da wiedergutgemacht
durch die jungfräuliche Geburt.

Sie war aller Jungfrauen Herrlichste,
weil sie von allem Anfang an
dabei völlig verblieb,
daß sie gelobt hatte,
Gottes Jungfrau zu sein
und alles Menschliche zu meiden
zur Freude aller Welt,
sie – makellos außen und innen.

Da hatte Gott einen Alten,
sehr Lautren am Leben erhalten
der Jungfrau zum Beistand,

ir nôtdurft ze gebenne:
ir gemahelen sîn hiez.
darumbe er niene liez,
er nedienet ir mit triuwen
alsô mit rehte sîner frouwen.

Zuo der magede reine,
dô si in dem gademe saz eine
– si bette umbe daz heil der werlte –,
dô chom ir des si gerte:
der heilige âdem
der enphiench ir die wambe,
er bescatewet ir den lîchnamen;
dô wart si swanger âne man.

Dâ newas hîrât
noch manlîch rât
noch werltlîch gelust
noch nehein hônchust;
diu magit wart vil wol gêret,
ir chiuske gemêret,
ir magetuom gehalten
mit genâden manichvalten.

Dô der dâ geherbergôte
der si gebildôte,
dô diu magit des verstuont
daz iz chôme vone got,
und der heilige âdem
enswebete ir den lîchnâmen
von den vuozen unz an den wirbel,
dô gehîte der himel zuo der erde.

ihr zu geben, wes das Leben bedarf:
Sie nannte ihn ihren Gemahl.
Nie ließ er davon ab,
er diente ihr ergeben,
so wie sichs geziemt, seiner Herrin.

Zu der makellosen Jungfrau,
als sie allein in der Kammer saß
– sie betete für das Heil der Welt –,
kam da, wonach sie verlangte:
der heilige Geist,
den empfing ihr Schoß,
er warf Schatten über ihren Leib;
da wurde sie schwanger ohne Mann.

Da war nicht Vermählung,
noch männlicher Beistand,
nicht irdische Lust
noch treuloses Wesen:
Die Jungfrau wurde gar recht verherrlicht,
ihre Keuschheit erhöht,
ihr Magdtum bewahrt
mit vielerlei Gnaden.

Als sich da niederließ,
der sie geschaffen,
als die Jungfrau verstand,
daß es käme von Gott,
und der heilige Geist
den Körper ihr einschläferte
von den Füßen bis zum Scheitel:
da vermählte sich der Himmel mit der Erde.

MELKER MARIENLIED

Um 1130/40

Jû in erde
leit Aaron eine gerte.
diu gebar mandalôn,
nüzze alsô edile:
die süezze hâst dû füre brâht,
muoter âne mannes rât,
Sancta Maria.

Jû in deme gespreidach
Moyes ein fiur gesach.
daz holz niene bran,
den louch sah er obenân
der was lanch unde breit:
daz bezeichint dîne magetheit,
Sancta Maria.

Gedeon, dux Israel,
nider spreit er ein lamphel.
daz himeltou die wolle
betouwete almitalle:
alsô chom dir diu magenchraft,
daz dû wurde berehaft,
Sancta Maria.

Mersterne, morgenrôt,
anger ungebrâchôt,
dar ane stât ein bluome,
diu liuhtet alsô scône:
si ist under den anderen
sô lilium undern dornen,
Sancta Maria.

MELKER MARIENLIED

Um 1130/40

Einst auf die Erde
legte Aaron einen Zweig.
Der gebar Mandeln,
Nüsse so herrlich:
Diese Süße hast du hervorgebracht,
Mutter ohne Mannes Hilfe,
Sancta Maria.

Einst in dem Gesträuche
sah Moses ein Feuer.
Das Holz brannte nicht,
die Flamme sah er obenauf,
die war lang und groß:
Das bedeutet dein Magdtum,
Sancta Maria.

Gideon, dux Israel,
nieder breitete er ein Lammfell.
Der Himmelstau die Wolle
betaute ganz und gar:
So kam dir die große Kraft,
daß du schwanger wurdest,
Sancta Maria.

Meerstern, Morgenrot,
ungepflügter Acker,
darauf steht eine Blume,
die leuchtet so schön:
Sie ist unter den andern
wie Lilium unter den Dornen,
Sancta Maria.

Ein angelsnuor geflohtin ist,
dannen dû geborn bist:
daz was diu dîn chunnescaft.
der angel was diu gotes chraft,
dâ der tôt wart ane irworgen:
der von dir wart verborgen,
   Sancta Maria.

Ysayas der wîssage
der habet dîn gewage,
der quot wie vone Jessês stamme
wüehse ein gerte danne.
dâ vone scol ein bluome varen:
diu bezeichint dich unde dîn barn,
   Sancta Maria.

Dô gehît ime sô werde
der himel zuo der erde,
dâ der esil unde daz rint
wole irchanten daz vrône chint:
dô was diu dîn wambe
ein chrippe deme lambe,
   Sancta Maria.

Dô gebaere dû daz gotes chint,
der unsih alle irlôste sint
mit sînem heiligen bluote
von der êwigen noete:
des scol er iemmer gelobet sîn.
vile wole gniezze wir dîn,
   Sancta Maria.

Dû bist ein beslozzeniu borte,
entâniu deme gotes worte,
dû waba triefendiu,

Eine Angelschnur ist geflochten,
daraus bist du geboren:
Das war deine Verwandtschaft,
der Angelhaken war die Gotteskraft,
daran der Tod erwürgt ward:
Der ward von dir aufgehoben,
Sancta Maria.

Jesaias der Prophet,
der hat deiner gedacht:
Der sagte, wie aus Jesse Stamm
ein Zweig dann wüchse.
Draus soll eine Blume kommen,
die bedeutet dich und dein Kind,
Sancta Maria.

Da vermählte sich so herrlich
der Himmel mit der Erde,
da der Esel und das Rind
wohl erkannten das heilige Kind:
Da war dieser dein Schoß
eine Krippe dem Lamm,
Sancta Maria.

Da gebarst du das Kind Gottes,
der uns alle erlöste seither
mit seinem heiligen Blute
von der ewigen Drangsal:
Dafür soll er immer gepriesen sein.
Gar sehr freuen wir uns an dir,
Sancta Maria.

Du bist eine verschlossene Pforte,
geöffnet dem Gottesworte,
du triefende Wabe,

pigmenten sô volliu,
dû bist âne gallen
glîch der turtiltûben,
Sancta Maria.

Brunne besigelter,
garte beslozzener,
dar inne fliuzzit balsamum,
der waezzit sô cinamomum,
dû bist sam der cêderboum,
den dâ fliuhet der wurm,
Sancta Maria.

Cedrus in Libano,
rosa in Jericho,
dû irwelte mirre,
dû der waezzest alsô verre,
dû bist über engil al:
dû besuontest den Even val,
Sancta Maria.

Eva brâht uns zwiscen tôt:
der eine ie noch rîchsenôt.
dû bist daz ander wîb,
diu uns brâhte den lîb.
der tiufel geriet daz mort:
Gabrihel chunte dir daz gotes wort,
Sancta Maria.

Chint gebaere dû magedîn,
aller werlte edilîn.
dû bist glîch deme sunnen,
von Nazareth irrunnen,
Hierusalem gloria,

du voller Spezerein,
du bist ohne Galle
wie die Turteltaube,
  Sancta Maria.

Versiegelte Quelle,
verschlossener Garten,
darin Balsamum fließt,
der duftet wie Zynamonium,
du bist wie der Zederbaum,
den da fliehet der Wurm,
  Sancta Maria.

Cedrus in Libano,
Rosa in Jericho,
du auserwählte Myrrhe,
du duftest so weithin,
du bist über alle Engel:
Du sühntest Evas Fall,
  Sancta Maria.

Eva brachte uns zwiefachen Tod:
Der eine herrscht noch immer.
Du bist das andere Weib,
das uns das Leben brachte.
Der Teufel empfahl den Tod:
Gabriel verkündete dir das Gotteswort,
  Sancta Maria.

Ein Kind gebarst du als Jungfrau,
das herrlichste in aller Welt.
Du bist der Sonne gleich,
aufgegangen aus Nazareth,
Jerusalem gloria,

Israhel laeticia,
Sancta Maria.

Chüniginne des himeles,
porte des paradŷses,
dû irweltez gotes hûs,
sacrarium sancti spiritus,
dû wis uns allen wegente
ze jungiste an dem ente,
Sancta Maria.

VORAUER SÜNDENKLAGE

Um 1150

Frouwe volliu guotes,
durh willen des bluodes,
daz got an dem crûze ûz gôz,
unde durch willen des wazeres, daz von sîner sîten flôz,
gemisket mit drôre:
nû vernim mich suntaere,
unde hilf mir, daz ich von deme tiuvele werde enbunden
durch willen der vinf wunden,
der got durch unsich irliten habe,
unt durch willen aller der tage,
die er von dir getragen wurde,
unde durch willen dîner ûferte,
die dû ze himele taete,
nû hilf mir ûz dirre nôte,
ûz disem ubelen wuoftale
unde brinch mich zuo dem vrônen sale,
dâ got den êwigen lôn gît,
nû ledige, chunigîn, in zît
mîne vil arme sêle

Israel laetitia,
Sancta Maria.

Königin des Himmels,
Pforte des Paradieses,
du auserwähltes Gotteshaus,
Sacrarium sancti spiritus,
erweise du uns allen Hilfe
zuletzt am Lebensende,
Sancta Maria.

VORAUER SÜNDENKLAGE

Um 1150

Herrin voller Gnade,
um des Blutes willen,
das Gott am Kreuze vergossen,
und um des Wassers willen, das aus seiner Seite geflossen,
mit Blute vermischt –
erhöre mich Sünder nun
und hilf mir, daß ich befreit werde vom Teufel
um der fünf Wunden willen,
die Gott unsertwegen empfangen,
und um all jener Tage willen,
die du ihn getragen,
und um deiner Auffahrt willen
empor in den Himmel.
Nun hilf mir aus dieser Drangsal,
aus diesem bösen Jammertale
und bringe mich in die heilige Wohnung,
wo Gott den ewigen Lohn schenkt.
Befreie nun, Königin, beizeiten
meine elende Seele

durch des grabes êre,
dâ der vil sâlige inne lach,
der sînen lîp umbe unsich gap.

Nû hilf mir, heilbringe,
wâriu vogedinne
aller der verherten,
die dîniu werch nerten:
dû braehte in die widervart,
mit dir diu vinstere wart,
zuo dem liehte verwandelôt,
mit dir der êwige tôt
aller wart zestôret,
von dir wart irhôret
in der helle mandunge,
mit dir wart gewunnen
an deme diuvele sîn veste.
aller magde beste
(von rehte man dich bitten scol),
mit dir der Adâmes val
wart brâht zuo guode,
mit dir wart diu huote
allen mennisken gegeben,
daz ir die engele sulen phlegen
beidiu naht unde tach.
vil wol dû nû heizen maht
porta paradŷses,
ture des himelrîches.
muoter des heiles,
tîlegerinne alles leides,
aller guote bistû vol:
dîn gnâde diu sol
mich ledegen von mîner meile
durch willen der reine,
der ime got selbeme behielt an dir.

um des rühmlichen Grabes willen,
darin der Hochheilige lag,
der sein Leben für uns gegeben.

Nun hilf mir, Heilbringerin,
wahrhaftige Beschirmerin
all der Geschlagnen,
die gerettet durch dich:
Du hast sie zurückgebracht,
durch dich wurde die Finsternis
verwandelt ins Licht,
durch dich wurde aufgehoben
aller Menschen ewiger Tod,
von dir vernahm man
Freude inmitten der Hölle,
durch dich wurde besiegt
des Teufels Gewalt.
Aller Jungfrauen Höchste
(zurecht darf man dich bitten),
durch dich wurde gesühnt
der Sündenfall Adams,
durch dich wurde Beschirmung
allen Menschen zuteil;
mögen die Engel sie üben
in der Nacht wie am Tage.
Fürwahr, nun sollst du heißen
Pforte des Paradieses,
Türe des Himmelreichs.
Mutter des Heiles,
Tilgerin alles Leides,
du bist überaus freundlich:
Deine Gnade, die möge
mich von meiner Sünde befreien
um der Keuschheit willen,
die Gott selbst dir erhielt.

nû hilf, trût frouwe, mir
unde habe irbarmede uber mich:
des bitte ich armer menniske dich.
durch willen der nôte,
der daz herze dînes sunes an dem crûze haete,
dô er hangende drane toute,
unde durch willen aller der werche dâ er dich ie mite froute:
so hilf mir armen umbe got,
diu wort, diu er selbe chot,
daz er diu ane mir bewaere:
er sprach, ni ne wolde tôt der sundaere.

ARNSTEINER MARIENGEBET

Um 1150

Daz kint daz himel und erden solde erfrouwen,
daz ze stôrene quam unsen rûwen,
ân aller slahte sêr iz van dir quam,
alsiz godes kinde alleineme gezam.

Van der sunnen geit daz dageliet:
sine wirdet umbe daz dû dunklere niet.
nog bewollen ward dîn megedlîcher lîf,
allein gebêre dû daz kint, heiligez wîf.

Sint dû daz kint gebêre,
bit alle dû wêre
lûter unde reine
van manes gemeine.
swenen sô daz dunket unmugelîch,
der merke daz glas daz dir is gelîg:
daz sunnen liet schînet durg mittlen daz glas:
iz is alinc unde lûter sint, alsiz ê des was.

Nun hilf mir, liebe Herrin,
und hab Erbarmen mit mir:
ich armer Mensch bitte dich drum.
Um der Drangsal willen,
die deines Sohnes Herz am Kreuze gelitten,
als er dran hing,
und um alles willen, womit er dich jemals verherrlicht:
hilf mir Armen Gottes wegen,
daß er die Worte, die er selber gesprochen,
an mir beweise:
er sagte, nie sollten die Sünder sterben.

ARNSTEINER MARIENGEBET

Um 1150

Das Kind, das Himmel und Erde erfreuen sollte,
das unser Leid zu zerstreuen kam,
ohne Weh aller Art kam es von dir,
wie es Gottes Kinde allein geziemte.

Von der Sonne geht aus das Tageslicht:
sie wird doch darum nicht dunkler.
Und nicht befleckt wurde dein jungfräulicher Leib,
allein gebarst du das Kind, heilige Frau.

Als du das Kind geboren,
warst du ganz
frei und rein
von der Gemeinschaft mit einem Manne.
Wen auch immer das unmöglich dünkt,
der betrachte das Glas, das dir gleich ist:
Das Sonnenlicht scheinet mitten durchs Glas:
es ist unversehrt und klar danach, wie es vordem war.

durg daz alinge glas geit iz in daz hûs:
daz vinesternisse verdrîvet iz dar ûz.

Dû bis daz alinge glas dâ der durg quam
daz liet, daz vinesternisse der werlde benam:
van dir schein daz godes liet in alle di lant,
dô van dir geboren warth unse heilant.
daz belûhte dich und alle cristenheit,
dû in den ungelouven verre was verleit.
iz vant dich, iz lîz dich bit alle lûter,
alse dû sunne deit daz glasevinster.

Hed ich dûsent munde,
gesagen ich niene kunde
envollen des wunderes,
daz van dir gescriven is:
iz ne mogen alle zungen
gesagen nog gesingen,
frouwe, diner êren
nog dînes loves envollen.

Der himelischer hof
singet aller dînen lof:
lovet dig Cherubîn,
êret dig Seraphîn.
allez daz herie
der heiliger engele,
die in godes andouge
stênt von aneginne,
prophêten und apostolen
und alle godes heiligen,
die frouwent sig iemer dîn,
kunenclîches megedîn.

Durch das unversehrte Glas geht es in das Haus:
die Finsternis vertreibt es daraus.

Du bist das unversehrte Glas, wo hindurch kam
das Licht, das von der Welt die Finsternis nahm:
Von dir schien das Licht Gottes in alle die Lande,
da von dir unser Heiland geboren ward.
Das überstrahlte dich und die ganze Christenheit,
die im Unglauben weithin versunken war.
Es fand dich, es ließ dich vollkommen klar,
so wie es die Sonne mit dem Glasfenster tut.

Hätte ich tausend Munde,
ich wüßte nicht auszusagen
völlig das Wunder,
das von dir geschrieben ist:
es können alle Zungen nicht
sagen noch singen,
Herrin, deinen Ruhm nicht
noch deinen Preis vollkommen.

Der himmlische Hof
singet deinen vollen Preis:
es preist dich der Cherub,
es rühmt dich der Seraph.
Das ganze Heer
der heiligen Engel,
die in Gottes Gegenwart
stehen von Anbeginn,
Propheten und Apostel
und alle Heiligen Gottes,
die freuen sich immerdar dein,
königliche Jungfrau.

Milde Maria,
genêdige Maria,
souze Maria,
dînen lof muozen singen
aller slahte zungen
und alle dû gescheffede,
dû der is in erden of in himele.
dîn lof is alse suoze,
der gefrouwet al mîn herze,
he getrôstet mig, he gesterket mich.
dîn lof der is êweclîh,
gelîch dem brunnen der iemer flûzet,
gelîch deme krûde daz iemer gruonet.

MARIENSEQUENZ VON MURI

Um 1190

Ave, vil liehtû maris stella,
ein lieht der cristinheit, Maria,
alri magede lucerna.

Frouwe dich, gotes cella,
bislozzinû porta.
dô dû den gibaere
der dich und al die welt giscuof,
nû sich, wie reine ein vaz dû magit dô waere.

Sende in mîne sinne,
des himilis chuniginne,
wâre rede suoze,
daz ich den vatir und den sun
und den vil hêrin geist lobin muoze.

Gütige Maria,
gnädige Maria,
süße Maria,
deinen Preis müssen singen
die Zungen aller Art
und die Geschöpfe alle,
die da auf Erden und im Himmel sind.
Dein Preis ist so süß,
der macht froh mein ganzes Herz,
er gibt mir Zuversicht, er gibt mir Stärke.
Dein Preis, der ist ewig,
gleich der Quelle, die immer fließet,
gleich dem Kraute, das immer grünet.

MARIENSEQUENZ VON MURI

Um 1190

Ave, gar helle Maris Stella,
du Licht der Christenheit, Maria,
aller Jungfrauen Lucerna.

Freue dich, Gottes Cella,
verschlossene Porta.
Als du den gebarst,
der dich und die ganze Welt erschuf,
nun sieh, welch reines Gefäß du Jungfrau da warst.

Sende in meine Sinne,
du Königin des Himmels,
wahre süße Rede,
daß ich den Vater und den Sohn
und den hochheiligen Geist loben möge.

Iemir magit ân ende,
muotir âne missewende,
frouwe, dû hâst virsuonit daz Eva zirstôrte,
diu got ubirhôrte.

Hilf mir, frouwe hêre,
trôst uns armin dur die êre,
daz dîn got vor allen wîbin zi muotir gidâhte,
als dir Gabriel brâhte.

Dô dû in virnaeme,
wie dû von êrste irchaeme!
dîn vil reinû scam
irscrach von deme maere,
wie magit âne man
iemir chint gebaere.

Frouwe, an dir ist wundir,
muotir und magit dar undir:
der die helle brach,
der lac in dîme lîbe,
und wurde iedoch
dar undir niet zi wîbe.

Dû bist allein der saelde ein porte.
jâ wurde dû swangir von worte:
dir cham ein chint,
frouwe, dur dîn ôre,
des cristin, Judin unde die heidin sint,
und des ginade ie was endelôs.
allir magide ein gimme,
daz chint dich ime zi muotir kôs.

Dîn wirdecheit diu nist niet cleine.
jâ truoge dû magit vil reine

Allezeit Jungfrau ohne Ende,
Mutter ohne Makel,
Herrin, du hast gesühnt, was Eva verdarb,
die auf Gott nicht hörte.

Hilf mir, heilige Herrin,
tröste uns Arme um der Ehre willen,
daß dich Gott vor allen Frauen zur Mutter ersah,
wie Gabriel dir kundgetan.

Als du ihn vernahmst,
wie erschrakst du da zuerst!
Deine so reine Scham
erbebte vor der Kunde,
wie eine Jungfrau ohne Mann
je könnte ein Kind gebären.

Herrin, du bist voll Wunder,
Mutter und Jungfrau zugleich:
der die Hölle zerbrach,
der lag in deinem Leib,
und du wurdest dennoch
zum Weibe nicht dabei.

Du allein bist des Heiles Pforte.
Fürwahr, du wurdest schwanger vom Worte:
dir kam ein Kind,
Herrin, durch dein Ohr,
dem Christen, Juden und Heiden gehören,
und dessen Gnade immer unendlich war.
Aller Jungfrauen Edelstein,
das Kind erkor dich zu seiner Mutter.

Deine Würde, die ist nicht gering.
Du trugst ja, lauterste Jungfrau,

daz lebende brôt:
daz was got selbe,
der sînin munt zuo dînen brustin bôt
und dîne bruste in sîne hende vie.
ôwê, kuniginne,
waz gnâden got an dir bigie!

Lâ mich giniezin, swenne ich dich nenne,
daz ich, Maria frouwe, daz giloube unde
daz an dir irchenne,
daz nieman guotir
mach des virlougin, dû ne sîest der
irbarmide muotir.

Lâ mich giniezin des dû ie bigienge
in dirre welte mit dîme sune, sô dû in mit den
handin zuo dir vienge.
sô wol dich des kindes!
hilf mir umbe in: ich weiz wol, frouwe, daz
dû in senftin vindes.
Dînir bete mach dich dîn lieber sun niemir virzîhin:

Bite in des, daz er mir wâre rûwe muoze virlîhin,
Unde daz er dur den grimmen tôt,
den er leit dur die mennischeit,
sehe an mennisclîche nôt,
Unde daz der dur die namin drî
sîner cristenlîchir hantgitât
gnaedîch in den sundin sî.

Hilf mir, frouwe, sô diu sêle von mir scheide,
sô cum ir ze trôste:
wan ich giloube, daz dû bist
muotir und magit beide.

das lebendige Brot:
das war Gott selber,
der seinen Mund deinen Brüsten bot
und deine Brüste in seine Hände nahm.
Ach, Königin,
welche Gnaden erwies dir Gott!

Laß mir zugute kommen, wann immer ich dich anrufe,
daß ich, Maria Herrin, das glaube und an dir das erkenne,

daß kein guter Mensch
es leugnen kann, du seist nicht der Barmherzigkeit Mutter.

Laß mir zugute kommen, was du jemals getan
in dieser Welt an deinem Sohn, wenn du ihn mit den
Händen zu dir zogst.

Wohl dir dieses Kindes!
Hilf mir um seinetwillen: ich weiß wohl, Herrin, du wirst
ihn milde finden.

Deiner Fürbitte kann sich dein lieber Sohn
niemals entziehen.

Bitte ihn, daß er mir wahre Reue verleihen möge,
und daß er kraft des grimmen Todes,
den er um die Menschheit litt,
ansehe menschliche Not,
und daß er um der drei Namen willen
seinem christlichen Geschöpf
gnädig in den Sünden sei.

Hilf mir, Herrin, wenn die Seele von mir scheidet,
so komme ihr zu Hilfe:
denn ich glaube, daß du bist
Mutter und Jungfrau zugleich.

WALTHER VON DER VOGELWEIDE

Um 1170 bis gegen 1230

Maget und muoter, schouwe
der kristenheite nôt,
dû blüende gert Arônes,
ûf gênder morgenrôt,
Ezechîêles porte,
diu nie wart ûf getân,
dur die der künec hêrlîche
wart ûz und in gelân.
alsô diu sunne schînet
durch ganz geworhtez glas,
alsô gebar diu reine Krist, diu magst und
muoter was.
Ein bosch der bran,
dâ nie niht an
besenget noch verbrennet wart:
breit unde ganz
beleip sîn glanz
vor fiures flamme unverschart.
daz was diu reine
magt alleine,
diu mit megetlîcher art

Kindes muoter worden ist
ân aller manne mitewist,
und wider menneschlîchen list
den wâren Krist
gebar, der uns bedâhte.
wol ir, daz si den ie getruoc,
der unsern tôt ze tôde sluoc!
mit sînem bluote er ab uns twuoc

WALTHER VON DER VOGELWEIDE

Um 1170 bis gegen 1230

Jungfrau und Mutter, siehe an
die Not der Christenheit,
du blühender Zweig des Aron,
aufgehendes Morgenrot,
Ezechieles Pforte,
die nie geöffnet ward,
durch die der König prächtig
ward aus und ein gelassen.
So wie die Sonne scheinet
durch Fensterglas aus einem Stück,
ganz so gebar die Reine Christus, die Jungfrau
und Mutter war.

Ein Busch, der brannte,
daran gar nichts
versenget noch verbrennet ward:
groß und unversehrt
blieb sein Glanz,
von Feuersflamme unverletzt.
Das war die reine
Jungfrau alleine,
die auf jungfräuliche Art

Mutter eines Kindes wurde
ohne Beisein irgendeines Mannes
und wider alle Menschenweisheit
den wahren Christ
gebar, der unser hat gedacht.
Wohl ihr, daß sie den einmal trug,
der unsern Tod zu Tode schlug!
Mit seinem Blut wusch er uns ab

den ungefuoc
den Even schulde uns brâhte.

Salamônes
hôhes trônes
bist dû, frowe, ein selde hêr und ouch gebieterinne.
balsamîte,
margarîte,
ob allen magden bist dû, maget, ein magt, ein küneginne.
gotes lambe,
was dîn wambe
ein palas kleine,
dâ ez reine
lac beslozzen inne.

Dem lambe ist gar
gelîch gevar
der megde schar:
die nement sîn war
und kêrent swar ez kêret.

Daz lamp daz ist
der vrône Krist,
dâ von dû bist
nû alle frist
gehoehet und gehêret.
des bistû frowe gêret.
nû bite in daz er uns gewer
durch dich des unser dürfte ger:
dû sende uns trôst von himel her:
des wirt dîn lop gemêret.

Maget vil unbewollen,
der Gedêônes wollen
gelîchest dû bevollen,

die Schande,
die uns Evas Fehltritt eingebracht.

Auf dem hohen Thron
des Salomon
bist du ein seltener Herrscher, Herrin, und auch Gebieterin.
Balsamite,
Margarite,
über allen Jungfrauen bist du, Jungfrau, eine Jungfrau,
Dem Lamme Gottes [eine Königin.
war dein Schoß
ein kleines Gastgemach,
darinnen es vollkommen
eingeschlossen lag.

Dem Lamme gleicht
vollkommen
der Jungfrauen Schar:
die nehmen seiner wahr
und wenden sich, wohin sich's immer wendet.

Das Lamm, das ist
der heilige Christ,
davon du bist
nun alle Zeit
erhoben und verherrlicht.
Darum wirst du als Herrin gepriesen.
Nun bitte ihn, daß er uns schenke
um deinetwillen, was uns nottut:
du schicke uns Hilfe vom Himmel her:
größer wird davon dein Ruhm.

Jungfrau, ganz unbefleckt,
der Wolle Gideons
bist du vollkommen gleich,

die got begôz mit sînem himeltouwe.
ein wort ob allen worten
entslôz dînr ôren porten,
des süeze an allen orten
dich hât gesüezet, süeze himelfrouwe.

Swaz ûz dem wort erwahsen sî,
daz ist von kindes sinnen frî:
ez wuohs ze gote, und wart ein man.
dâ merket alle ein wunder an:
ein got der ie gewesende wart
ein man nâch menneschlîcher art,
swaz er noch wunders ie begie,
daz hât er überwundert hie.
des selben wunderaeres hûs
was einer reinen megde klûs
wol vierzec wochen und niht mê
ân alle sünde und âne wê.

Nû biten wir die muoter
und ouch der muoter barn,
si reine und er vil guoter
daz si uns tuon bewarn:
wan âne si kan niemen
hie noch dort genesen:
und widerredet daz iemen,
der muoz ein tôre wesen.

nû senfte uns, frowe, sînen zorn,
barmherzic muoter ûz erkorn,
dû frîer rôse sunder dorn,
dû sunnevarwiu klâre.

die Gott begoß mit seinem Himmelstau.
Ein Wort über allen Worten
schloß deiner Ohren Pforten auf,
seine Süße hat durch und durch
dich süß gemacht, süße Himmelsherrin.

Was auch immer aus dem Wort erwachsen,
das ist von Kindsverstande frei:
Es wuchs auf zu Gott und ward ein Mensch.
Da haltet alle ein Wunder fest:
ein Gott, der einmal wurde
ein Mensch nach Menschenweise.
Was immer er an Wunder noch vollbrachte,
das übertraf er hier an Wunder.
Des gleichen Wundermannes Haus
war einer reinen Jungfrau stille Wohnung
wohl vierzig Wochen und nicht mehr,
ohne jede Sünde und ohne Schmerz.

Nun laßt uns die Mutter bitten
und auch der Mutter Kind,
die Reine sie und ihn den Hehren,
daß sie uns schützen mögen:
denn ohne sie kann niemand,
nicht hier noch dorten, selig werden,
und widerspricht dem irgendeiner,
der bleibt ein Narr.

Nun mache, Herrin, milde seinen Zorn.
barmherzige Mutter auserkoren,
du Rose ohne jeden Dorn,
du sonnefarben Lichte.

Dich lobet der hôhen engel schar:
doch brâhten si dîn lop nie dar
daz ez volendet wurde gar.

Swaz lobes sî gesungen
in stimmen oder von zungen
ûz allen ordenungen
ze himel und ûf der erde,
des manen wir dich werde,
und biten umb unser schulde dich,
daz dû uns sîst genaediclich,

Sô daz dîn bete erklinge
vor der barmunge urspringe:
sô hân wir des gedinge,
diu schulde werde ringe,

Dâ mite wir sêre sîn beladen.
hilf uns daz wir sie abe gebaden
Mit staete wernder riuwe
umbe unser missetât,
die âne got und âne dich nieman ze gebenne hât.

MEISTER SIGEHER

13. Jahrhundert

Marîâ muoter unde meit,
du hâst den hôhsten prîs bejeit,
der tugende keiserinne.
du süeze ob aller süezecheit,
dîn süeze ist al der werlde bereit,
heilberndiu küniginne.
du cederboum, du balsemsmac,

Dich preist der hohen Engel Schar:
doch brachten sie nie deinen Preis so dar,
daß er vollendet worden wäre.

Was immer auch an Preis gesungen wird
mit Stimmen oder von Zungen
aus allen Ordnungen
im Himmel und auf Erden,
daran erinnern wir dich Liebe
und bitten dich um unsrer Schuld,
daß du uns gnädig seist,

daß dein Gebet erklinge
vorm Urquell der Barmherzigkeit:
So sind wir voller Hoffnung,
es werde klein die Schuld,

womit wir schwer beladen.
Hilf uns, daß wir sie waschen ab
mit beständiger Reue
über unser böses Tun,
die außer Gott und außer dir niemand schenken kann.

MEISTER SIGEHER

13. Jahrhundert

Maria, Mutter und Jungfrau,
du hast den höchsten Ruhm errungen,
Kaiserin an Vortrefflichkeit.
Du Süße über aller Süße,
der ganzen Welt ist deine Süße zugeteilt,
Königin des Heiles schwanger.
Du Zedernbaum, du Balsamduft,

du rîchiu liljenouwe,
du himelstroum, du saeldentac,
gote liebiu spiegelschouwe.

Dich loben die schuole in musicâ
und diu vil süezen granticâ,
der tugende keiserinne.
dich loben diu psaltêriâ,
die schellen und diu organâ,
heilberndiu küniginne.
du ölboumast, du muscâtnuz,
du drîvaltic sagraere,
du sunnenglast, du minneschuz,
von dir sint süeziu maere.

Du lieht ob al der werlde lieht,
die sternen sich dir glîchen nieht,
der tugende keiserinne.
daz du bist alsô minnenvar,
des wunnet al der engel schar,
heilberndiu küniginne.
du seitenklanc, du fürstenstuol,
du hôch swebendiu krône,
du himelsanc, du tugendeschuol,
du zimst wol küniges trône.

Du edeliu tohter von Sîôn,
dich mant daz her von Babylôn,
der tugende keiserinne:
erloese uns daz verstanden pfant,
daz gêt dem tiuvel in die hant,
heilberndiu küniginne!
du wunnentanz, du lieht aurôr
du vollensüenerinne,

du herrlich Lilienfeld,
du Himmelsstreif, du Tag des Heils,
geliebtes Spiegelbild für Gott.

Dich preisen die hohen Schulen der Musik
und die gar lieblichen Gesänge,
  Kaiserin an Vortrefflichkeit.
Dich preisen die Saitenspiele,
die Schellen und die Orgeln,
  Königin des Heiles schwanger.
Du Ölbaumzweig, du Muskatnuß,
du dreifältiger Schrein des Sakraments,
du Sonnenglanz, du Liebesblitz,
von dir gehn fromme Reden.

Du Licht hoch überm Licht der ganzen Welt,
die Sterne können sich mit dir nicht messen,
  Kaiserin an Vortrefflichkeit.
Daß du so lieblich bist,
des freut sich all der Engel Schar,
  Königin des Heiles schwanger.
Du Saitenklang, du Herrschersitz,
du hoch schwebende Krone,
du Himmelslied, du Schule der Sittsamkeit,
dir kommt ein Königsthron wahrhaftig zu.

Du edle Tochter von Zion,
dich mahnt das Volk von Babylon,
  Kaiserin an Vortrefflichkeit:
Befreie uns von dem verfallnen Pfand,
das in die Hand des Teufels fällt,
  Königin des Heiles schwanger.
Du Wonnentanz, du strahlende Aurora,
du vollkommene Versöhnerin,

du rôsenkranz, du fröiden kôr,
dîn lop gît hôhe sinne.

Du edeliu gerte von Jessê,
der nie niht wart gelîches mê,
  der tugende keiserinne.
du hâst gewahsen über den luft,
gewurzet in der witze kruft,
  heilberndiu küniginne.
du vridestat, du fröidental,
du spilndiu, blüendiu heide,
du himelpfat, du herzenschal,
der engel ougenweide

Du werdiu burt von Nazarêth,
der rât an dir alleine stêt,
  der tugende keiserinne:
daz uns diu helle iht werde kunt,
daz wende dîn wol redender munt,
  heilberndiu küniginne.
du ankerhaft, du segelwint,
du liehter stern Dîâne,
du magenkraft, du Saelden kint.
du hôher trimontâne.

Genâden wuocher voller boum,
genâden überladen ein soum,
  der tugende keiserinne:
genâden überflüzzic vaz,
er milter schenke, der dich maz,
  heilberndiu küniginne.
du wolkenduz, du mirrentrouf,
du bisme rîchiu krâme,
du honeges fluz, du sternenlouf,
du fröidebernder sâme!

du Rosenkranz, du Freudenstätte,
deine Rühmung hebt empor den Geist.

Du edler Zweig von Jesse,
dem Gleiches nie erstand,
  Kaiserin an Vortrefflichkeit,
du bist gewachsen hoch empor,
schlugst Wurzel in der Weisheit Tiefe,
  Königin des Heiles schwanger.
Du Friedensort, du Freudental,
du flimmernde, blühende Heide,
du Himmelspfad, du Schutz der Herzen,
der Engel Augenweide.

Du edler Sproß aus Nazareth,
bei dir allein ist Hilfe,
  Kaiserin an Vortrefflichkeit:
Daß wir nicht irgend in die Hölle kommen,
das hindre du mit guten Worten,
  Königin des Heiles schwanger.
Du Anker fest, du Segelwind,
du heller Stern Diane,
du große Kraft, du Kind der Seligkeit,
du hoher Trimontane.

Baum voller Gnadenfrüchte,
Saumtier mit Gnaden überladen,
  Kaiserin an Vortrefflichkeit:
Gefäß an Gnaden übervoll, –
freigebig der Wirt, der dich zugemessen,
  Königin des Heiles schwanger.
Du rauschend Wolkenguß, du Myrrhenträufeln,
du wundervoller Bisam,
du Honigfluß, du Sternenstraße,
du freudeschwangrer Same!

SEIFRID HELBLING

Ende 13. Jahrhundert

Ave, der gruoz von Gabrîêl,
der gevreut vil manic sêl,
die kumber heten
in der vinster, daz sie nieht
sahn daz vreuden wernde lieht;
doch die prophêten
wîssagten vor, alsô der künftic waere,
den ein maget magtlich rein gebaere,
ende naem ir swaere.

Maria, ein mersterne lieht,
sich kan dir gelîchen nieht
an allen êren.
Wir israhêlisch armez her
sweben ûf dem jâmers mer:
dû bist der steren,
der uns leiten sol ûz dem ellende
hin ze vreuden ewiclich ân ende,
dehein sach daz wende.

Gratia, genâden vol,
der gruoz zimt dir, maget, wol,
dû reine und werde,
daz dîn reiner lîp umbgreif
den, der den wîten umbesweif,
himel und erde
umbgriffen hât und alle creatiure:
o süeziu magt, gip uns genâden stiure,
dû rein gehiure.

SEIFRID HELBLING

Ende 13. Jahrhundert

Ave, der Gruß von Gabriel,
der erfreut gar manche Seelen,
die Kummer hatten
in der Finsternis, dieweil sie nicht
sahn das Freuden schenkende Licht;
doch die Propheten
  sagten voraus, wie der kommen werde,
den eine Magd jungfräulich rein gebären solle;
zu Ende gehe dann ihr Leid.

Maria, heller Meeresstern,
dir vergleichen kann sich nichts
an vollkommnem Ruhme.
Wir israelisch armes Volk
fahren hin und her auf dem Leidensmeer:
du bist der Stern,
  der uns aus der Fremde führen wird
hin zu Freuden ewig ohne Ende,
nichts soll dies verhindern.

Gratia, voller Gnaden,
der Gruß geziemt dir, Jungfrau, recht,
du Lautere und Hohe,
da dein keuscher Leib umfaßte
den, der den weiten Weltenkreis,
Himmel und Erde
  umfaßt und alle Kreaturen:
o süße Jungfrau, schenk uns Gnadengabe,
du Lauterliebliche.

Plena, vol genâden dû,
Maria, alsô sprech wir nû
von wâren schulden.
Dû gnâden übervlüzzic vaz,
dem, der dich gnâden übermâz,
bring uns ze hulden,
  daz dîner gnâden übervluz von rîse
an den wec, der uns rehte wîse
zem paradîse.

Dominus, unser Herre Krist,
der von dir geboren ist,
maget reine,
nâch dem wir kristen sîn genant,
der elliu dinc in sîner hant
hât gemeine,
  o süeziu frowe, daz dû rein gebaere
den gotes sun gar âne alle swaere
und maget waere!

Tecum, mit dir ist wol bekleit
gotes drîvaltikeit,
diu des gedâhte,
daz sie in dîner êren schrîn
selb in wonunge wolde sîn,
als sie volbrâhte.
  Wa beslôz ie maget hort sô grôzen?
dir saelden kefs vol heilikeit gestôzen
kan niht genôzen.

Benedicta, dû gesegent
ob allen wîben, diu dâ pflegent
wîplicher güete,
den bistû gesegent obe:

Plena, voller Gnaden du,
Maria, so nun sprechen wir
mit vollem Recht.
Du Gefäß an Gnaden übervoll,
dem, der dich mit Gnaden überschüttete,
bringe uns in seine Huld,
 daß deiner Gnaden Überfülle falle
auf den Weg, der uns verläßlich führe
zum Paradies.

Dominus, unser Herre Christ,
der von dir geboren ist,
reine Jungfrau,
nach dem wir Christen sind genannt,
der alle Ding in seiner Hand
zusammen hält,
 o süße Herrin, daß du makellos geboren
den Gottessohn ganz ohne allen Schmerz
und Jungfrau bist geblieben!

Tecum, mit dir ist recht umkleidet
Gottes Dreifaltigkeit,
die beschloß,
daß sie in deiner Zierde Schrein
selber wohnen wollte,
wie sie getan hat.
 Wo umschloß je eine Magd so großen Schatz?
Dir Gefäß des Heils mit Heiligkeit erfüllt
kann sich nichts vergleichen.

Benedicta, du Gesegnete
vor allen Frauen, die da leben
als edle Fraun,
gebenedeit bist du hoch über sie:

Maria, vrouwe, dir ze lobe
stêt mîn gemüete.
   Dû êren hort, got selbe dich êrte,
dô er ze dir nâch sîner menscheit kêrte,
dîn saelde er mêrte.

Tu in Mulieribus
sprach der engel niht umsus:
ab allen wîben
bistû gesegent und erwelt,
zer hoehsten künegin gezelt,
und kanst vertrîben
   unser nôt, dû blüend Arônes gerte,
Ezechiêles porte, diu uns nerte
von ungeverte.

Et Benedictus, und gesegent
in gote, wol in, die des pflegent
wol erkennen,
daz dû maget muoter waer,
uns ze trôst den sun gebaer,
den wir nennen
   Iesû Krist, einborn kint der gnâden:
in gotes rîch sî wir mit dir geladen
ûz manegen schaden.

Fructus, die vruht von dir bequam
diu uns al den zwîvel nam,
maget werde.
Daz got selp vor maneger stunt
sprach ûz der prophêten munt
ûf der erde,
   daz was den einvaltigen vor gemaeret:
o süeziu maget, ez ist nû enbaeret,
mit dir bewaeret.

Maria, Herrin, dich zu preisen
strebt all mein Sinn.
Du Ehrenhort, Gott selber ehrte dich,
als er sich zu dir wandt, um Mensch zu werden,
dein Heil erhöhte er.

Tu in Mulieribus
sprach nicht ohne Grund der Engel:
vor allen Frauen
bist du gesegnet und erwählt,
zur höchsten Königin ernannt
und kannst vertreiben
unsre Not, du Arons Zweig in Blüte,
Ezechieles Pforte, die uns gerettet
aus großem Ungemach.

Et Benedictus, und gesegnet
in Gott; wohl ihnen, die es
recht erkennen,
daß du Jungfrau Mutter wurdest,
uns zur Hilf den Sohn gebarst,
den wir nennen
Jesus Christ, eingebornes Kind der Gnaden:
in Gottes Reich sind wir mit dir geladen
aus Mühsal mancherlei.

Fructus, von dir kam die Frucht,
die uns aus aller Ungewißheit riß,
edle Jungfrau.
Was Gott selber ehemals
sprach durch der Propheten Mund
auf der Erde,
das war den Einfältigen vorhergesagt:
o süße Jungfrau, es ist nun offenbart,
wahr gemacht durch dich.

Ventris, dîn reiner lîp beslôz
den, der al der werlde grôz
wart ze besliezen:
Sîn sint die himel alle vol,
diu abgründ er erfüllet wol.
lâz uns geniezen,
 werdiu maget, daz er was sô kleine,
dô in beslôz dîn lîp algemeine,
maget reine.

Tui, dîn lop werdiclich,
Maria, in dem himelrîch
ist gemêret,
daz dû des muoter maget bist,
der gotes sun einboren ist.
drumb dich êret
 Got und al sîn engel immer mêre.
tu autem domine nostri miserere.
deo gratias.

DER MÖNCH VON SALZBURG

14. Jahrhundert

Mueter, gueter, sach die pest,
Christen fristen solt du fest
vor des tiefels listen prait.

Anger swanger mit dem wort,
züchtig, früchtig edler hort,
du hast ainen fluch verjait.

Ventris, dein keuscher Leib umschloß
den, der bestimmt ward zu umschließen
die ganze große Welt:
Von ihm sind alle Himmel voll,
die Abgründe erfüllt er ganz.
Laß uns Vorteil davon haben,
  edle Jungfrau, daß er war so klein,
als dein Leib ihn ganz umschloß,
reine Jungfrau.

Tui, dein Lobpreis ehrenvoll,
Maria, im Himmelreich
ist erhöht,
weil du Jungfraumutter dessen bist,
der Gottes eingeborner Sohn ist.
Drum preisen dich
  Gott und alle seine Engel stets aufs neue.
Du aber Herr, erbarme dich unser.
Ehre sei Gott!

DER MÖNCH VON SALZBURG

14. Jahrhundert

Mutter, gute, allerbeste,
Christen mögst du sicher schützen
vor des Teufels Schläue groß.

Anger, schwanger mit dem Wort,
sittsam fruchtbar edler Schatz,
du hast einen Fluch vertrieben.

Richten, slichten sol dein güet
krumbes, tumbes, falsch gemüet
gar in aller Christenhait.

Järleich klärleich ist der tag,
hailig, sälig, do Got pflag
füeren dich in ewikait.

Achten, trachten hin zu Got,
geren, leren sein gepot,
mach uns, fraw, allzeit berait.

Under wunderleichem sinn
steuren, feuren sol dein minn,
die uns zu dem pesten lait.

Jungen, tungen soll dein huld
alter, kalter herz in schuld,
die in sünden sint verzait.

Reichleich, freileich ist dein trost,
süntleich, grüntleich sel erlost
gar aus aller aribait.

Geben leben immer mer
süesleich, grüesleich lust dein er,
das kain zung dein güet volsait.

Oben loben Got und dich,
laiden maiden ewiklich.
hilf uns, müeterleiche maid.

Ins Grade bringen, ordnen möge deine Güte
Schiefes, Torheit, irren Sinn
gar in aller Christenheit.

Jährlich herrlich ist der Tag,
heilig, glücklich, da Gott dich
führte in die Ewigkeit.

Sinnen, streben hin zu Gott,
begehren, lehren sein Gebot,
mach uns, Herrin, allezeit geschickt.

Inmitten launischer Gesinnung
lenken, läuternd glühn mög deine Liebe,
die uns hin zum Besten führt.

Verjüngen, stärken möge deine Huld
alte, kalte Herzen in Verschuldung,
die in Sünden ihren Mut verloren.

Mächtig, schrankenlos ist deine Hilfe,
rettet sündige, verlorne Seelen
gar aus aller Not.

Aufs neue immer Leben schenket,
süße, angenehme Freude, dich zu rühmen,
weil vollkommen keine Zunge dein herrlich
[Wesen kündet.

Oben preisen Gott und dich,
führen Jungfraun ewiglich.
Hilf uns, mütterliche Magd.

Spruchdichtung

*

REINMAR VON ZWETER

gest. um 1255

I

Grôz wunder, daz uns ist geschehen
von einer megde, des mir alle Cristen müezen jehen!
den des himels wîte nie umbevie, diu ende nie gewan
Noch mit der hoehe in umbevie
noch mit der wîten tiefen grundelôsen helle nie,
den umbevie ir cleiner lîp: dâ merket alle wunder an!
Si leite in minniclîchen zuo ir schôzen; –
waz wunders mac dem wunder sich genôzen? –
kintlîchen leite er sich zir brusten,
muoterlîchen sougte si in,
si wante ir ougen dicke an in:
wir habenz dâ vür, si hiels in unde kusten.

II

Ez ist vil manegem minner leit,
ob ieman sîner vrouwen dienet ûf genaedikeit;
wand er wil eine ir einer dienen umb ir hulde unt umb ir [gruoz.
Nû grîfen alle Cristen zuo
unt dienen mîner vrouwen, dienen spâte, dienen vruo,
mit mînem guoten willen si tuot in allen aller sorgen buoz.
Der diener keiner sol den andern nîden,
si suln alle unkiusche ouch gar vermîden:
sist rein, sin muotet niht wan reines,
ir wont diu wâre minne bî,

REINMAR VON ZWETER

gest. um 1255

I

Groß Wunder, das uns widerfahren ist [stehn!
durch eine Jungfrau, was mir alle Christen müssen zuge-
Den des Himmels Weite nie umschloß, die ohne Ende ist,
den auch die Höhe nie umschloß
noch je die weite, bodenlose Tiefe,
den umschloß ihr kleiner Leib: da haltet all das Wunder fest!
Sie legte lieblich ihn in ihren Schoß; –
welch Wunder kann dem Wunder sich vergleichen? –
er legte kindlich sich an ihre Brüste,
sie stillte ihn auf Mutterart,
sie wandte ihre Augen sehr nach ihm:
wir glauben, sie umhalste ihn und küßte ihn.

II

Es ist gar manchem Liebenden verhaßt,
wenn jemand seiner Herrin dient um Gunst:
denn allein will er ihr einzig dienen um ihre Geneigtheit und
Nun fassen alle Christen zu [um ihren Gruß.
und dienen meiner Herrin, dienen späte, dienen früh,
mit meinem vollen Willen hilft sie ihnen all von allen Sorgen.
Der Diener keiner soll den andern sehn mit Eifersucht,
sie sollen alle Frechheit auch ganz unterlassen:
sie ist rein, sie will nichts außer Reines haben,
bei ihr ist die wahre Liebe,

si ist alles wandels vrî:
er saelic man, dem si gewinket eines!

III

Marîa, vrouwe, ob ich getar mit hulden
vor gote unt âne dînen zorn unt ouch vor mînen schulden,
sô wil ich ûf genâde hân mit dir ein sleht gerihte;

unt teil ez, vrouwe, selbe nâch dem rehten,

sît dû uns allen bist gegeben vür werndez anevehten
ze trôst, ze helfe uns armen hie vür arge hellewihte.
Dar zuo hât dich dîn sun erdâht,
unt waer der sünder niht gemaht,
sô waer dîn vröude cleine,

durch den dîn sun dich sazt in hôhe wirde;
woltestû dem niht gnaedic sîn, ob er sîn hete girde

unt er vor dir in riuwen stât? »Jâ ich!« sô sprach diu reine.

IV

Marîa ist ein süezer nam,
aller saelden vrühtic unt sô rehte wunnesam:
zuo dem suln wir gedingen, an dem lît unser saelden hôch
Der êrste buochstap ist genant [gewin.
ein M, dâ von uns schuldehaften wesen sol bekant,
daz si Medjâtrix heizet, daz spricht entiutschen sust: ein
Ir milte süenet uns vil mange schulde, [süenaerîn.
ir güete ist aller güete übergulde:
si macht ir kindes zorn uns linde

sie ist frei von allem Makel:
glücklich der Mensch, dem sie einst winkt!

III

Maria, Herrin, falls ich's wage mit Erlaubnis
vor Gott und ohne deinen Zorn und angesichts auch meiner
großen Schuld,
so begehr ich im Vertraun auf Gnade ein einfaches Gericht
durch dich,
und entscheide, Herrin, selbst dem Recht gemäß,
da du uns allen bist gegeben gegen ständige Anfechtung
zur Ermutigung, zur Hilfe hier uns Armen gegen böse
Höllenteufel.
Dazu hat dich dein Sohn bestimmt,
und gäb es keinen Sünder,
so wäre deine Freude klein,
um dessen willen setzte dich dein Sohn in hohes Ansehn;
wolltest du dem nicht gnädig sein, falls er nach ihm
verlangte
und er vor dir betrübt in Reue stünde? »Ja, ich will!« so
spräche die Reine.

IV

Maria ist ein süßer Name,
alles Heiles schwanger und so herrlich freudereich:
an den sollen wir fest glauben, in dem liegt unsers Heiles
Der erste Buchstab wird genannt [Hochgewinn.
ein M, dran solln wir Schuldigen erkennen,
daß sie Mediatrix heißt, das ist auf deutsch Versöhnerin.
Ihre Gnade hebt viel unserer Verschuldung auf,
ihre Güte ist aller Güte Übergoldung:
sie besänftiget uns ihres Sohnes Zorn

unt gît vür sünde guoten rât:
si tilget unser missetât:
des loben wir die muoter mit dem kinde!

Waz nû der ander buochstap sî?
Ein A: Auxiliâtrix ist uns dâ betiutet bî:
helfaerîn genennet: ir helfe suln wir nemen gemeine war.
Mit wîser vorbedaehtikeit
wart ir der name geformet unt vor manger stunt bereit
von dem, den si ze trôste der Cristenheit an dise werlt
Er was ir kint, ir vater, ir schephaere: [gebar.
wol dem wunder, daz der wunderaere
gewundert hât an der vil süezen,
sît er kan kint unt vater sîn!
daz wunder tuot uns helfe schîn:
si helfaerîn si kan wol helflîch grüezen!

Der dritte sol ein R sîn:
daz sprichet Reparâtrix: sist ein widerbringaerîn
vil maneger armen sêle, diu anders waere verloren immer
Ir widerbringen was sô starc, [mê.
daz sich diu clâriu gotheit in ir kiuschem lîbe barc:
dâ mites uns widerbrâhte in menschen bilde ûz
immerwerndem wê.
Swer ir des widerbringens nû gedenket
unt ir mit heizen trehenen widerschenket
ûz riuwegem herzen, daz sint sinne:
si widerbringet sünder vil,
swer im unt ir getrûwen wil;
er mehtic künec, si mehtic küniginne!

Der vierde ein Î geheizen ist,
daz spricht Illûminâtrix: dû vil saelden rîche bist
erliuhtaerîn genennet: nie reiner name von vrouwen wart
Dîn lîp braht uns des liehtes schîn, [gelesen.

und reicht gegen Sünde gute Hilfe:
sie tilgt unsern Fehltritt aus:
drum preisen wir die Mutter mit dem Sohne!

Was nun der zweite Buchstab ist?
Ein A: Auxiliatrix wird uns damit angezeigt:
Helferin geheißen: ihre Hilfe solln wir insgesamt erkennen.
Mit klugem Vorbedacht
ward der Name ihr gebildet und vor langer Zeit bereitet
von dem, den sie als Zuversicht der Christenheit in diese
Er war ihr Sohn, ihr Vater, ihr Schöpfer: [Welt gebar.
O des Wunders, das der Wunderwirker
wunderbar gezeugt in der viel Lieblichen,
seitdem kann er Sohn und Vater sein!
Dieses Wunder macht uns Hilfe offenbar:
sie als Helferin, sie kann recht hilfreich grüßen!

Der dritte soll ein R sein:
das meint Reparatrix: sie ist Erretterin
mancher armen Seele, die auf immer sonst verloren wäre.
Ihr Erretten war so groß,
weil die lautre Gottheit sich in ihrem reinen Leibe barg,
damit errettete sie uns in Menschgestalt aus ewigem Leid.

Wer auch immer nun um der Erlösung willen an sie denkt
und es mit heißen Tränen ihr vergilt
aus reuevollem Herzen, der tut klug:
sie erlöst der Sünder viel,
wer nur immer ihm und ihr vertrauen will;
er – machtvoller König, sie – machtvolle Königin!

Der vierte ist ein I geheißen,
das meint Illuminatrix: du viel Segensreiche bist
Erleuchterin genannt: ein reinrer Name ward an Frauen nie
Du brachtest uns des Lichtes Glanz, [gelesen.

dîn sun uns hât erloeset von der vinsternisse pîn,
dâ wir âne wunne unt âne enden müesten sîn gewesen.
Alsô durchliuhtic sô was dîn gemüete,
daz gotes geist ûz dînem herzen blüete:
nû erliuhte ouch unser trüeben herzen,
daz wir in den glouben vrî!
durch sîne süezen namen drî
behüete er uns vor êwiclîchen smerzen!

Der vünfte unt ouch der jüngste wol
von schulden ist ein A: Adjûtrix man sie heizen sol,
schirmaerîn genennet, ein helfaerîn vür endelôse nôz.
Marîa muoter, reiniu meit,
vor sünden werken ist von dir ein schirmer uns beteit:
er helfer sîner weisen, du helfaerîn vür immerwernden tôt!
Nim uns, hilf uns, bringe uns von dem blicke,
erledege unt erloese uns vor dem schricke,
den wir hân zuo dîns kints gerihte;
swer dâ vor urteil wirt ernert,
derst ganzer vröuden unverhert:
Got uns gewer der selben zuoversihte!

DER MARNER

gest. um 1270

I

Marîâ, vrouwe hêre,
der saelden wuocherheit,
Marîâ, lop und êre
dir iemer mêre sî geseit.
Marîâ meit und muoter doch dar under,
Marîâ, dû geschoente

dein Sohn hat uns erlöset von der Finsternisse Qual,
wo wir ohne Freud und endlos hätten bleiben müssen.
So strahlend hell, so war dein Inneres,
daß Gottes Geist aus deinem Herzen blühte:
nun erleucht auch unsre finstern Herzen,
daß wir frei im Glauben sind!
Um seiner freundlichen drei Namen willen
bewahr er uns vor ewigen Leiden!

Der fünfte und auch der letzte wohl
ist mit Recht ein A: Adjutrix man sie heißen soll,
Schirmerin genannt, Helferin gegen endelose Not.
Maria Mutter, reine Jungfrau,
gegen sündig Tun ist uns von dir ein Schutzherr zuerteilt:
er – Helfer der Verwaisten, du – Helferin gegen ewigen Tod!
Nimm uns, hilf uns, bring uns von dem Glanze,
mach uns frei und lös uns von dem Schrecken,
den wir haben vorm Gerichte deines Sohnes;
wer nur dort vor der Verdammnis wird gerettet,
der ist keiner Freuden mehr beraubt:
Gott gewähr uns diese Hoffnung!

DER MARNER

gest. um 1270

I

Maria, hehre Herrin,
Frucht des Heils,
Maria, Lob und Preis
sei stets aufs neue dir gesagt.
Maria Jungfrau und Mutter doch dabei,
Maria, du Verherrlichte

ûz aller menscheit gar,
Marîâ, dû gekroente
hôch über aller engel schar,
Marîâ klâr, vür alle meit besunder,
Marîâ, gotes vröuden hort!
Marîâ, got betwanc dîn magtlich kiuschiu minne dort,
Marîâ, daz er sich dir neigte mit dem wort,
daz Gabriêl dir brâht von sînem trône.
Marîâ, meres leitestern,
Marîâ, in der vinsternisse ein lûter lieht lucern,
Marîâ, vaz der gotheit und ein ganz latern:
dich habent erliuhtet gotes drî persône.

II

Dû berndez saf der blüete,
ursprinc aller saelikeit,
in dem himel und ûf der erde und in dem sê,
in den lüften dâ ist, vrouwe, dîns gewaltes vil.
Dû trôn ûf aller güete
wart volsungen noch volseit:
noch mit vreuden wil ich von dir sprechen mê.
dû bist gotes meienrîs und sînes herzen spil.
Dîn heilic lîp der truoc ein kint, deist fürste übr alliu lant.
dîn güete ist ob aller güete
gimme, heilawâc genant.
dû bist ze aller zîte vil barmherzic gar.
ze trôste is komen ir gemüete,
diu den werden got gebar:
daz bistû, himelischiu muoter unde meit:
maneger sêle hât dîn güete êwegen vluoch verjeit.

unter allen Menschen ganz und gar,
Maria, du Gekrönte
hoch über aller Engel Schar,
Maria schön, vor allen Jungfraun einzig,
Maria, Hort von Gottes Freuden!
Maria, Gott besiegte deine jungfräulich reine Liebe,
Maria, da er sich zu dir neigte in dem Wort,
das Gabriel dir brachte von seinem Throne.
Maria, Leitstern auf dem Meere,
Maria, in der Finsternis reinlich helle Leuchte,
Maria, Gefäß der Gottheit und vollkommene Laterne:
dich erleuchteten Gottes drei Personen.

II

Du fruchtbarer Blütensaft,
Urquell aller Seligkeit,
im Himmel und auf Erden und im Meer,
in den Lüften, da ist, Herrin, deine Herrschaft groß.
Du Thron auf aller Güte
wardst nie ganz besungen noch ganz ausgesagt:
mit Freuden mehr noch will ich von dir sprechen.
Du bist Gottes Maienzweig und seines Herzens Freude.
Dein heiliger Leib, der trug ein Kind, das ist Herrscher über alle Lande.
Deine Güte ist über aller Güte
Edelstein, heiliges Wasser genannt.
Du bist alle Zeit gar sehr barmherzig.
Zu Hilfe ist gekommen all ihr Trachten,
die den edlen Gott gebar:
Das bist du, himmlische Mutter und Magd:
so mancher Seele hat deine Güte ewige Verfluchung verjagt.

MEISTER SIGEHER

gest. um 1270

Vröuwe dich, rôs âne dorn,
vrouw al der werlde: wer vriesch solhiu maere,
daz von dir wart ein vater dir geborn.
ûz erkorn
wart dîn kiusche unwandelbaere.
Wer gevriesch solh wunder ie
daz einen vater ie sîn kint gebaere?
den al diu werlt umbgrîfen mohte nie,
den umbevie
sie aleine, unt merket wie dem waere!
Dâ wart diu meit
ein muoter ungemeilet unt ouch sünden laere,
als ir seit
Gabrîêl sie gebaere den gotes sun ân alle swaere.
dô wart der vater kint der tohter dur ir staetekeit.
diu menscheit
uns lôste. daz geschuof diu meit gewaere.

MEISTER RUMSLAND VON SACHSEN

13. Jahrhundert

Ob aller minne minnen kraft,
der hôch gelobeten werden minne meisterschaft,
der minneclîchen vröude gebenden minne,
der süezen minne bernden vruht,
diu den hêren geist mit sîner gotes zuht
al ümbeslôz, der minne meistaerinne,
der wil ich singen mînen sanc,
daz erste lob in dieser niuwen wîse,

MEISTER SIGEHER

gest. um 1270

Freue dich, Rose ohne Dorn,
Gebieterin der ganzen Welt: wer hörte solche Wunderrede,
daß dir ein Vater ward von dir geboren!
Auserwählt
ward deine makellose Reinheit.
Wer hörte je solch seltsames Ereignis,
daß einen Vater je sein Kind gebar?
Den alle Welt nicht konnt umfassen,
den umfaßte
sie allein, und gebet acht, wie das geschah!
Da ward die Jungfrau
Mutter, unbefleckt und auch der Sünden ledig,
als ihr sagte
Gabriel, sie sollte Gottes Sohn gebären ohne allen Schmerz.
Da ward der Vater Kind der Tochter um ihrer Treue willen.
Sein menschlich Wandeln
erlöste uns. Das kam durch die Jungfrau wahrlich.

MEISTER RUMSLAND VON SACHSEN

13. Jahrhundert

Macht der Liebe über aller Liebe,
der hochgepriesnen edlen Liebe Allgewalt,
der Liebesfreude schenkenden Liebe,
der süße Liebe gebärenden Frucht,
die den heiligen Geist mit seinem Gotteskind
ganz umschloß, der Liebe Herrin,
der will ich singen mein Lied,
den ersten Preis in dieser neuen Tonart,

sit gotes zorn ir minne twanc,
maget Maria, dû minne in hôhem prîse!
den starken got des überwant,
daz er durch menschen minne mensche wart erkant:
heil von Iesse dem vröudebernden rîse!

MEISTER BOPPE

nach 1250

I

Avê Marîa! waz der krêatûren lebt,
waz vliuget, vliuzet, wetet, gêt, klimt oder swebt,
dem mac diu maget gebieten wol mit schalle.
Marîa, daz ist gar der saelden underscheit,
ez diutet, daz du vrouwe bist des meres breit,
ein strâze rîch, darûfe sich vor alle
behüetet wol eines menschen trit.
doch wil ich râten, daz mit nazzen vüezen,
noch ouch mit wandellîchem sit
icht trete ûf disen klâren wec sô süezen:
der vuoz sol viuhte in riuwen sîn,
man sol die sünde weinen mit den ougen,
sô wil der engel künigîn
daz herze reine halten sunder lougen.
sint du der saelden schoener pfat, maget, unt des rehtes [strâze
durch gotes gnâden worden bist,
durch Jêsus Christ
tuo uns erwerben, keisaerin trût, unser niht enlâze.

da ihre Liebe Gottes Zorn bezwang,
Jungfrau Maria, du Liebe hochgerühmt!
Den großen Gott es überwand,
daß er durch Menschenliebe wurde Mensch:
Heil von Jesse dem freudestiftenden Reis!

MEISTER BOPPE

nach 1250

I

Ave Maria! Was an Kreaturen lebt,
was flieget, schwimmet, watet, geht, klettert oder [schwebt,
dem darf die Jungfrau laut befehlen.
Maria, das ist des Heiles Zeichen ganz und gar,
es kündet, daß du Herrin bist des weiten Meeres,
eine Straße herrlich, darauf sich vor allem
wohl bewahrt des Menschen Schritt.
Doch will ich meinen, daß mit nassen Füßen nicht,
noch auch in haltloser Art
einer treten soll auf diesen hellen, so bequemen Weg:
Der Fuß soll feucht sein von der Reue,
die Augen sollen weinen ob der Sünde.
So will der Engel Königin
das Herz von Lüge rein bewahren.
Da du des Heiles schöner Pfad, Jungfrau, und des Rechtes [Straße
durch Gottes Gnade bist geworden,
so um Jesu Christi willen
gewinne uns, geliebte Kaiserin, verlaß uns nicht.

II

Avê Marîa! wol dem minneclîchen tage,
sô wol der stunt, daz ie dîn lîp âne alle klage
gebar den schepfer aller crêatiure!
Daz schuof, daz er dich wiste wol âne allen wanc.
dârümbe er zuo dir als ein vlücker valke swank
menschlîchem künne minniclîch ze stiure.
Sîn schade in riuwen dô began,
der im geschach von Êven unde Adâmen,
diu sêre heten missetân.
got wolte sîner hantgetaete sâmen
ûf lesen, den er hete gesât,
unt der da viel durch die vil tiefen schrunden,
ich meine, sîne hantgetât
diu wolde er viuhten dô mit tiefen wunden.
du hilf uns durch des jâmers blic ze dînes kindes schouwe,
des manen wir dich sunder wanc,
halt den gedanc,
trût, durch dîn eben êwekeit: hilf uns, der engel vrouwe.

III

Avê Marîa! minniclîcher morgenrôt,
wer dîn bedarf, der vlehe dir in sîner nôt,
dîn milte ist breit, wît mit unmaezer lenge.
Dîn lenge reichet von des hôhen trônes vun
mit voller kraft biz in der tiefen helle grunt:
ach got, wâ wart ein maget ie sô genge!
Ir forme gar durchsiuzet hât,
waz in deme trône wonet unt dârunder,
der hôch gelobten trinitât
ist diu vil minniclîche ein lebender zunder.
si hât drî vriedel minniclîch,

II

Ave Maria! Wohl dem liebereichen Tage,
so wohl der Stunde, da du einstmals ohne alle Klage
gebarst den Schöpfer aller Kreatur!
Das geschah, weil er dich für ganz treu erkannte.
Drum flog er zu dir wie ein flügger Falke,
dem menschlichen Geschlechte liebevoll zu Hilfe.
Damals begann das Unheil ihn zu schmerzen,
das ihm durch Eva und Adam widerfuhr,
die sich gar arg vergangen hatten.
Auflesen wollte Gott den Samen seiner Schöpfung,
den er gesäet hatte
und der tief in der Felsen Spalten damals fiel;
ich glaube, sein Geschöpf,
das wollte er da tief verwunden.
Du hilf uns, um des Leides Anblick willen, hin zu deines
des mahnen wir dich ohne Ende, [Kindes Anschaun,
den Gedanken halte fest,
du Liebe, deine reine Ewigkeit hindurch: hilf uns,
Gebieterin der Engel.

III

Ave Maria! Liebeschönes Morgenrot,
wer dein bedarf, der fleh zu dir in seiner Not,
(denn) weit reicht deine Güte, seltenweit.
Du reichest von des hohen Thrones Stätte
mit Vollgewalt bis in der tiefen Hölle Grund:
o Gott, wo wurde eine Jungfrau je so weit bekannt!
Ihre Gestalt hat ganz mit Süßigkeit erfüllt,
was auf dem Throne wohnet und darunter;
der hochgepriesenen Dreieinigkeit
ist die so Liebenswerte ein lebendig Feuer.
Sie hat drei liebende Geliebte,

sô gar mit eime ein ander magt benüeget;
sus hât ir lîp sô minniclîch
mit listen alle vrouwen überklüeget.
Got vater, sun unt heilic geist dich tâten, schoene, swanger,
dâzwischen, sô man von dir saget,
belibe du maget:
wîs uns die saelden rîchen schar in rîches trônes anger.

so mit einem ganz begnügt sich jede andre Jungfrau;
auf solche Weise hat sie so in Liebe
mit Klugheit alle Fraun an Klugheit übertroffen.
Gott Vater, Sohn und heilger Geist machten dich, du
dabei, wie man von dir erzählt, [Schöne, schwanger,
du Jungfrau bliebst:
Zeig uns die Schar der Seligen im Reich des hehren
Thrones!

Die großen Preisdichtungen

*

RHEINISCHES MARIENLOB

Um 1220/30

I
Maria – de himel ho, die erde reine

Maria, wa mach ich dines loves beginnen,
want da ich die werelt sin aneginnen?
want himel ind erde beceichenent dich,
godes muder inde maget lövelich.

Maria, du bis de himel ho,
van deme die schricht uns saget also,
dat he si ein schine vur algare.
des vures werden ich an dir geware,
alse ich dine minne ane schowen,
allerminsamiste aller vrowen!
Du bis da overste himelriche,
da inne got wanet sunderliche.
it enwart nie engeine creatiure
also schöne, reine inde dure,
du dar zu alse gevuge were,
dat da inne wanede got unse herre,
alse din geist inde lif,
ei aller reineste inde liveste wif!
Got in begaf dich nie eine stunde,
sint dat he in dir wanen begunde,
bit grozer eren, bit grozer macht
wanede he in dir dach unde nacht.
beide in gelücke inde in widermude

RHEINISCHES MARIENLOB

Um 1220/30

I
Maria gleicht Himmel und Erde

Maria, wie soll ich deinen Lobpreis beginnen,
da ich damit erschaue den Anfang der Welt?
Denn Himmel und Erde stellen im Bilde dich dar,
Mutter Gottes und preiswürdige Jungfrau!

Maria, du bist der Himmel hoch,
von dem uns die Bibel solcherweis spricht,
er sei ein strahlendes Feuer vollkommen.
Das Feuer erkenn ich an dir,
wenn ich deine Liebe betrachte,
allerlieblichste aller Gebieterinnen!
Du bist das oberste Himmelreich,
darinnen Gott wohnet einzig allein.
Nie ward ein Geschöpfe je irgend
so herrlich, lauter und kostbar,
das dazu noch so geeignet gewesen wäre,
daß Gott darin wohnte, unser Gebieter,
wie dein Geist und Leib,
o allerlauterste und geliebteste Frau!
Gott verließ dich kein einziges Mal,
seitdem er in dir zu wohnen begann.
Mit großem Ruhme, mit großer Kraft
wohnte er in dir Tag und Nacht.
Gleichermaßen in Glück und in Trübsal

behude dich lifliche sine gude.
nie enmochte he noch enwolde dich schuen
in dinen vroweden, in dineme ruen.
so gerne wanede he in dineme geiste,
de aller meiste üver alle geiste.

Maria, du bis die erde reine,
du reine geschaffen was algemeine,
e si die lude unreinen begunden
bit irer missedat, bit iren sunden.
Du bis die gebenediede erde,
du reine, schöne inde du werde,
die god selve wolde gebenedien
inde so groze gnade verlien,
dat du darzu weres uzercorn,
dat du gedruges dat weizen corn,
dat van dime live wart geborn.
ni engewus in dir einich uncrut,
sunderliche, einige, godes drut.
Dat weizen corn wis inde rot,
dat gerodet wart in des crüces not,
dat wis inde reine is van naturen,
dat druges du reine vür allen creaturen.
Dat corn ensede niman in dich,
reine maget inde süverlich,
wan it in dich quam van himelriche,
da he richet eweliche,
da he spiset die engelsche geiste,
de aller suziste inde de meiste.
Dit is dat corn, dat uns noch hude
spiset, die arme godes lude.
enspisede uns net dit himelsche brot,
unse selen stürven, si weren dot.
we möchte an dat himelsche leven
in erden behalden siner selen leven?

beschützte dich Liebliche seine Güte.
Nie konnte noch wollte er je dich meiden
in deinen Freuden, in deiner Betrübnis.
Mit solcher Lust wohnte er in deinem Geiste,
der Allerhöchste über alle Geister hinaus.

Maria, du bist die makellose Erde,
die makellos geschaffen war insgesamt,
eh sie die Menschen zu beflecken begannen
mit ihrem Frevel, mit ihren Sünden.
Du bist die gesegnete Erde,
du Makellose, Herrliche und du Edle,
die Gott selber verlangte zu segnen
und (ihr) so große Gnade zu schenken,
daß du auserwählt seiest dazu,
das Weizenkorn zu tragen,
das geboren wurde von dir.
Niemals wuchs in dir irgendein Unkraut,
alleinige, einzige Geliebte Gottes!
Das Weizenkorn weiß und rot,
das gerötet wurde im Kampfe am Kreuz,
das weiß und herrlich ist von Natur,
das trugest du Makellose vor allen Geschöpfen.
Das Korn säte niemand in dich,
keusche und züchtige Jungfrau,
denn vom Himmelreiche kam es in dich,
wo er ewig regieret,
wo er nähret die Scharen der Engel,
die allerlieblichsten und die höchsten.
Dies ist das Korn, das uns noch heute
nähret, die gottverlassenen Menschen.
Nährte uns nicht dies himmlische Brot,
unsre Seelen stürben, sie wären tot.
Wer könnte ohne das himmlische Leben
auf Erden behalten seiner Seele Leben?

II

Bitte des Dichters
um Anteil an den Mutterfreuden Mariä

Vrowe, gif mir ouch on understunden,
dat ich ouch understunden werde entbunden
van miner unmezlicher truricheide,
dat ich getrost werde in miner arbeide.
Ich unwirdich prister, ich sündich man,
ich, de ni nit gudes an mir vant,
ich handelen bit miner unreiner hant
din reine kint, unsen heilant,
den lif din brachte in unse lant,
den din reine hant so dicke bewant –
wan min vule herce envulet nit.
wan min vule herce, wie is dir geschit?
wie has du also verloren die sinne,
dat noch du vorte noch di minne
dich endeit vulen der entgenwordicheide
der unmezlicher suzicheide,
die in deme suzisteme Jhesu is?
it schinet wale, dat du leider dot bis.
Vrowe, vile suze muder inde maget,
van mineme hercen min herre dir claget,
dat it die vule so gare hat verloren.
hilp mir, want unse heil van dir is geboren.
enlaz mich nit me so dürre sin,
deile bit mir diner vroweden win!
durg dine vrowede bidden ich dich:
geselle diner vroweden mache mich!
Alse ich zu der cribben gan,
dat is der elter, alse ich da stan,
alse dinen liven sun entfan –
dan du mich, vrowe, di vrowede verstan,
die in dineme suzeme hercen was,

II

Bitte des Dichters
um Anteil an den Mutterfreuden Mariä

Herrin, gib ihn auch mir zuweilen,
daß auch ich zuweilen werde erlöst
von meiner ungemessenen Schwermut,
daß ich getröstet werde in meiner Mühsal.
Ich unwürdiger Priester, ich sündhafter Mensch,
ich, der (ich) niemals in mir etwas Gutes entdeckte,
ich berühre mit meiner schmutzigen Hand
dein herrliches Kind, unsern Heiland,
den du auf unsere Erde gebracht,
den deine keusche Hand so oftmals umfing –
aber mein morsches Herze empfindet nichts.
Morsches und totes Herz, wie ist dir geschehen?
Wie bist du derart taub geworden,
daß weder die Furcht noch die Liebe
dich fühlen macht die Gegenwart
der unendlichen Lieblichkeit,
die in dem lieblichsten Jesus wohnt?
Es scheint, du bist zu deinem Unglücke tot.
Herrin, gar liebliche Mutter und Jungfrau,
von meinem Herzen klagt dir mein Herr,
daß es das Fühlen so gänzlich verloren.
Hilf mir, denn unser Heil ist von dir geboren.
Laß mich nicht weiter so dürre sein,
teile mit mir den Wein deiner Freuden!
Um meiner Freude willen bitte ich dich:
lasse mich Anteil haben an deinen Freuden!
Wenn ich zu der Krippe gehe,
das ist der Altar, wenn ich dort stehe,
wenn ich deinen geliebten Sohn empfange –
dann lasse mich, Herrin, die Freude begreifen,
die in deinem süßen Herzen gewesen,

du din magetdum unses herren genas,
du du on aller erst aneseges,
du du sin bi der cribben geleges,
du dine hant aller erst an sinen lif quam,
den de live van dineme live nam.
Vrowe, min herce van mir verdrif
inde lege din herce in minen lif,
dat mir dines vures inde dines wines,
dan haf du birnes, dan af du schines
ein tran werde in einem vunken,
so werdin ich birnende inde drunken.
mines hercen vaz inde sin schorenstein
(he mach lichte vol vroweden sin)
si möchten lichte so vile vroweden haven,
dat si mine truricheit möchten laven.
Vrowe vol vroweden, inde mildicheide,
diner vroweden üverlüzicheide
mineme armen hercen deile getzwat,
want in der warheide wizzes dat:
ich enbegeveǹ dich nimer me,
e ich it almusenen van dir entfe.
ich sal iemer zu ḍinen uzen ligen,
nimer en sal min herce geswigen,
bizze du dich erbarmes üver mich,
vröliche vrowe inde barmhercich! –
Ir sulet alle gebeden wesen,
die dit gedichte sulen lesen,
dat ir mine vrowe biddet vür mich armen,
dat sie sich üver mich wille erbarmen.
vallet der suzzere bit mir ze vuzen,
dat ich ur ind ir min genizen muzen,
dat it uns allen si allet gemeine,
so wat mir gegivet die vrowe reine.
ich hoffen, dat sie uns gehoren süle,
of si unser starkere andacht vule.

als deine Jungfräulichkeit unsern Herrn gebar;
als du zum ersten Male ihn ansahst,
als du in die Krippe ihn legtest,
als deine Hand seinen Leib zum ersten Male berührte,
den der Geliebte von deinem Leibe empfing.
Herrin, stoße mein Herze von mir hinweg
und lege dein Herz in meinen Leib,
daß mir von deinem Feuer und deinem Weine,
davon du brennest, davon du leuchtest,
ein Tropfen zuteil werde in einem Funken –
so werde ich glühend und trunken.
Meines Herzens Gefäß und sein Kamin
(leicht vermag er voll Freuden zu sein)
sie vermöchten leichtlich so viele Freuden zu fassen,
daß sie mich in meiner Schwermut erquicken könnten.
Herrin voller Freuden und Barmherzigkeit,
vom Überflusse deiner Freuden
teil meinem armen Herzen ein wenig mit,
denn das wisse fürwahr:
ich verlasse dich nimmermehr,
eh ich nicht ein Almosen von dir empfangen.
Ich werde immer zu deinen Füßen liegen,
schweigen wird niemals mein Herz,
bis du dich meiner erbarmst,
heitere und barmherzige Herrin! –
Ihr möget alle gebeten sein,
die ihr lesen werdet dieses Gedicht,
daß ihr meine Herrin bittet für mich Armen,
sie wolle sich meiner erbarmen.
Fallet der Lieblichen mit mir zu Füßen,
daß ich von euch und ihr von mir sollet Vorteil haben,
daß uns allen alles zusammen gehöre,
was auch immer mir gibt die herrliche Herrin!
Ich hoffe, daß sie uns erhören werde,
wenn unsere tiefe Andacht sie fühlt.

III

Mariä Klage unter dem Kreuz

Horet mine clage
in diseme dage,
   engele inde lute!
nit ensit mir verre,
sit, wat mir werre,
   alle godes brüte!
Bit rechten truen
sit mines hercen ruen
   bit ures hercen ougen!
mines hercen smercen
vulet, getrue hercen,
   den ich arme dougen! . . .

Blif alle cit wunt,
nit enwirt gesunt,
   so min live sterve.
nit enwirt heil,
des crüces drach ein teil,
   so min sun verderve.
O aller livere liveste kont,
lif üver alle di sont,
   wie sine ich dich dus hangen.
alle sture
is dir dure,
   dine vrunt sint dir engangen.

O aller suzeste elincliche,
wie sin ich dich dus iemerliche
gebunden inde gevanken!
gecraccet sin dine wangen
   vile unbermliche.
Wie sint dine ougen alsus bespuen,

III

Mariä Klage unter dem Kreuz

Höret meine Klage
an diesem Tage,
  Engel und Menschen!
Seid mir nicht ferne,
seht, was mich schmerzt,
  alle Bräute Gottes!
Ganz wie's eure Pflicht ist,
seht meines Herzens Kummer
  mit eueres Herzens Augen!
Meines Herzens Schmerz
fühlet, ergebene Herzen,
  den ich Arme erdulde . . .

Bleib allezeit wund,
nichts wird gesund,
  wenn mein Geliebter stirbt.
Nichts wird gerettet,
trage das Kreuz,
  wenn zugrunde mein Sohn geht.
O aller Geliebten geliebtestes Kind,
geliebt über alle, die sind,
  wie sehe ich dich so hängen!
Alle Hilfe
ist dir versagt,
  deine Freunde hast du verloren.

O allerlieblichster Hilfloser,
wie sehe ich dich so jammervoll
gefesselt und gefangen!
Zerkratzt sind deine Wangen
  gar unbarmherzig!
Wie sind deine Augen bespieen so sehr,

wie möchte ich dis grozen leides getruen,
dat ich sin dragen dich
   inde verdragen alsus verdoltliche!

Och der unmilder hende,
die die iserne bende
   dir havent anegelaht,
die dich havent gevangen,
die dich havent gehangen!
   we der manslath! . . .

Truret alle creaturen,
helpet mir weinen inde truren,
wan de stirvet
inde verdirvet,
   de beide mich inde uch geschuf.
Beide sunne inde mane,
dut uch swarce cleidere ane,
ir sulet bit mir bedruvet sin.
leget nider uren schin,
   gevet miner lich disen wuf.

Ebive al ertriche,
cesprenget steine!
erscheinet algeliche
inde algemeine,
dat ir muzet clagen
inde nit enmuget gedragen
godes, godes sunes dot,
want ir gwurdet, du he gebot!
Beide dach inde sterren,
ir ensulet nit merren,
   verberget ur licht,
dat ir des liven reinen

wie könnte ich glauben dies große Leid,
das ich sehe dich tragen
    und ertragen mit solcher Geduld!

Ach die hartherzigen Hände,
die die eisernen Fesseln
    dir angelegt haben,
die dich gefangen haben,
die dich gehangen haben!
    Wehe des Mordes! . . .

Trauert alle Kreaturen,
helfet mir weinen und trauern,
da der stirbt
und zugrunde geht,
    der uns beide erschuf.
Beide ihr, Sonne und Mond,
legt euch schwarze Gewänder an,
Ihr sollt mit mir voll Kummer sein.
Legt ab euren Glanz,
    erweiset meinem Sterbenden diese Klage!

Erbebe Erde vollkommen,
zerspringet (ihr) Steine!
Beweiset allgleichermaßen
und insgesamt,
daß ihr müßt klagen
und könnt nicht ertragen
Gottes, Gottsohnes Tod,
da ihr entstandet, als er es gebot!
Beide ihr, Tag und Sterne,
ihr dürfet nicht zögern;
    verbergt euer Licht,
daß ihr des geliebten Reinen

reine ouchen versteinen
nit ane ensit.

Want min live he stirvet izu.
owi, niman endeit ime zu
sine lifliche ougen!
Wan he is gerecket,
iemerliche getrecket.
owi, wat wir dougen!

Vrone crüce, edel boum,
du bis gebenediet,
mines liven bludes stroum,
he hat dich gewiet.

Getrue crüce, böuge dine armen,
böuge dich her nider,
dines herren muder laz dich enbarmen,
gif mir on her wider!

Dinen grozen schatz bit mir deile,
de dir is so wale veile:
den doden lichamen gif mir,
dat heilige blut behalt du dir,
so sin wir beide riche.

reine Augen erstarren
   nicht seht!

Denn mein Geliebter, er stirbet jetztund.
O weh, es drückt keiner ihm zu
   seine lieblichen Augen!
Denn hoch ist er gehangen,
jammervoll gezogen.
   O weh, was wir erdulden!

Heiliges Kreuze, edler Stamm,
du bist gebenedeit,
der Blutstrom meines Geliebten,
er hat dich geweiht.

Ergebenes Kreuze, beuge deine Arme,
beuge dich hernieder,
erbarme dich der Mutter deines Herrn,
gib ihn mir zurück!

Teile deinen großen Schatz mit mir,
der dir so wohlfeil ist:
gib mir den toten Leib,
das heilige Blut behalt du dir,
so sind wir beide reich.

KONRAD VON WÜRZBURG

gest. 1287

Die goldene Schmiede

Ei künde ich wol enmitten
in mînes herzen smitten
getihte ûz golde smelzen,
und liehten sin gevelzen
von karfunkel schône drîn
dir, hôhiu himelkeiserîn!
sô wolte ich dîner wirde ganz
ein lop durliuhtec unde glanz
darûz vil harte gerne smiden.

Marîa, muoter unde maget,
diu sam der morgensterne taget
dem wîselôsen armen her,
daz ûf dem wilden lebermer
der grundelôsen werlde swebet:
dû bist ein lieht daz iemer lebet,
und im ze saelden ie erschein
swenn ez der sünden agetstein
an sich mit sînen creften nam
swaz diu syrêne trügesam
versenken wil der schiffe
mit süezer doene griffe,
diu leitest, frouwe, dû ze stade;
dîn helfe uz tiefer sorgen bade
vil mangen hât erledeget.
dîn lop hât uns gepredeget
Dominicus und Franciscus.
der helle bâsiliscus
schaden vil von dir begreif:

KONRAD VON WÜRZBURG

gest. 1287

Die goldene Schmiede

O verstünde ich recht mittendrin
in meines Herzens Schmiede
durch Guß ein Kunstgebild aus Gold zu formen
und strahlende Weisheit da hinein zu legen
aus Karfunkel auf die rechte Art
dir, hohe Himmelskaiserin!
So wollte ich deinem hohen Ansehn ganz
ein Lob, hell leuchtend und voll Glanz,
daraus mit höchster Frohbegierde schmieden.

Maria, Mutter und Jungfrau,
die leuchtet wie der Morgenstern
dem führungslosen armen Heer,
das auf dem öden fremden Meer
des bodenlosen Lebens irrend schwimmt:
du bist ein Licht, das immer lebt
und ihm zum Heile stets erschien,
sobald es der Magnet der Sünden
mit seinen Kräften an sich riß.
Was die Sirene trüglich
an Schiffen immer will versenken
durch süßer Lieder Saitengriff,
die leitest, Herrin, du zum Ufer;
aus dem Bade tiefer Sorgen helfend,
hast du gar manchen los gemacht.
Dein Lob hat uns gepredigt
Dominikus und Franziskus.
Der Hölle Basilisk
erlitt durch dich viel Schaden:

dîn tugent schuof daz ûf in sleif
des tôdes hagel und sîn risel.
bî dir bezeichent ist diu wisel
diu daz hermelîn gebar,
daz den slangen eitervar
ze tôde an siner crefte beiz,
und sînen bluotvarwen sweiz
rêrte durch ir beider sturm.

wart is ûz wunsche ein varwe
getempert und gemachet,
diu glenzet unde lachet
von dîme antlitze güetlich,
und machet ez sô müetlich
daz der himel fürsten
muoz selben nâch dir dürsten
und aller engel prinzen.
den venchel und die minzen,
salveien unde rûten
wil ich dînem trûten
gewande niht gelîchen:
ich wil darzuo die rîchen
arômâtwürze mâzen,
wand ûf der himelstrâzen
darnâch vil manec sêle quilt.
dem pantier loufet allez wilt
dur süezen smac zem meien nâch:
sus wirt vil manger sêle gâch
zuo dîner cleider rouche.
wê dem vertânen gouche
der zwivelt an der helfe dîn!
kein sünder mac sô grôz gesîn
in loese dîn erbarmekeit,
ob er ein riuwec herze treit
und er genâde suochet.

Deine Kraft ließ auf ihn fallen
des Todes Hagelschlag und Regen.
Bedeutet wird durch dich das Wiesel,
das das Hermelin gebar,
das die giftige Schlange
mit seiner Kraft zu Tode biß
und sein Blut
vergoß in ihrer beider Kampf.

Ward je aus Schönstem eine Farbe
gemischt und hergestellt,
die glänzt und lacht
von deinem Antlitz freundlich
und macht es so anmutig,
daß es der Himmel Herrscher
muß selbst nach dir verlangen
und aller Engel Fürsten.
Den Fenchel und die Minze,
Salbei und Raute
will ich deinem lieben
Gewande nicht vergleichen:
ich will dazu das herrliche
Aromakraut für recht erachten,
denn auf der Himmelsstraße
begehrt mit Schmerz danach gar manche Seele.
Dem Panther läuft das ganze Wild
des lieblichen Geruches wegen nach im Mai:
so verlangt gar manche Seele ungestüm
nach deiner Kleider Duft.
Weh dem verfluchten Toren,
der an deiner Hilfe zweifelt!
Kein Sünder kann so groß sein,
daß ihn nicht deine Barmherzigkeit erlöste,
wenn er ein reuig Herz besitzt
und er nach Gnade sucht.

die zirkel der plânêten,
sunn unde mânen bilde,
wint regen doner wilde,
wazzer fiur erd unde luft,
der himel kôr, der helle gruft,
und alle crêatiure
von dîner helfe stiure
geschephet unde geordent sint;
wan dû benamen und dîn kint
ie wâren ungesundert:
dîn sun der hât gewundert
an dir mit fremder meisterschaft.
ê daz sîn frôniu magencraft
geschüefe daz abgründe,
sich dô gewan er künde
sunder anegenge dîn.
dîn wesen daz ist ie gesîn
vor sînem clâren bilde:
dû bist ein wunder wilde,
daz got ie für sîn ougen spien.
dû bist ein vackel unde ein kien,
diu vor im hânt gebrunnen,
ê sîn gewalt die sunnen
geschüefe und aller sternen creiz.
sît daz er künftec wunder weiz,
sô weste er ouch benamen ie,
daz dû soldest werden hie
sîn muoter âne widerstrît:
dâvon dû lebtest alle zît
vor sîner clâren angesiht.
ob dû dâ lîphaft waere niht,
so was doch ie mit hôher state
dîn bilde und dîner sêle schate
vor sîme antlitze swebende,
vil schône was ie lebende

Die Kreise der Planeten,
der Sonne und des Monds Gestalten,
Wind, Regen, wilde Donner,
Wasser, Feuer, Erd und Luft,
der Himmel Raum, der Hölle Gruft
und alle Kreatur
mit deiner Hilfeshilfe
geschaffen und geordnet sind;
denn du wahrhaftig und dein Sohn,
ihr wart einst ungeschieden:
dein Sohn, der offenbarte Wunder
an dir mit seltner Meisterschaft.
Eh seine heilige Schöpfermacht
den Abgrund hat geschaffen,
sieh, da erwarb er Kunde
anfangslos von dir.
Dein Sein, das ist zu aller Zeit
vor seinem lichten Bild gewesen:
Du bist ein unerhörtes Wunder,
das Gott stets fest vor seine Augen hielt.
Du bist eine Fackel und ein Kienholz,
die vor ihm geleuchtet haben,
eh seine Macht die Sonne
erschuf und aller Sterne Kreis.
Da er künftig Wunder kennt,
so hat er immer auch fürwahr gewußt,
daß du hier seine Mutter
werden solltest ohne Widerstreben.
So lebtest du zu aller Zeit
vor seinem hellen Angesicht.
Wenn du da auch nicht leibhaft warst,
so schwebte immer doch in höchstem Grade
dein geistig Bild und deiner Seele Umriß
vor seinem Antlitz hin und her,
gar herrlich lebte immer

dîn forme in der gehügede sîn,
dâvon der süeze name dîn
wirt ûf ein ende niht gelobet.

dû mirtelboum ûz paradîs,
mit frühte wol gezieret,
dir lachet unde smieret
vil manger stûden flôre.
dir kan diu mandragôre
wol draehen under dîner tûr;
schôn ûz ir aste gân herfür
muoz dir diu nardespike.
aphalter von Punike,
diu wilde grânâtephel treit,
rîlicher smac ist uns bereit,
den uns dîn obz erteilet.
dîn trôst den siechen heilet
der an der sêle ist ungesunt,
dâvon dich manec wîser munt
gelîchet edeln criutern.
dîn helfe kan geliutern
wol trüeben sin den siechen.
lâ blüejen unde riechen
uns, frouwe, dîner gnâden hurst.

ein bluome wahset in dem mer,
dâ nahtes în besliuzet sich
ein wilder vogel wünneclich,
swenn er den tac gedoenet:
sich alsô was beschoenet
dîn herze und dîn gemüete
mit reiner kiusche blüete,
daz sich beslôz ein vogel în
nâch dem erwelten sange sîn,
den er den hôhen wîssagen

deine Gestalt in seinem Denken,
darum dein süßer Name
zu Ende nie gepriesen wird.

Du Myrtenbaum vom Paradies,
mit Früchten schön geschmücket,
freundlich blickt und lächelt dir
gar manches Strauches Blüte.
Dir darf die Mandragora
vor deiner Tür wohl duften;
aus ihren Zweigen soll hervor
dir schön der Nardenbüschel gehn.
(Der) Apfelbaum aus Punica,
der fremde Granatäpfel trägt –
kostbarer Duft ist uns bereitet,
den deine Frucht uns schenkt.
Die Zuversicht auf dich den Kranken heilt,
der an der Seele ist verwundet,
darum dich manch erfahrner Mund
vergleicht mit edlen Kräutern.
Deine Hilfe kann aufhellen
den Kranken wohl verdüstert Sinnen.
Laß blühn und duften
uns, Herrin, das Gesträuche deiner Gnaden.

Eine Blume wächst im Meer,
darin zur Nacht sich einschließt
ein fremder Vogel wonnesam,
sobald er nur am Tag gesungen:
sieh, derart wurde schön gemacht
dein Herze und dein Sinn
von reiner Keuschheit Blüte,
daß sich darin ein Vogel einschloß
nach seinem auserwählten Liede,
das er den hohen Propheten

het in ir wâren munt getragen
von der gebürte dîn hievor.
er flouc dur dîner ôren tor
dar in dîn herze lîse:
in einer tûben wîse
quam er zuo dir geswungen,
und het doch ê gesungen
alsam ein albez sînen tôt;
in sîner marterlichen nôt
êly daz wort er lûte sanc.
des habe dû, süeze frouwe, danc,
daz ie dîn tugend daz geschuof
daz uns benam sîn edel ruof
daz leit des wir dô wielten.
dô sich die steine spielten
und sich diu greber tâten ûf,
dô quam zeinander und ze hûf
vels unde hol, berg unde tal,
diu sunne erlasch unt wart vil sal,
ein umbehanc der reiz enzwei,
diu erde erbidemt unde schrei
den starken unverdienten tôt.
sus schrîe ich, frouwe, durch die nôt
zuo dir für al die cristenheit:
lâ sînes tôdes bitterkeit
an uns werden niht verlorn,
sît er dich selbe hat erkorn,
für alle crêatiure.
bring uns mit dîner stiure
für die die hêren trinitât
dâ lop des endes niht enhât
von süezem engelschalle.
nû sprechent âmen alle!

in ihren wahren Mund getragen hatte
vormals von deiner Geburt.
Er flog durch deiner Ohren Tür
sanft in dein Herz hinein:
Auf Weise einer Taube
kam er zu dir geschwebt
und hatte vormals doch gesungen
gleich wie ein Schwan von seinem Tod;
in seiner martervollen Drangsal
»Eli« – laut sang er dieses Wort.
Dafür sei, Herrin, du bedankt,
daß einstmals deine Tugend dies bewirkte,
daß uns sein hoher Ruf befreite
vom Leide, das wir damals trugen.
Als sich die Steine spalteten
und sich die Gräber taten auf,
da kamen zueinander und zuhauf
Gefels und Höhle, Berg und Tal,
die Sonn erlosch und ward sehr trübe,
ein Vorhang riß entzwei in Stücke,
die Erde bebte und schrie hinaus
den schlimmen, unverdienten Tod.
So schrei ich, Herrin, um der Drangsal willen
zu dir für alle Christenheit:
Laß seines Todes bittres Leiden
nicht an uns verloren gehn,
da er dich selbst hat auserwählt
vor aller Kreatur.
Bring uns durch deine Hilfe
vor die erhabene Dreieinigkeit,
wo des Lobgesangs kein Ende ist
von süßem Engelschalle.
Nun sprechet Amen alle!

ALEMANNISCHER MARIENPREIS

Um 1300

Ir bernden himel, neict iuch har
und nement des süezen lobes war,
daz ich enbar
von dem gewîhten bilde,
diu sich uns vor gebildet hât
mit reiner scham, mit kiuscher tât,
diu süezen rât
gît manegem herzen wilde.
neige ouch diu heilgen ôren dîn
zem lobe, daz ich singe,
Jêsus, der süezen muoter dîn.
daz sie gesegent müeze sîn!
wan sist ein schrîn
vol aller guoten dinge.

Ir lop mit bernder wirde ûf gê
sam loup, gras, bluomen und der klê
durch grünen lê
von berndes regens güete.
ez muoz uns sîgen in den muot,
alsam der tou von himel tuot
ûf bernde bluot;
ez muoz uns daz gemüete
entliuhten sam den morgenrôt
der vreudenbernder sunne;
ez muoz uns bern daz lebende brôt,
daz guot ist vür der sêle tôt
an rehter nôt:
des hilf uns, lebender brunne.

ALEMANNISCHER MARIENPREIS

Um 1300

Ihr fruchtbaren Himmel, neigt euch hierher
und nehmet des süßen Preises wahr,
den ich beginne
von dem gesegneten Bilde (derer),
die sich uns zum Vorbild hat gemacht
mit reiner Schamhaftigkeit, mit keuschem Betragen,
die freundliche Hilfe
schenkt manchem irren Herzen.
Neige auch deine heiligen Ohren
zum Preise, den ich singe,
Jesus, deiner lieblichen Mutter.
Sie soll gesegnet sein!
Denn sie ist ein Schrein
voll aller guten Dinge.

Ihr Lobpreis gehe fruchtbar auf
gleich Laub, Gras, Blumen und dem Klee
auf grünem Hügel
kraft Trefflichkeit fruchtbaren Regens.
Er soll uns fallen in die Seele,
wie der Tau vom Himmel fällt
auf fruchtbare Blüte;
er soll uns das Gemüte
erleuchten wie das Morgenrot
der freudegebärenden Sonne;
er soll uns bringen das lebendige Brot,
das heilkräftig ist gegen der Seele Tod
in wahrer Not:
Dazu verhilf uns, lebendiger Quell.

Dû reine uns, reinebernder muot,
lachender rôsen spilndiu bluot,
wallendiu vluot,
vliezendiu honeges süeze;
reine uns, daz wir dich lobende loben,
und vâhe uns mit der minne kloben,
daz man uns oben
ze vreuden sehen müeze.
giuz uns daz bernde minnetranc
in lîbe, in sêle, in herzen,
daz aller herzen widerwanc
noch ie mit lebender süeze twanc;
gip uns gedanc
der wâren riuwe smerzen.

Dû gimme, ein golt, ein edelstein,
ein milch, ein rôtes helfenbein,
ein honecsein
in herzen und in munde,
dû bernder tugende ein edel krût,
ein minneclîchiu gotes trût,
dû saelden brût,
dû reiniu süeziu stunde,
dû rehter kiusche ein blanker snê.
der reinekeit ein trûbe,
der wâren minne ein grüener klê,
der gnâde ein grundelôser sê
und darzuo mê
der triuwe ein turteltûbe.

Ob aller süeze ein süezer schîn,
dû süezer, danne ie wurde wîn,
diu süeze dîn
mir blüen ze saelden müeze!
dû bist daz süeze minnetranc,

Du läutere uns, Lauterkeit spendende Seele,
lachender Rosen leuchtende Blüte,
wogende Flut,
überfließend von Süße des Honigs,
läutere uns, daß wir preisend dich preisen,
und fange uns mit dem Fangholz der Liebe,
daß man uns oben
mit Freuden mag sehen.
Gieße uns den fruchtbaren Liebestrank
in Leiber, in Seelen, in Herzen,
der aller Herzen feige Flucht
noch immer mit lebendiger Süße bezwang;
mache uns denken
an die Schmerzen der wahren Reue.

Du Juwel, Gold, Edelstein,
Milch, rotes Elfenbein,
Honigseim
in Herzen und in Munden,
du fruchtbringender Sittsamkeit edles Kraut,
liebliche Geliebte Gottes,
du Braut des Heils,
du lautere, freundliche Stunde,
du vollkommener Keuschheit glänzender Schnee,
der Lauterkeit Traube,
der wahren Liebe grüner Klee,
der Gnade grundloser See
und darüber noch
der Treue Turteltaube.

Über aller Süße noch süßer Glanz,
du – süßer, als jemals wurde Wein,
deine Süße
möge mir blühen zum Heil!
Du bist der süße Liebestrank,

dar in diu gotheit suoze dranc:
Sirênen sanc
nie wart sô rehte süeze.
dû gâst dur ôren, ougen in
ze herzen und ze sinne:
dâ birstû wünnebernden sin
und stoerest alle unvreude hin;
dû bist gewin
der herzeclîchen minne.

Ob aller wünne ein wünnen trût,
dû schoener danne ie küneges brût,
dû liljenkrût,
dû blüender rôsentolde,
dû brinnder stern, dû brinnder mân,
ob allen bilden wol getân,
dû blüender plân
lieht under sunnen golde,
wîz als ein snê, blanc als ein swan,
var sam der butten blüete,
glanz als des wilden ebers zan,
sô bistû rôsenblüender stan;
der saelden gan
dir got von sîner güete.

Ob aller tugende ein süeziu tugent,
dû jugent ân ende in blüender jugent,
des si wol mugent
dîn lop ze liehte bringen,
die himel und der himel kint
und alle, die mit gote sint;
jô sint sie blint
an allen guoten dingen,
die dîne süezen werdekeit
niht êrent inneclîche.

da hinein die Gottheit Süße goß:
Sirenengesang
ward nie so völlig süß.
Du gehst durch Ohren, Augen ein
in Herzen und in Sinne:
dort gebierst du freudeschwangeren Sinn
und jagest alle Trauer fort,
du bist Gewinn
der Liebe, die von Herzen kommt.

Über aller Wonne noch Wonnegeliebte,
du – schöner als je eines Königs Braut,
du Lilienkraut,
du blühender Rosenwipfel,
du brennender Stern, du brennender Mond,
über alle Gebilde hinaus wohlgebildet,
du blühende Aue,
strahlend im Golde der Sonne,
weiß wie Schnee, hell wie ein Schwan,
farbig wie der Hagebutten Blüte,
glänzend wie des wilden Ebers Zahn,
so bist du, rosenblütentragender Stamm;
Segen gewährt
dir Gott in seiner Freundlichkeit.

Über aller Sittsamkeit noch liebliche Sittsamkeit,
du Jugend ohne Ende in blühender Jugend,
drum können sie wohl
deinen Lobpreis offenbaren,
die Himmel und der Himmel Kind
und alle, die mit Gott zusammen sind;
ja, sie sind blind
gegen alle guten Dinge,
die deine süße Herrlichkeit
nicht preisen inniglich,

die got an dich dâ hât geleit
mit maneger hôhen wirde breit,
daz von dir seit
manc herze tugende rîche.

Vol aller gnâde ein reines vaz,
der staeten tugent ein adamas,
ein spiegelglas
der wünne, diu sich wünnet,
dû heiles und gelückes rât,
des heilgen geistes minne sât,
an vrôner stat
dîn bilde wart gebrünnet,
dar in der lebende gotes degen
von himel nider drâte
sam ûf die bluomen süezer regen:
so senfter süeze kunde er phlegen;
des ist sîn segen
bî dir vruo unde spâte.

Marîa, reiniu werdekeit,
swaz man dir singet oder seit,
daz ist gemeit,
lieplich vor allem sange:
ez tuot den lîp, die sêle vrô,
es lüftet sinne, herze hô,
nû sus nû sô,
mit süezem anevange;
ez blüejet schône in bluomen wîs
in herzen und in muote:
dû bist sô gar ein paradîs,
der wünne ein blühendez rôsenrîs,
der saelde ein prîs,
der gnâde ein wünschelruote.

die Gott damals an dich gelegt
mit mancherlei hoher Ehre groß,
daß von dir kündet
manch tugendreiches Herz.

Lauteres Gefäß voll aller Gnaden,
Diamant der steten Sittsamkeit,
Spiegelglas
der Freude, die sich freut,
du Weg des Heils und Glückes,
des heiligen Geistes Liebessaat,
an hehrer Stätte
ward deine Gestalt im Feuer geformt,
da hinein der lebendige Gottesknabe
vom Himmel hernieder kam
wie auf die Blumen süßer Regen:
so voll zarter Süße konnte er sein;
drum lieget sein Segen
auf dir früh und spät.

Maria, makellose Herrlichkeit,
was man immer dir singt oder sagt,
das ist schön,
angenehm wie kein andrer Gesang:
es machet den Leib, die Seele froh,
es hebet Sinne, Herzen hoch empor,
bald so, bald so,
mit lieblichem Beginne;
es blühet schön auf Blumenart
in Herzen und im Geist:
du bist so ganz ein Paradies,
der Freude blühendes Rosenreis,
des Heiles Preis,
der Gnade Wünschelrute.

An swem sô vil der saelde lît,
der mac sich vreuwen zaller zît
in widerstrît,
als an dir, vrouwe reine,
an dir lît al der werlte heil
und aller himel ein michel teil;
êst allez geil
von dîner minne alleine.
dû braehte uns wider den lebenden schîn
mit dîner reinen güete,
den uns verlôs der helle grîn:
des soltû, vrouwe, in vreuden sîn;
daz herze dîn
sol sweben in hôchgemüete.

Nû lobe dich hiut wîp unde man
und swaz von muoter lîbe ie kan
wilde und zan
mit lobender wirde unträge.
sô lobe dich hiut swaz lebendez lebe
und in dem himeltouwe strebe,
vlieze oder swebe
in walde, in wildem wâge;
hiut lobe dich aller sternen schîn,
der mâne und ouch der sunne,
hiut loben dich d'elemente dîn;
hiut müezestû gesegent sîn,
du vreunder wîn
und aller gnâde ein brunne.

Hiut lobe dich got, der dich geschuof
und lieplich aller herzen ruof
hoert und ir wuof,
ir vreude und ouch ir swaere;
hiut loben dich aller engel schar

Auf wem auch immer so viel Segen ruht
wie auf dir, der kann sich freuen zu aller Zeit
um die Wette,
reine Herrin.
In dir liegt das Heil der ganzen Welt
und ein großer Teil aller Himmel;
alles ist froh
über deine Liebe allein.
Du brachtest uns zurück das lebendige Licht
durch deine lautere Heiligkeit,
das uns der Zorn der Hölle genommen:
drum sollst du, Herrin, voll Freuden sein;
das Herze dein
soll schweben in purer Lust.

Nun preise dich heute Weib und Mann
und was nur von Mutterleibe je kam,
wild und zahm,
in preisender Verehrung behende.
So preise dich heut, was nur an Lebendigem lebe
und sich im Himmelstaue bewege,
schwimme oder schwebe
im Walde, in wilder Flut;
heut preise dich aller Sterne Glanz,
der Mond und auch die Sonne,
heut sollen deine Elemente dich preisen,
heute sollst du gesegnet sein,
du freudebereitender Wein
und Quell aller Gnade.

Heut preise dich Gott, der dich erschuf
und liebevoll aller Herzen Ruf
erhört und ihre Klage,
ihre Freude und auch ihren Kummer;
heut sollen dich preisen die Scharen aller Engel

und aller himelschen megde gar;
hiut nemen dîn war
mit lobe die marteraere;
hiut loben dich gewîhten schrîn
die liehten himel schoene
und alle, die dar inne sîn,
die trône und ouch die chêrubîn,
die sêraphîn
und aller engel doene.

Hiut lobe dich, süeziu reinekeit,
swaz ie den tôt durch got geleit,
hiut sî geseit
dir lop von allen zungen;
hiut lobe dich, blüendez rôsenrîs,
der kiuschen megde hôher vlîz;
hiut sî dîn prîs
durch al die werlt gesungen;
hiut êren dich gesegenten hort,
dich, vröudenberndiu wünne,
die hie dâ sîn, vor gote dort;
hiut sî dîns süezen lobes wort
hô über bort
gelobet von allem künne.

und aller himmlischen Jungfrauen vollzählig;
heut sollen blicken auf dich
im Preise die Märtyrer;
heut sollen preisen dich gesegneten Schrein
die hellen Himmel schön
und alle, die darinnen sind,
die Throne und auch die Cherubim,
die Seraphim
und aller Engel Stimmen.

Heut preise dich, süße Lauterkeit,
was nur immer den Tod für Gott erlitten,
heut werde verkündet
dein Preis durch alle Zungen;
heut preise dich, blühender Rosenzweig,
der keuschen Jungfrauen hoher Eifer;
heut sei dein Preis
durch alle Welt gesungen;
heut sollen dich rühmen, gesegneten Schatz,
dich, freudenschwangere Freude,
die hier da sind, vor Gotte dort,
heut sei deines süßen Lobpreises Wort
hoch über Bord
preisend gesungen von jedem Geschlecht.

HEINRICH VON MEISSEN (FRAUENLOB)

gest. 1318

Marienleich

Ei ich sach in dem trône
ein vrouwen, diu was swanger.
diu truoc ein wunderkrône
vor mîner ougen anger.
Sie wolde wesen enbunden,
sus gie diu allerbeste,
zwelf steine ich an den stunden
kôs in der krône veste.

Nu merket, wie sie trüege,
diu gevüege;
der natûren zuo genüege:
mit dem sie was gebürdet,
den sach sie vor ir sitzen
mit witzen
in siben liuhtaeren
und sach in doch gesundert
in eines lambes wîse
ûf Sîôn dem berge gehiuren,
und het ouch daz sie solde,
jâ diu holde
truoc den bluomen sam ein tolde.
vrouwe, ob ir muoter würdet
des lambes und der tûben?
die trûben
ir liezet iuch swaeren.
dâ von mich niht enwundert,
ob iuch diu selbe spîse
kan wol zuo der vrühte gestiuren.

HEINRICH VON MEISSEN (FRAUENLOB)

gest. 1318

Marienleich

O ich sah auf dem Throne
eine Herrin, die war schwanger.
Die trug eine Wunderkrone
vor meiner Augen Anger.
Sie wollte entbunden werden,
so zeigte sich die Allerheiligste;
zwölf Edelsteine erkannte ich zu dieser Stunde
an der Krone geschlossenem Rund.

Nun sehet, wie sie trug,
die Artige,
zu Genüge der Natur:
der ihr zu tragen war gegeben,
den sah sie vor sich sitzen,
verständig,
zwischen sieben Leuchtern
und sah ihn doch anders wieder
in eines Lamms Gestalt
auf Zion, dem Berge, lieblich,
und hatte auch, wozu bestimmt sie war,
ja, die Freundliche
trug die Blume einer Blütenkrone gleich.
Herrin, ob ihr Mutter würdet
des Lammes und der Taube?
Die Traube
ließt ihr euch zur Bürde werden.
Mich wundert es durchaus nicht,
falls euch die selbe Speise
zur Frucht verhelfen kann.

Ich binz erkennic nennic kurc
des hoehsten künges sedelburc.
mîn türne nieman kan gewinnen.
mîn zinnen ûz und innen
sint nâch liljen wîs gespinset.
des trônes wesen mir hilflich zinset.
mîn gazzen sint geblüemet.
swer mich nüemet,
ein balsam den durchgüemet.
der sunnen glenzen ist mîn kleit,
dar în sô hân ich mich gebrîset und bereit.
sô hât der mâne sich geleit
ze mînen vüezen.
ich kan büezen
swaere, des got geist mich rüemet.
Swenne er mich vester swester sagt,
er giht ich sî sô junc betagt.
»wie, woll wir daz sie sich gerüste
bar brüste zuo der lüste
durch die man sie sprec̀hen solde?«
nu merket waz mîn vriedel wolde!
er warte sîner lûnen,
daz mich brûnen
von senfte der alrûnen
wart slâfen durch sô süezen smac
in unser porten leisten durch sô rîch bejac.
die wîle und ich des slâfes phlac,
gên der natûren
min behûren
muoste er vlehten unde zûnen.

Der smit von oberlande
warf sînen hamer in mîne schôz
und worhte siben heiligkeit.
ich truoc in, der den himel und die erden treit,

Man erkennt mich, nennt mich Auserwählte
des höchsten Königs Residenz.
Meine Türme zu erobern ist niemand fähig.
Meine Zinnen äußerlich und innen
sind nach Lilienart bemalt.
Der Thron zuinnerst steuert hilfreich bei.
Meine Gassen sind geschmückt mit Blumen.
Wer immer mich bei Namen nennt,
Balsam durchrinnet ihn.
Der Sonne Leuchten ist mein Kleid,
darin hab ich mich eingeschnüret und gebildet.
So hat sich der Mond gelegt
zu meinen Füßen.
Ich kann lindern
Schmerz, drum rühmet mich Gott Heiliger Geist.
Wenn er mich mit Nachdruck Schwester nennt,
behauptet er, ich sei so jung an Jahren.
»Wie? Wollen wir, daß sie sich rüste
ohne Brüste zu der Liebesfreude,
um deretwillen man um sie werben dürfte?«
Nun gebet acht, was mein Geliebter wollte!
Er schaute aus nach seinem Glück:
bis ich Braune
von der Milde der Alraune
einschlief, von süßem Duft betäubt,
auf unsrer Türe Schwelle – für so reiche Liebesbeute.
Während ich da schlief,
gegen die Natur,
konnte er mich überwältigen,
konnte ineinander flechten und umzäunen.

Der Schmied vom Himmel
warf seinen Hammer in meinen Schoß
und wirkte sieben Sakramente.
Ihn trug ich, der den Himmel und die Erde trägt,

und bin doch meit.
er lac in mir und lie mich sunder arebeit.
mit sicherheit
ich slief bî drîn.
des wart ich vrühtic voller güete, süeze in süeze mir dô
mîn alter vriedel kuste mich, [sneit.
daz sî geseit.
ich sach in an, dô wart er junc, des vröute sich
diu massenîe dâ ze himel alle.
(wie zühtic stolzer meide ruom ich schalle!
doch hoffe ich daz ez ieman missevalle.)
er jach, mîn brüstel waeren süezer dan der wîn:
dâ barc er sich mit vuogen în.
Wie wol er mich erkande,
der sich sô vaste in mich verslôz!
wer ledt mich in der liljen tal,
dâ mîn amîs kurtois sich tougen în verstal?
ich binz der sal,
dar in man daz gespraeche nam umbe Êven val.
schône ich daz hal.
seht, lieben, seht:
mîn morgenroete hât erwecket hôhen sanc und rîchen
den niuwen tac der alten naht. [schal,
ich binz der grâl,
dâ mit der êren künc den leiden übervaht.
mîn spünne ernerte den von vîolvelde.
mir wart ein hirzgewîge an mînem gelde,
dâ mit ich stiez den vluoch ûz dem gezelde.
ich worhte phriemen und enbant diu alten reht:
sus wart der stirc des valles sleht.

Ein snîder sneit mir mîn gewant,
sîn sin den spaehen list ervant:
dô mich gebrîset het sîn hant,

und bin doch Magd.
Er lag in mir und ließ mich ohne Mühsal.
Versichert sei's:
ich schlief mit dreien.
Davon ward ich schwanger alles Trefflichen, Süße drang
Mein alter Geliebter küßte mich, [mir da in Süße.
das sei betont.
Ich sah ihn an, da ward er jung, des freute sich
im Himmel das Gefolge all.
(Wie singe ich laut den Ruhm sittsam stolzer Jungfrauen!
Doch hoffe ich, daß es niemand mißfällt.)
Er erklärte, meine kleinen Brüste seien süßer als
darin verbarg er sich geschickt. [der Wein:
Wie gut er mich erkannte,
der so tief sich in mich einschloß!
Wer rief mich in das Tal der Lilien,
wo mein feiner Freund im stillen sich verbarg?
Ich bin das Haus,
darin man über Evas Fall beriet.
Das hielt ich ganz geheim.
Seht, Geliebte, seht:
Meine Morgenröte weckte lauten Sang und großen Jubel
aus der alten Nacht den neuen Tag. [auf,
Ich bin der Gral,
womit der König der Ehren die Leiden umfängt.
Meine Brust ernährte den vom Veilchenfelde.
Mir ward ein Hirschgeweih zuteil aus meinem Gelde,
damit stieß ich den Fluch aus dem Gezelte.
Ich schuf spitze Bohrer und löste die alten Gesetze auf:
so fiel die Fessel des Verderbens.

Ein Schneider schnitt mir ein Gewand,
sein Geist erfand die schöne Kunst:
Als seine Hand mich eingekleidet hatte,

er sach mich an und kôs mîn kleider als ein meister kiesen
dô stuonden mir mîn kleider ûz der mâzen wol, [sol.
daz sie gevielen sâ zehant in sînen muot.
er tet ein spaehe, diu was nützlich unde guot.
die wîle und ich mîn kleider truoc,
er was sô kluoc,
daz er ûz mînen kleidern sneit im kleider an
(diu wâren baz dan mîniu kleider vil getân),
und doch mîn kleider blîben ganz
ân allen bruch, ân allen wanc, ân allen schranz,
fîn unde lûter, schoene ob aller schoene glanz.
der meister heizet meister!
Als er daz wunderlîche kleit
het wunderlîchen an geleit,
ez was sô wît und was sô breit,
daz ez beslôz den grôzen, der dâ himel und erde
in henden hât.
doch wart an im verschrôten sît diu selbe wât.
er worhte ein spaehez . . . spiegelvaz.
als erz volbrâhte, sân er mitten drinne saz
und âventiurte meisterschaft
von vremder kraft.
das spiegelvaz beslôz in doch, swie grôz er sî.
dô bluote er wider ûz im alsam ein blüender zwî
ûz einem ganzen boume tuot
und als der aphel ûz dem blüenden bluomen bluot.
daz spiegelvaz bleip ganz, an allen enden guot.
sus ich verwant diu geister.

Nu lât iuch lüsten alsô hübsches maeres:
er was sun des alten gartenaeres,
der gebelzet het in sînem garten
den boum, dar an er selbe sît des tôdes wolde warten:
mîn muoter an der menscheit dâ gewaldeclich zerbrochen
und zerstoeret wart,

sah er mich an und prüfte meine Kleider, wie ein Meister
Da standen mir die Kleider recht nach Maß, [prüfen soll.
so daß sie ihm sogleich gefielen.
Er übte kluge Kunst, die nützlich war und gut.
Indes ich meine Kleider trug,
war er so klug,
aus meinen Kleidern selbst sich Kleider zuzuschneiden
(die sahen noch viel besser aus als meine Kleider),
und dennoch blieben meine Kleider ganz,
ohne jeden Riß, ohne jeden Schaden, ohne jeden Bruch,
schön und vollkommen, herrlich über aller Herrlichkeit.
Der Meister heißet Meister!
Als er das wundersame Kleid
wundersam sich angelegt,
war es so weit und war so groß,
daß es umschloß den Großen, der da Himmel und Erde in
Händen hält.
Doch später ward das gleiche Kleid an ihm zerschnitten.
Er schuf ein kunstvolles . . . Gefäß aus Spiegelglas.
Als er's zu End geführt, saß er sogleich inmitten drin
und wagte höchste Kunst
in nie gekannter Fülle.
Das Spiegelgefäß umschloß ihn doch, wie groß er immer
Da blühte er wieder aus ihm hervor, gleich wie's ein [war.
aus unverletztem Baume tut [blühender Zweig
und wie der Apfel aus der blühenden Blüte hervorgeht.
Das Gefäß aus Spiegelglas blieb heil, an allen Enden
So wehrte ich die bösen Geister ab. [vortrefflich.

Nun freut euch über folgende feine Geschichte:
Er war Sohn des alten Gärtners,
der gepfropft hatte in seinem Garten
den Baum, daran er selbst später wollte den Tod erwarten:
Da wurde furchtbar meine Mutter zerbrochen
und zernichtet,

mîn kint des lebens tet nâch sînes vater art.
nu seht, ich binz daz bette Salomônes,
rîch hôchswebendes lônes,
daz die sehzic starken umbehalten:
vier unde zweinzic ist der wîsen alten,
niur zwelfe sint der boten, die des kristentuomes walten,

der ordenunge niune sint, die nie mîn lop volzalten,

drî patriarchen, vier êwangelisten wunder stalten.
noch sint ir ahte,
den ich sache
daz ir heilikeit mîn berndez lop bewache:
zwâr sie sint solcher slahte.
Nu ströuwet mir die bluomen in mîn klôsen,
bestecket mich mit liljen und mit rôsen!
er bluome von mir bluome wolde entspriezen,
und daz was in der zît, dô sich die bluomen schouwen liezen.
diu stat hiez bluome, dâ er bluome von mir bluome warf sich in der bluomen zît,
und mit dem bluomen hân ich mich geblüemet wît.
er schîn, ich glast, wir liuhten und erglenzen,
merzen, meien, lenzen.
swaz der sumer spaeher varwe erzücket,

dar în sô hât mîn vriedel sich gesmücket.
er wil daz ich sîn herbest sî und hât in mich gedrücket
die trûben, dâ mîn vater sich hât selber în gebücket.
sus wart mîn kint mîn bruoder und mîn swâger
des vluoches winder [ungestücket.
wir verdrungen.
ab dem bluomen mîn ist trôstes vil entsprungen.
sundaer, dâ birc dich hinder!

mein Kind lebte nach seines Vaters Natur.
Nun seht, ich bin das Bett des Salomon,
reich an hochfliegender Belohnung,
das die sechzig Gewaltigen umringen:
Vierundzwanzig sind die weisen Alten,
nur zwölf sind die Boten, die über die Christenheit herrschen,
der Engelchöre sind neun, die nie meinen Lobpreis vollenden,
drei Patriarchen, vier Evangelisten vollbrachten Wunder.
Noch sind ihrer acht,
denen ich's anseh,
daß ihre Heiligkeit meinen fruchtbringenden Lobpreis bewacht.
Fürwahr, sie sind von solcher Natur.
Nun streut mir die Blumen in meine Klause,
besteckt mich mit Lilien und Rosen!
Er Blume wollte aus mir Blume entspringen,
und das war in der Zeit, da die Blumen sich zeigten.

Blume hieß der Ort, wo er Blume von mir Blume abfiel in der Blumenzeit,
und mit der Blume habe ich mich herrlich geschmückt.
Er Strahl, ich Glanz, wir strahlen und erglänzen,
im Märzen, im Maien, im Frühling.
Was nur immer der Sommer an üppiger Farbe plötzlich ergreift,
damit hat sich ringsum mein Geliebter geschmückt.
Er verlangt, daß ich sein Herbst sei und hat in mich gepreßt
die Trauben, in die sich mein Vater selber gebückt.
So wurde mein Sohn mein Bruder und mein Schwager fürwahr.
Den Winter des Fluches
vertrieben wir.
Herab von meiner Blume ist viel Hilfe geflossen.
Sünder, dahinter suche deinen Schutz!

BRUDER HANS

Ende 14. Jahrhundert

I

Recht sam eyn sprenzel vlieghende
ist schranclich durch die buschen,
so sluyflich betrieghende
ist mir de ziit versuymlich entwuschen.
miin sunden han ich weynich noch ghearnet,
und min ziit de ilet hin,
si rastet nicht, des bin ich vur ghewarnet.

Ich vuert von anxt und zitter
sam eyn vertoben pechter
dem siin zins wirt bitter.
miin zinsher hat gesetzt mir eynen wechter,
den grimmen tod, der nummermee wilt slaphen.
her wacht und dar an anxte
wol babest, keyser, kuning murtlich straphen.

Alsus han ich gezimmert
uph iis al miin ghehuwe.
nu is die sun durchglimmert,
nu vind ich nicht wen stedentliichen ruwe.
wol hin, ich wil dis rete lazen varen
und sprechen von der suesen meyt,
die mich mit eyner bete mag bewaren.

God selb hat se irwellet
uz etlen kunnigskunne.
her hat siin zorn ghevellet
und quam in se sam durch das glas de sunne.
sus wart de tochter muter und bleibt maget.

BRUDER HANS

Ende 14. Jahrhundert

I

Ganz wie ein Falke fliegt
im Zickzack huschend durchs Gesträuche,
so schlüpfend mich betrügend
ist mir die Zeit – ich gab nicht acht – entflohen.
Geringe Frucht erst trugen meine Sünden,
und meine Zeit, die flieht dahin,
sie bleibt nicht stehen, des bin ich gemahnt.

Ich lebt in Furcht und Zittern
wie ein durch Unverstand verarmter Pächter,
den seine Pachtschuld fängt zu drücken an.
Mein Zinsherr hat mir einen Wächter eingesetzt,
den bösen Tod, der niemals schlafen will.
Er wacht und wagt mit Angst
Papst, Kaiser, König, mörderlich zu strafen.

So hab ich denn errichtet
auf Eis mein Lebenshaus.
Nun ist die Sonn hindurchgeglüht,
nun find ich nichts als ständige Betrübnis.
Wohl denn, ich will dies fahren lassen
und sprechen von der lieben Jungfrau,
die durch Fürbitte mich beschützen kann.

Gott selbst hat sie erwählet
aus hohem Königsstamme.
Er machte schweigen seinen Zorn
und kam in sie, wie durch das Glas die Sonne.
So ward die Tochter Mutter und blieb Jungfrau.

daz mucht ceyn mund volsprechen,
wie rechte lutzlich wol si nun behaghet.

Eyn luyter cuysch gheformet
menschlich in ingels wiise
is se und hat gestormet
daz himmelriich, so daz der alte griise
eyn cindliin wart und quam zu ihr geswentzet
zartlich sam eyn jungher schrantz.
mich wundert nicht, wart gutlich da geslentzet.

II

Behoerlich ist, daz man se priise,
die lieb, die zart, die schoon, die wiise,
die ir diener und ir amiise
can lonen mit den paradiise.
  nach ire huld sol man werben.
ist Hantz, ist Coentz, ist Hentz, ist Giise,
ist Grietel, Drudchen, Metz ob Liise,
die minnen nach der werelt wiise,
die sullen, sam des meyes riise,
  curzlich dorren und verderben.
vorwar, her zimmert uph den iise,
de alsus mint der wormen spiise.
zwar ich wil ophenbaer, nicht liise
ir dienen, die de jung und griise
  eyn gantz himmelriich can erben,
  wen se sterben.

III

Was sold ich vuer den gebresten
da ich leyder me in sesten!
wast manc cunden, wast manc gesten,

Vollständig konnt es keiner sagen,
mit welch vollkommener Anmut sie nun gefällt.

Lauter, keusch gebildet
als Mensch auf Engelsweise
ist sie und hat im Sturm erobert
das Himmelreich, so daß der graue Alte
ein Kindlein ward und kam zu ihr stolzieret,
zärtlich gleich wie ein Kavalier.
Mich wundert's nicht, ward fleißig da geliebkost.

II

Es ziemet sich, daß man sie rühme,
die Liebe, die Feine, die Strahlende, die Kluge,
die ihre Diener und Verehrer
mit dem Paradies belohnen kann.
   Um ihre Huld soll man sich mühen.
Ob Hans, ob Kunz, o Hens, ob Giese,
ob Gretel, Trudchen, Metz, ob Liese,
die lieben auf die irdische Weise;
die werden wie des Maien Zweige
   in kurzer Zeit verdorren und zugrunde gehn.
Fürwahr, es bauet auf dem Eise,
wer derart liebt der Würmer Nahrung.
Ich will wahrhaftig öffentlich, nicht heimlich
ihr dienen, die den Jungen und den Alten
   ein ganzes Himmelreich vermachen kann,
   wenn sie sterben.

III

Was sollt ich gegen das Elend tun,
in das ich leider mich gesetzt!
War's unter Freunden, war es unter Fremden,

ghinc ich oesten, ghing ich westen,
  zem jungsten han dan herzenleyt.
ich lach in sunden und mesten,
sam die swiin in iren nesten
und sam die uul in holen esten
sich bergen vur des dages glesten.
  so lach ich in der vinsterheyt.
doch wer dich dient, do uph ich resten,
der hat des brieb und hantvesten,
daz du im helfen moetz zem besten.
nu helf mir, liebe vrou, zem lesten,
  wenn es an eyn scheyden geyt,
  lieb suese meyt.

ging ich nach Osten, ging ich nach Westen,
zuletzt hatt ich stets Herzeleid.
Ich lag in Sünden und in Schmutz
gleich wie in ihren Suhlen die Schweine,
und wie die Eulen sich in hohlen Ästen
verbergen vor des Tages Licht,
so lag ich in der Finsternis.
Doch wer dir dient, drauf baue ich,
dem ist's verbriefet und bescheinigt,
daß du ihm helfen wirst aufs beste.
Nun hilf mir, liebe Herrin, zuletzt,
wenn es ans Scheiden geht,
geliebte, süße Jungfrau.

Marienklage

*

AUS DER LICHTENTHALER MARIENKLAGE

13. Jahrhundert

Awe der iemerleichen clag,
di ich muter aine trag
von des totes wanne!
wainen was mir unbechant,
sit ich muter was genant
und doch mannes anne.
Nu ist ze bainen mir geschehen,
sit ich deinen tot muz sehen,
aube der laiden merre!
wainen, clagen muz ich han,
sam der freude ni gewan.
von meines hertzen swerre.
Aube tot,
diseu not
maht du mir wol enden,
wilt du von dir
her zu mir
deinen poten senden.

Awe der klegleichen not,
daz ich niht heut pin tot
von dem laiden mere:
daz ich armeu lewen sol,
da von pin ich iamers vol
von meiner starchen swerre.
Ich was anne swere gar,
do ich muter dich gepar

AUS DER LICHTENTHALER MARIENKLAGE

13. Jahrhundert

O weh der jammervollen Klage,
die ich Mutter einsam trage
im Gedanken an den Tod!
Weinen war mir fremd,
– seitdem ich Mutter hieß
und doch ohne Mann.
Nun muß ich weinen,
da ich deinen Tod muß sehen,
o weh der immer größern Schmerzen!
Weinen, klagen macht mich immer
– wie der, der Freude nie errang, –
die Wunde meines Herzen.
O weh, Tod,
diese Not
kannst du mir beenden,
willst du nur von dir
her zu mir
deinen Boten senden.

O weh der beklagenswerten Not,
daß ich heute bin nicht tot
von dem immer größern Schmerz:
daß ich Arme leben muß
das quält mich so sehr
von wegen meines großen Leides.
Ich war gänzlich frei von Kummer,
als ich Mutter ward und dich gebar

anne mannes malle:
daz ich dich also sechen muz,
da von wirt mir nimer puz
meiner starken quale.
Awe kint,
deu wengel sint
dir nu gar erplichen,
dein maht
und auch dein kraft
ist dir gar entwichen.

Johannes, sun, nu hore mich,
seit ich nimant han wan dich,
so hilf mir heute wainen;
grosser clage get mir not,
daz mein kint ist laider tot,
daz klag ich dir allaine.
Da von hilf klagen mir mein kint,
seit heut alle di hie sint,
tunt in nit wan strafen:
si iehent, er sei ain poser wiht
und treten sie im anders niht,
so ruf imer waven.
Aube wer
hat sein sper
also her gestochen,
daz der dir
und auch mir
das hertze hat zerbrochen?

berührt von keinem Manne:
daß ich dich derart sehen muß,
das lindert niemals mir
meine große Qual.
O weh, Kind,
die Wangen sind
dir völlig bleich geworden,
deine Kraft
und auch Gewalt
haben völlig dich verlassen.

Johannes, Sohn, nun hör auf mich,
da ich niemand habe außer dich,
so hilf mir heute weinen;
große Klage tut mir not,
mein Kind ist leider tot,
das klag ich dir allein.
Darum hilf mir mein Kind beklagen,
da heute alle, die hier sind,
es einzig nur verleumden:
sie sagen, er sei ein Bösewicht,
und behandeln sie ihn anders nicht,
so rufe allzeit Wehe!
O weh, wer
hat mit seinem Speer
so zugestoßen,
daß er dir
und auch mir
das Herz zerbrochen hat?

AUS DER BORDESHOLMER MARIENKLAGE

1475

Jhesus cantat:

Pater, dimitte eis.
Nu schal ok eyn ende syn
der groten, bytter marter myn.
o hemmelsche vader, yk bydde dy,
an mynem ende twyde my:
vorgriff nu ghanslyk
den, de my so yamerlyk
myn levent hebben ghenomen.
Dat ende mynes levendes ys nu ghekomen.

Jhesus cantat post hoc:

Consummatum est.
Aller propheten sproke synt nu vullenbracht,
de van des mynschen sone gy worden bedacht.

Dominus Jhesus clamat valida voce dicens:

In manus tuas commendo spiritum meum.
Ik bevele an de hende dyn
mynen geyst, o hemmelsche vader myn.

Sancta Maria audiens hoc cantat valida et lacrimabili voce, prosternendo se ad terram, plangendo manibus:

Owy, owe, nu ys he dot!

Maria Magdalena statim levat eam:

AUS DER BORDESHOLMER MARIENKLAGE

1475

Jesus singt:

Pater, dimitte eis.
Nun wird es doch zu Ende sein
mit meiner großen, bittern Marter.
O himmlischer Vater, ich bitte dich,
an meinem Ende erhöre mich:
vergib nun vollkommen
denen, die mir so jämmerlich
mein Leben genommen haben.
Das Ende meines Lebens ist nun gekommen.

Jesus singt danach:

Consummatum est.
Aller Propheten Worte sind nun erfüllt,
die über des Menschen Sohn je wurden geweissagt.

Herr Jesus ruft mit lauter Stimme:

In manus tuas commendo spiritum meum.
Ich befehle in deine Hände
meinen Geist, o mein himmlischer Vater.

Sancta Maria singt, dies hörend, mit lauter und weinender Stimme, sich zu Boden werfend, mit den Händen klagend:

Owih, oweh, nun ist er tot!

Maria Magdalena richtet sie sogleich auf:

Sta up, junckfrowe Maria, unde wende dynen moet.
Dynes kyndes martere schal mennighen wesen goed.

Sancta Maria cantat secundo prosternendo se ad terram plangendo:

Owy, owe, nu ys he dot!

Mater Johannis statim levat eam dicens:

Maria, leve suster myn,
sta up unde lat dyn grote weynent syn!
dyn scrygent unde ok dyn weynent
untfarmen mach den harden steynen.

Sancta Maria cantat tertio prosternendo se et plangendo manibus:

Owy, owe, nu ys he dot!

Johannes evangelista dicit levando eam:

Maria, nuwe moder unde leve medder myn,
sta up unde lat dyn grote weynent syn!
yd mach nu nicht anders wesen, –
is he dot, he mach wol wedder genesen.

Sancta Maria plangit post hoc et vertit se ad populum:

Nu vornuwet sik myn not,
den yk yamerlyken drage,
unde so klegeliken klage.
owe, wat heft he gedaen?
hedde gy em dat levent laen
unde genomen myr dat lyf!

Steh auf, Jungfrau Maria, und ändre deinen Sinn.
Deines Kindes Marter wird vielen zum Heile werden.

Sancta Maria singt, zum zweitenmal sich klagend zu Boden werfend:

Owih, oweh, nun ist er tot!

Die Mutter Johannis richtet sie sogleich auf:

Maria, meine liebe Schwester,
steh auf und laß dein großes Weinen sein!
Dein Schreien und auch dein Weinen
kann die Steine überwältigen.

Sancta Maria singt, zum drittenmal sich niederwerfend und mit den Händen klagend:

Owih, oweh, nun ist er tot!

Johannes der Evangelist spricht, sie aufrichtend:

Maria, neue Mutter und meine liebe Muhme,
steh auf und laß dein großes Weinen sein!
Es kann nun nicht anders sein, –
ist er tot, er kann wohl wieder lebend werden.

Sancta Maria klagt darauf und wendet sich an das Volk:

Nun erneut sich meine Not,
die ich voller Jammer trage
und so klagend klage.
Oweh, was hat er getan?
Hätte man ihm doch das Leben gelassen
und mir das Leben genommen!

wat schal yk vyl arme wyf?
yk byn syner worden anych.

Johannes dicit:

Maria, nuwe moder unde leve medder myn,
och lat dyn grote weynent syn!
id mochte anders nicht wesen:
he moste sterven, scholde de werlt ghenesen.

Sancta Maria cantat post hoc:

Owe, weer
heft syn speer
dar to bereydet,
dat he dich
unde mich
so yamerlyken scheydet?

Johannes dicit ad hoc tenens gladium in manibus:

O Maria, dyn lydent ys also grot,
id maket mennigem mynschen sine oghen rot.

Johannes cantat post sicut prius »Maria, moder unde maget reyne«.

(Maria, moder unde maget reyne,
yk byn dyner suster kynt.
dyn grotes scrygent und dyn weynent
klagent alle, die hiir synt.
Hiir wert vyl mennich oghe rot
umme dynes kyndes dot,
dat hiir hanget ver uns blot.)

Was soll ich ach armes Weib?
Ich habe ihn verloren.

Johannes spricht:

Maria, neue Mutter und meine liebe Muhme,
laß doch dein großes Weinen sein!
Es konnte nicht anders sein:
er mußte sterben, sollte die Welt gesunden.

Sancta Maria singt darauf:

Oweh, wer
hat seinen Speer
dazu bereitet,
daß er dich
und mich
so voller Jammer trennt?

Johannes spricht darauf, das Schwert in Händen haltend:

O Maria, dein Leiden ist so groß,
es macht gar manchen Menschen die Augen rot.

Johannes singt danach wie früher: »Maria, Mutter und reine Magd«.

(Maria, Mutter und reine Magd,
ich bin deiner Schwester Kind.
Dein großes Schreien und dein Weinen
beklagen alle, die hier sind.
Hier wird gar manches Auge rot
um deines Kindes Tod,
das hier vor uns hänget bloß.)

Sancta Maria cantat post hoc:

Nu ys ok weynent myr bescheyden,
went yk synen dot moet seen,
den ik ane swere gaer
moder unde maget gebaer.
Jhesu Criste, leve kynt, ware mynsche und ware god,
du bekennest, wo grot nu ys myner zelen not
umme dat grote lydent dyn
unde dat yk dyner moet anych syn.

Maria Magdalena devote plangit post hoc:

De sune, de lyt,
de steyn toryt,
dat laken splyt,
wo we ys myk,
god, umme dyk.
de Yoden bekeren sik.
De erde bevet,
de doden levet.
myt herten unde mund
an desser stund,
o werde here,
wy dy danken nu so sere!
JHesu Christe, Marien kynt, o ryke god,
wat lyde wy nu umme dynen bytteren dot!
o allerleveste, troste de armen kyndere dyn,
sunderges Marien, de leven truten moder dyn!

Sancta Maria plangit ulterius cantans:

Owe, dot,
dessen not
mochtestu wol wenden,

Sancta Maria singt darauf:

Nun ist doch Weinen mir beschieden,
da ich seinen Tod muß sehen,
den ich ohne Schmerzen ganz
als Mutter und Magd gebar.
Jesu Christe, liebes Kind, wahrer Mensch und wahrer Gott,
du erkennest, wie groß meiner Seele Not nun ist
um deines großen Leidens willen
und daß ich dich verlieren muß.

Maria Magdalena klagt darauf fromm:

Die Sonne, die lischt,
der Stein zerspaltet,
der Vorhang reißt,
wie weh ist mir,
Gott, um dich.
Die Juden bekehren sich.
Die Erde bebet,
die Toten leben.
Mit Herzen und Mund
in dieser Stund,
o hoher Herr,
wir dir danken nun so sehr!
Jesu Christe, Marien Kind, o starker Gott,
was leiden wir nun um deinen bitteren Tod!
O Allerliebster, tröste deine armen Kinder,
Maria vor allem, deine teure, liebe Mutter!

Sancta Maria klagt singend weiter:

Oweh, Tod,
diese Not
könntest du wohl wenden,

woldestu van dyr
hyr to myr
dynen baden senden.

Maria dicit:

Eya, eya moderlyke herte,
wat lydestu pyne unde smerte
umme Jhesum Christum, den leven sonen myn,
wente yk moet nu syner anych syn!

Nota! Planctum sequentem beata virgo cantat bis, quia devotissimus est, si fieri potest commodose. In isto cantico, etiam in ricmo sequenti sanctus Johannes tenet gladium Symeonis devotissimie flexis genubus in manibus suis dicte ante beatam virginem, cum quo tribus vicibus tangit pectus ejus devote:

Symeonis grymmige swert, *hic tangit primo*
du byst my unvorborghen,
du byst my lange vorbescherd,
des moet ik sere sorgen. *hic subtrahit*
De sunne vorlust eren schyn,
alder werld gemeyne,
de erde bevet, dar se licht,
ok kloven syk de steyne.
Dot, kum, nym uns beyden,
dat ik nicht eyne
van em enscheyde
so yamerliken!
Syn blot my nu rodet, *tangit secundo*
syn dot my nu dodet,
syn not my nu nodet
myt em ghelyke.

wolltest du von dir
her zu mir
deinen Boten senden.

Maria spricht:

Ach, ach mütterliches Herz,
was leidest du Pein und Schmerz
um Jesum Christum, meinen lieben Sohn,
da ich ihn nun verlieren muß.

Beachte: Den folgenden Gesang singt die selige Jungfrau zweimal, weil er der frommste ist, (wenn es leicht zu machen ist). Bei diesem Gesang, auch bei den folgenden Sprechversen hält der heilige Johannes das Schwert Simeons tief fromm mit gebeugten Knien in seinen Händen direkt vor die selige Jungfrau, womit er dreimal fromm ihre Brust berührt:

Simeons grimmiges Schwert, *erste Berührung*
du bist mir nicht verborgen,
du bist mir lange vorbestimmt,
darob muß ich voll Kummer sein. *Entfernung*
Die Sonne verliert ihren Schein,
die ganze Welt zusammen,
die Erde bebt, da sie erlischt,
auch spalten sich die Steine.
Tod, komm, nimm uns beide,
daß ich nicht allein
von ihm fortgeh
so jammervoll!
Sein Blut mich nun rötet, *zweite Berührung*
sein Tod mich nun tötet,
seine Drangsal mich nun drängt
mit ihm zugleich.

Maria dicit ulterius ad populum:

O gy saligen lute,
schowet dessen groten yamer hute
an moder unde an kynde!
seet, wo rechte swynde *hic tangit tertio*
Symeonis scharpe dovendyge swert
dorch myne sele henne verd
unde ok dorch myn bedrovede herte!
desse byttrlyke smerte
propheterede my her Symeon,
do ik Jhesum Cristum mynen leven soen
in den tempel godes brachte;
he sprak: o maget, nu wachte!
dy byst dynes modes nu so vro –
id schal noch komen also,
dat eyn scharp swert schal treden
dorch dyne sele unde dyn kynd dar mede!

Mater Johannis evangelistae plangit post hoc et cantat:

O godes kynt,
wo blodich synt
alle de hilgen lede dyn!
dat gift myneme herten pyn.
O du aller hogeste god,
ik nu sere beweynen mod
dynen groten swaren dot!
Owy unde owe over unsen not!
gheleden heft den swaren dot
Jhesus Cristus, unse leve here.
Leven kyndere, helpet uns mede weynen sere!
beter were wy ungeboren,
worde syn hilge lydent an uns vorloren.

Maria spricht weiter zum Volk:

O ihr frommen Leute,
sehet diesen großen Jammer heute
an Mutter und an Kind!
Seht, wie so heftig *dritte Berührung*
Simeones scharfes, wildes Schwert
durch meine Seele fährt
und auch durch mein betrübtes Herz!
Diesen bitterlichen Schmerz
prophezeite mir Herr Simeon,
als ich Jesum Christum, meinen lieben Sohn,
in den Tempel Gottes brachte;
er sprach: O Jungfrau, nun gib acht!
Du bist von Herzen jetzt so froh –
es wird noch also kommen,
daß ein scharfes Schwert wird gehen
durch deine Seele und damit durch dein Kind!

Die Mutter Johannis des Evangelisten klagt darauf und singt:

O Gottes Kind,
wie blutig sind
alle deine heilgen Glieder!
Das bereitet meinem Herzen Pein.
O du allerhöchster Gott,
ich muß nun sehr beweinen
deinen großen schweren Tod!
Owih und oweh über unsre Not!
Gelitten hat den schweren Tod
Jesus Christus, unser lieber Herr.
Liebe Kinder, helfet uns mit heftig weinen!
Besser wärn wir nicht geboren,
ging sein heilig Leiden an uns verloren!

Sancta Maria cantat post hoc:

Flecte ramos, arbor alta,
densa laxa viscera,
et rigor lentescat ille,
quem dedit nativitas,
ut superni membra regis
miti tendas stipite!

Sancta Maria dicit et inspicit crucem:

O du eddele boem van hoger werde,
boghe dy eyn kleyne to der erde,
dat yk kussen moge den leven sone myne!
o wo drovych mot ik lange syn,
dat yk synes nicht kan aflangen!
o leve kynt, wo hoge bystu nu ghehangen!
ny quam creature in so grote not,
alse du, Jhesu Criste, o hemmelsche got!
we kan dy des danken, o ryke godes kynt?
troste my unde alle, de nu umme dy bedrovet synt!

Johannes respondet:

O eddele junkfrowe Maria unde reyne maget,
dyn herteleyt sy gode von hemmelryke geklaget!
unse medelydent wyl sik nu ersten vornygen;
ik moet myt luder stempnen uth mynen herten scrygen
unde ropen myt dy in den hemmel, o Marie!
Leven vrundes, besuchtet unde beweynet nu mede unses heren dot,
dat he juw behode unde beware vor der ewygen helle noet!

Sancta Maria singt darauf:

Flecte ramos, arbor alta,
densa laxa viscera,
et rigor lentescat ille,
quem dedit nativitas,
ut superni membra regis
miti tendas stipite!

Sancta Maria spricht und blickt zum Kreuz hinauf:

O du edler Baum von hohem Ansehn,
beuge dich ein wenig zu der Erden,
daß ich küssen könne meinen lieben Sohn!
O wie traurig muß ich lange sein,
daß ich ihn nicht kann erreichen!
O liebes Kind, wie hoch bist du nun gehangen!
Nie kam ein Geschöpfe in so große Not,
wie du, Jesu Christe, o himmlischer Gott!
Wer kann dir dies danken, o starkes Gotteskind?
Tröste mich und alle, die nun um dich betrübet sind!

Johannes antwortet:

O edle Jungfrau Maria und reine Magd,
dein Herzeleid sei Gott im Himmelreiche geklagt!
Unser Mit-leiden will nun erst neu beginnen;
ich muß mit lauter Stimme aus meinem Herzen schreien
und rufen mit dir zum Himmel auf, o Maria!
Liebe Freunde, beseufzet und beweinet nun mit unsers
Herren Tod,
daß er euch beschütze und bewahre vor der ewigen
Hölle Not!

GEISTLICHES GEMEINSCHAFTSLIED

14.-17. Jahrhundert

Kontrafakturen

*

ICH MUOZ SPRINGEN

Ich muoz springen,
hoer ich klingen
dinen namn, maria;
allen dingen
muoz gelingen
swie du wilt, maria,
du wunschelstab, maria.

Von dir singen,
noh dir ringen
sol diu welt, maria.
Swen hie twinget,
swen hie tringet
herzeleit, der schrige
›hilf, milte magit maria‹.

Laz uns armen
dir erbarmen
durch dines lieben kindes bluot;
ioch bistu guot;
swaz ieman tuot,
davon so wellen wir niht büezen,
den von dinen füezen.

Neige tougen,
milte ougen
in diz biter iamerlant,
brich sünden bant

mit diner hant;
hilf daz wir dich müezen
mit reinem herzen grüezen.

ES STOT EIN LIND IN HIMELRICH

Heinrich von Laufenberg
um 1390 bis 1460

Es stot ein lind in himelrich,
do blüend alle este,
do schriend alle engel glich,
daz Jesus si der beste.

Es kam ein bott von himel vin
har uf dise erden,
er gieng zuo beschlossen türen in
und gruoste die vil werden:

»Gegruosset siest, maria,
ein kron ob allen wiben!
Du solt ein kind geberen ja
und solt doch magt beliben!«

»Wie kan ich gbern ein kindelin
und sein ein maget lise?
Nie mans begert das hercze min,
des soltu mich bewisen.«

»Daz wil ich dich bewisen wol,
du edle küniginne:
der helig geiste komen sol,
der mag daz wol vollbringen.«

Gabriel kert wider hin
zuo der himel porten.
»Ich bin ein dirn des Herren min,
mir gescheh nach dinen worten.«

Gabriel kam wider in,
er seit gar guote maere,
daz maria maget vin
gotes muoter waere.

Gabriel kam wider ab
und behuot si vor allem schmerzen.
Maria, di vil reine magt,
truog got in ihrem herczen.

ICH HAN MIR USERKOREN

Ich han mir userkoren
ein minnegliche Maid,
die ist gar hoch geboren,
mins Herzen Augenweid,
jo, vor viel tusend Johren
ist viel von ihr geseit.

Sie ist von hoher Arte,
von edlem Stammen har,
sie ist der Freuden Garten,
voll Blümli wunnenbar,
min Truren sie ernahrte,
wurd ich schier gewahr.

Sie kann von Herzen grüßen
us roselechtem Mund,

bi ihr ist kein Verdrießen,
des Tages tusend Stund
lot sie ihr Äugli schießen
tief in des Herzen Grund.

Sie hat des Falken Blicke,
sie hat des Adlers Flug,
in süße Minnestricke
tut sie der Herzen Zug,
ach . . . sie nu dicke
mit dieser Minne Tug.

Sie ist der Frauen Krone,
sie ist der Mägde Kranz,
sie ist der Engel Lohne,
sie ist der Himmel Glanz,
weder Sunn noch der Mone
mag ihr glichen ganz.

Ihr Vater ist ihr Kinde,
ihr Mutter ist ihr Amm,
den Einhürn und die Hinde
hat sie gemachet zahm:
wer es nu roten künnte,
der sagt, was ist ihr Nam.

DEN LIEBSTEN BUHLEN, DEN ICH HAN

Den liebsten Buhlen, den ich han,
der ist in des Himmels Throne,
Maria heißet sie gar schon:
        Allerliebste mein,
erwirb uns Fried und Sohne.

Und laß uns des entgelten nicht,
der unsern großen Sünde:
Maria, unser Zuversicht,
    Allerliebste mein,
bitt für uns dein liebes Kinde.

Der ist ein Wirt im höchsten Thron,
er tut dir nichts versagen.
Maria, Kaiserin so schon,
    Allerliebste mein,
unser Sünd tun wir dir klagen.

»O Sunder, ich will dich nicht verlan,
nun folg du meiner Lehre:
tu du von deinen Sünden stan,
    so liebest mir,
zu meim Kind sollt dich kehren.

Der schenkt den allerbesten Wein,
wann der ist ausgeflossen,
an dem heiligen Kreuz so fein
    hat mein liebes Kind
sein Blut für dich vergossen.

Das hat er dir zuletz gelan
allhie auf dieser Erde:
Ach Sunder, des laß dir zu Herzen gan,
    so liebest du
meim lieben Kind so werte.«

Maria, ich will folgen dir,
will mich von Sünden kehren;
verleich mir Sinn und Kraft so schier,
    Allerliebste mein,
daß ich dein Lob müg mehren.

Dein Lob, das ist weit ausgebreit
auf Erd und im Himmelreiche;
Maria, erwirb uns frei Geleit,
Allerliebste mein,
wenn wir von hinnen weichen.

Am letzten Tag so wohn uns bei,
wenn Seel und Leib sich scheiden,
so mach uns aller Sünden frei,
Allerliebste mein,
behüt uns vor ewigem Leide.

Behüt uns vor der Helle Glut,
darzu vor der Helle Peine,
so werden wir alle wohlgemut,
Allerliebste mein,
wann wir bei dir mügen seine.

Das Liedlein sei zu Dienst gemacht
Maria und ihrem Kinde.
O Sunder, du dein End betracht,
kehr dich zu Gott,
da tust du Gnade finden.

ES FLOG EIN VÖGELEIN LEISE

Es flog ein Vögelein leise
zu einer Jungfrau rein,
in eines Engels Weise
wohl in ihr Kläuselein:
»Grieß dich Gott, du auserwöhlte Maid,
du bist so wohl gezieret,
gesegnet ist dein Leib.

Du bist voller Gnaden,
Gott der Herre ist mit dir,
des Kraft wird dich umfahen,
das sollt du glauben mir:
   Schleuß mir auf deins Herzen Fensterlein,
zu dir will er sich neigen
wohl unter das Herze dein.«

Maria sprach mit Züchten:
»Was bedeit dieser Gruß?
Mein Reinigkeit hab ich versprochen,
und so ich gebären muß,
   von wannen kompt mir das, du
                    mein himmelischer Gott?
Mein Reinigkeit hab ich versprochen
dem wahren allmächtigen Gott.«

»Der heilig Geist wird kommen
und würken durch sein Macht,
und Gott wird an sich nehmen
Fleisch und Blutes Kraft.«
   »Warum, warum, tut er aber das?«
»Auf daß er wieder bringe
Adams und Evä Fahl.«

»Nun merk, ich bin ein Dienerin
des höchsten Herren mein:
mir gescheh nach deinen Worten,
du säliger Engel rein.«
   Alsbald das geschah, daß sie verhängt dem Gruß,
da ward Jesus eingelassen
wohl zu derselben Stund.

Sie wohneten beieinander,
Jesus und auch die Maid,

bis an den Weihenachtmorgen,
da gebar sie ihn ohn Leid,
den wahren Gott und wahren Jesum Christ,
Jungfrau ist sie doch blieben,
bleibts immehr und ewiglich.

Maria voller Gnaden,
weil Gott der Herr mit dir,
wann wir von hinnen scheiden,
ach Jungfrau, so bitten wir,
bitt für uns Jesum, dein liebes Kind,
und bitt für alle die Menschen,
daß uns nit schad die Sünd.

ES WOLLT EIN JÄGER JAGEN

Es wollt ein Jäger jagen
wohl in des Himmels Thron,
was begegent ihm auf der Heiden?
Maria, die Jungfrau schon.

Der Jäger, den ich meine,
der ist uns wohl bekannt,
er jaget mit einem Engel,
Gabriel ist er genannt.

Der Engel blies ein Hörnlein,
es laut sich also wohl:
»Gegrüsset seistu, Maria,
du bist aller Gnaden voll.

Gegrüsset seistu, Maria,
du edle Jungfrau fein.

Dein Leib, der soll gebären
ein kleines Kindelein.

Dein Leib, der soll gebären
ein Kindlein ohn alle Mann,
der Himmel und auch Erden
eins Mals bezwingen kann.«

Maria, die viel reine,
fiel nieder auf ihr Knie,
wenn sie bat Gott vom Himmel:
»sein Will geschehe an mir.«

»Dein Will, der soll geschehen
ohn sonder Pein und Schmerz.«
Da empfing sie Jesum Christum
in ihr jungfräulich Herz.

Der uns das Liedlein neu gsang,
ist hie zu dieser Stund.
Jesus Christus, Gottes Sohn,
mach uns an der Seele gsund.

ES FIEL EIN HIMMELSTAUE

Es fiel ein Himmelstaue
in eine Jungfrau fein,
es war kein böser Fraue,
das macht ihr Kindelein.
Ob sie schon hat geboren,
blieb sie doch Jungfrau rein.
O Jungfrau auserkoren,
Lob muß dir allzeit sein.

Sie schwanger ward gefunden,
wußt doch von keinem Mann,
sieh, Joseph stracks von Stunden
kam großes Wunder an,
er dacht sie zu verlassen
(das ihn sehr schmerzen tät),
denn er wußt nicht, was maßen
Gott dies gewürket hätt.

Bald von des Himmels Throne
sprach ihn ein Engel an:
O Joseph, Davids Sohne!
O du recht frommer Mann!
Bei deiner Braut verbleibe,
die dir vermählet ist:
Gott hat in ihrem Leibe
dies Wunder zugerüst.

Darauf ward bald gegeben
vom Kaiser ein Gebot,
dem sollten all nachleben,
gebot er ohne Spott,
am Ort, da sie geboren,
den Zins zu zahlen zwar,
mit Joseph auserkoren
reist auch Maria dar.

Sie reisten beid zusammen
mit Stecken in der Hand,
gen Bethlehem sie kamen,
zu ihrem Vaterland.
Sie keiner wollte kennen,
man wies sie immer fort;
sie sahn viel Flammen brennen,
doch war für sie kein Ort.

Im Feld sie haben funden
ein alten Stall allein,
sie sich hie überwunden,
zum Viech sie kehrten ein.
Die Jungfrau ward die Mutter,
ohn alles Weh und Pein,
und Gott ward unser Bruder,
was könnt er näher sein?

Ihr Herz war voller Freuden
von Jubel und Wollust,
sie wußt von keinem Leiden,
druckts Kindlein an ihr Brust,
sie küßt ihm seine Wangen,
sie küßt es mannigfalt,
mit Lieb ward sie umfangen
durchs Kindleins schön Gestalt.

Maria, Jungfrau reine,
da Gott sein Ruh in findt
für uns bitt ingemeine
Jesum, das süße Kind,
daß er uns woll einlassen
ins Himmels Paradeis,
da man allzeit ohn maßen
singt Lob mit Ehr und Preis.

ICH WEISS EIN HÜBSCHES HÄUSELEIN

Ich weiß ein hübsches Häuselein,
da lauft ein Kindlein aus und ein,
es mag wohl Jesus Christus sein,
Maria ist das Häuselein.

Gegrüeßet seistu, reine Maid,
gegrüeßet sei dein Heiligkeit,
gegrüeßet sei dein klarer Schein,
Herr Jesu Christ in Israel.

Es weint das edel Kindelein,
das scheint recht als der Sunnen Schein:
Maria, die edl Jungfrau fein,
die fäscht das edl Kindelein ein.

Sie reicht die Brust dem Kindelein,
kußt ihm sein süeßes Mundelein;
»Sweig, du zarts mein Kindelein,
so will ich hie dein Dienerin sein.«

Joseph, der edl Jüngling fein,
kam zu Maria, der Jungfrau rein,
bracht ihr die armen Windelein,
»nu wind das edel Kind darein«.

Joseph, der edl Zimmermann,
greif wirdiglich das Kindlein an,
er dient dem Kindlein mit großem Fleiß
bis an sein End, darum ich ihn preis.

ICH WEISS EIN MAGET SCHONE

Ich weiß ein Maget schone,
die trägt den höchsten Preis:
wer ringt nach ihrem Lohne,
sie ist bei Diensten weis.
Bei ihr seind andre Frauen
wie Blümlein an der Aue,
sie ist ein Lilienreis.

Die Magd, die heißt Maria,
sie ist der Gnaden voll.
Daß sie uns den Herren versöhne,
des ist sie mächtig wohl.
Des wollen wir bitten alle
mit inniglichem Schalle,
daß sie uns helfen soll.

Ihr jungfräulich Gebilde,
ihr Keuschheit, die ist so groß,
daß sich ein Einhorn wilde
begab in ihren Schoß:
Das war so stark von Kräften,
aus meisterlichen Schäften
den Himmel er aufschloß.

Von Sternenglanz ein Krone,
die trägt die Wohlgetan.
Es sah sie an dem Throne
der Fürst Octavian
am Himmel schöner Wunne
gekleidet mit der Sunne,
ihr Schemel war der Man.

Ein Kind in Lammes Weise
an ihren Brüsten lag,
das war der alte Weise,
der schuf den ersten Tag.
    Er war ein mannlich Ritter,
sein Leben war ihm bitter
all um unser Ungemach.

UND UNSER LIEBEN FRAUEN, DER TRAUMET IHR EIN TRAUM

Und unser lieben Frauen,
der traumet ihr ein Traum,
wie unter ihrem Herzen
gewachsen wär ein Baum.

Und wie der Baum ein Schatten gäb
wohl über alle Land:
Herr Jesu Christ, der Heiland,
also ist er genannt.

Und unser liebe Fraue,
die trug ein Kindelein,
darvon so wölln wir singen
und wöllen fröhlich sein.

Und unser liebe Fraue,
die zog gen Bethlehem,
sie gebar ihr liebs Kind Jesum
zu Trost der Christengemein.

Und da sie es geboren hätt,
sie sah ihr liebs Kind an,

sie kniet auf einem Märmelstein
und bet't es alsbald an.

Und unser liebe Fraue,
die zog ihr Kindlein schon,
das sollen wir hören geren,
was gab Gott ihr zu Lohn?

Und unser liebe Fraue
begehret anderst nicht
dann nur die arme Christenheit,
so wäre es schön gericht.

Also sprach Gott der Herre
wohl zu der Mutter sein:
Und welchen Sünder du begehrst,
derselbig der sei dein.

AUF DER WELT HAB ICH KEIN FREUD

Auf der Welt hab ich kein Freud,
zu Maria hab ich weit;
weil ich sie nicht sehen kann,
so sei ihr mein Herz gesandt.

Schwing dich auf, Frau Nachtigall,
grüß Maria tausendmal!
Grüß sie schön und grüß sie fein,
sie wird allzeit Jungfrau sein.

Wann ich komm aus Lieb zu dir,
o Maria, hilf dann mir!

Hilf recht bald und hilf geschwind,
hilf mit deinem lieben Kind!

Wann anbricht der Todesschweiß,
das Gewissen macht mir heiß,
o Maria, komm am End,
nimm mein Seel in deine Händ!

Wann ich komm vors letzt Gericht,
wo dein Sohn das Urteil spricht,
o Maria, komm alsdann,
nimm dich allzeit unser an!

Frühes Kirchenlied

*

DICH FRAU VON HIMMEL RUF ICH AN

Dich Frau von Himmel ruf ich an
in diesen großen Nöten mein.
Gen Gott ich mich verschuldet han,
bitt, daß ich werd ein Diener dein
gen deinem Kind!
Maria, lind
sein Zorn gen mir!
Mein Zuflucht ist allein zu dir.
Hilf bald, ich fürcht, der Tod kumm schier.

Maria mein Beschirmerin,
du Mutter Gotts und Jungfrau zart,
betrübt so sind mir all mein Sinn,
so ich gedenk an Todes Fahrt
und stirb aus Angst,
auch daß mir langst
hätt zugebührt
zu bedenken, was mein Seel anrührt,
noch hat mich freier Will verführt.

Darum halt für, du reine Magd,
Ablaß der Sünden mir erwirb!
Dieweil dein Suhn dir nicht versagt,
und ich nit weiß auch, wenn ich stirb,
so trag ich doch
der Reu ein Joch
und bger auch Gnad,

recht Buß und Fürsatz auf mich lad,
hilf, daß der Leib der Seel nit schad!

SALVE REGINA

Frau, von Herzen wir dich grüßen,
Königin der Barmherzigkeit,
unser Leben, unser Süße,
unser Trost: der Gruß sei dir bereit.

Zu dir wir schreien, elende
Kinder Eve in dem Jammertal,
zu dir wir seufzen, klagende,
weinende in diesem Zehertal.

Eia darum, so du bist
unser vorsprechliche Zuflucht,
dein barmherzige Augen zu uns wende
und den Heiland Jesum Christ,
deines Leibs gesegente Frucht,
erzeig uns nach diesem Elende.

O du barmherzige,
o du gütige,
o du süße Jungfrau Mutter Maria!

DICH, MUTTER GOTTES, RÜF WIR AN

Dich, Mutter Gottes, rüf wir an,
bitt für uns, Maria!
Tu uns in Angsten nit verlan,
Jesum, dein Suhn, der Not ermahn,
die er um menschlich Gschlecht wollt han,
bitt für uns, Maria!

Daß wir vollkummen werden gar,
bitt für uns, Maria!
Leib, Ehr und Gut auf Erd bewahr,
daß wir im Zeit viel guter Jahr
dort leben in der Engel Schar,
bitt für uns, Maria!

Du bist der Brunn, der nit verseicht,
bitt für uns, Maria!
Daß uns der heilig Geist erleucht
zu wahrer Reu und ganzer Beicht.
Jesus, dein Suhn, dir nicht verzeicht,
bitt für uns, Maria!

MARIA ZART VON EDLER ART

Maria zart
von edler Art,
ein Ros ahn allen Doren,
du hast aus Macht
herwieder bracht,
das vor lang war verloren
durch Adams Fall;

dir hat die Wahl
   Sant Gabriel versprochen.
   Hilf, daß nit werd gerochen
mein Sünd und Schuld,
erwirb mir Huld,
dann kein Trost ist,
wo du nit bist,
   Barmherzigkeit erwerben
am lesten End,
ich bitt, nit wend
   von mir in meinem Sterben.

Maria mild,
du hast gestillt
   der Altväter Verlangen,
die Jahr und Tag
in Weh und Klag
   die Vorhell hätt gefangen.
Zu aller Zeit
wünschten sie Streit,
   dardurch des Himmels Pforten
   zerriß (an) allen Orten
und herab kam,
der ihn abnahm
grausamlich Pein:
das alls durch dein
   keusch jungfräulichs Gebären
ist abgestellt,
darum dich zählt
   all Welt ein Kron der Ehren.

Maria rein,
du bist allein
   der Sünder Trost auf Erden,
darum dich hat

der ewig Rat
erwählt, ein Mutter werden
des Höchsten Heil,
der durch Urteil
am jüngsten Tag wird richten.
Halt mich in deinen Pflichten,
o werte Frucht,
all mein Zuflucht
hab ich zu dir;
am Kreuz bist mir
mit Sant Johannes geben,
daß du auch mein
Mutter wellest sein,
frist hie und dort mein Leben.

AVE MARIA, DU HIMMELKÜNIGIN

Ave Maria, du Himmelkünigin,
aller Welt ein Trösterin:
Heilig und selig bist du geborn,
dann Gott, der hat dich auserkorn,
aus allen Jungfrauen reine.

Ave Maria, du edle Kaiserin,
du bist unser Fürsprecherin:
Heilig und selig spricht dich alle Welt,
von Gott bist worden auserwöhlt,
ein Mutter des Allerhöchsten.

Ave Maria, du schöner Rosengart,
du wohlgezierte Jungfrau zart:
Heilig und selig wirst du genannt,

dich habn die Propheten wohl erkannt,
von dir habn sie geschrieben.

Ave Maria, du Zier der Christenheit,
du Mutter der Barmherzigkeit:
Du Gottesstatt, du klare Sonn,
du starker Turn, du Jacobs Brunn,
du Frau der ganzen Erden.

Ave Maria, du Tempel Salomons,
du guldins Fell des Gedeons:
Du bist der Spiegel der Gerechtigkeit,
du bist ein Form der Reinigkeit,
ein Ros ohn allen Doren.

Ave Maria, du hoher Zederbaum,
du schöne Gilg, du Feldesblum:
Du bist ein recht beschloßne Port,
bitt Gott für uns im Himmel dort,
daß wir all selig werden.

Amen, Maria, singn wir von Herzengrund,
dich loben wir mit Herzen und Mund:
Heilig und selig dich sprechen wir jetzund,
stehe uns auch bei in der letzten Stund,
wann wir von hinnen solln scheiden.

DO MARIA IM KINDELBETT

Nikolaus Hermann
1480–1561

Do Maria im Kindelbett
ihr sechs Wochen gehalten hätt,
wollt sie Gotts Wort gehorsam sein,
stallt dem Herrn ihr Söhnlein ein,

daß sie dem Gsetz ein Gnüge tät,
wie im Mose geschrieben steht:
All erstgeborne Männelein
sollen dem Herren geheiligt sein.

Zwei Turteltäublein bracht sie dar
und opfert sie auf dem Altar,
damit löst sie ihr Söhnelein,
das alle Welt erlöst allein.

ES IST EIN ROS ENTSPRUNGEN

Es ist ein Ros entsprungen
aus einer Wurzel zart,
als uns die Alten sungen,
aus Jesse kam die Art,
  und hat ein Blümlein bracht
mitten in kaltem Winter,
wohl zu der halben Nacht.

Das Röselein, das ich meine,
darvon Isaias sagt,
ist Maria die reine,

die uns das Blümlein hat bracht:
    Aus Gottes ewigem Rat
hat sie ein Kindlein gboren,
und blieben ein reine Magd.

Lob, Ehr sei Gott dem Vater,
dem Sohn und heiligen Geist.
Maria, Gottes Mutter,
dein Hülf an uns beweis,
    und bitt dein liebes Kind,
daß er uns wöll behüten
und verzeihen unser Sünd.

Wir bitten dich von Herzen,
du edle Königin,
durch deines Sohnes Schmerzen,
wann wir fahren dahin
    aus diesem Jammertal,
du wöllest uns beleiten
bis in der Engel Saal.

So singen wir all Amen,
das heißt, nun werd es wahr,
das wir begehrn allsamen;
o Jesu, hilf uns dar
    in deines Vaters Reich,
drin wöllen wir dich loben,
o Gott, uns das verleich.

ALLE TAGE SING UND SAGE

Alle Tage sing und sage
Lob der Himmelkönigin,
ihre Festa, ihre Gesta
ehr mein Seel mit Mut und Sinn.

Contempliere mit Begiere,
schau, wie hoch sie sei erhebt,
sprich sie selig, überselig,
die ob allen Engeln schwebt.

Tu sie ehren und begehren,
daß sie dich von Sündenlast
wölle freien und verzeihen,
was du übersehen hast.

Sprich ihr keck zu, daß sies Best tu,
gnädig dich bewahren wöll
vor dem Winde, großen Sünde
und vor allem Ungefäll.

Diese Mutter große Güter
uns zuwegen hat gebracht,
diese Krone durch ihrn Sohne
hat uns reich und selig gemacht.

Zung und Munde, brauch dich runde,
auszusprechen ihren Preis,
da wir waren all verloren,
öffnet sie das Paradeis.

Sei behende, mach kein Ende,
sie zu loben allezeit,

um die Gaben, die wir haben,
zu genießen allbereit.

Hals und Kehle, Leib und Seele,
laßt erschallen euern Ton,
im Psallieren, Musozieren
lobet diese Jungfrau schon.

Wahrlich keiner, ja nit einer
wird erfunden auf der Welt,
der so beredt wär, also daß er
dieser Jungfrau Lob erzählt.

Loben wöllen wir und sollen
diese Mutter allzumal,
die uns freiet und verzeihet,
was verderbt durch Adams Fall.

MARIA GING HINAUS

Maria ging hinaus
zu Zacharia Haus,
sie ging in aller Eil,
Berg auf und ab viel Meil,
nach Hebron in die Stadt,
da sie ihr Bäsle hat.

Sie ging alleine nicht,
es ging Sanct Joseph mit,
sie trug auch Gottes Sohn
in ihres Herzen Thron,
darzu ein englisch Schar
unsichtbar bei ihr war.

Als sie zum Haus ausging,
sie das Gebet anfing,
zu Gott all Uhr und Stund
hub sie ihr Herz und Mund,
von Gott sie viel betracht,
also die Reis vollbracht.

Da nun die Jungfrau tät
ersehn Elisabeth,
sie sich demütig neigt,
der Alten Ehr erzeigt
und grüßt das Bäsle sehr
mit Reverenz und Ehr.

Elisabeth behend
die Mutter Gottes kennt,
empfing die Jungfrau zart,
zugleich gesegnet ward,
ihr Kind ward Gnaden voll,
im Haus ward allen wohl.

O Haus, o Himmelreich,
dem wahren Himmel gleich,
du Haus der Himmel bist,
darin Gott selber ist
und alle Herrligkeit,
was heilig weit und breit.

Ach komm, o Jungfrau rein,
auch in mein Herz hinein,
bring mir das höchste Gut,
Gott Sohn in Fleisch und Blut,
uns segne Seel und Leib
und ewig bei uns bleib, Amen.

EIN JUNGFRAU ZART

Ein Jungfrau zart, von edler Art,
ihrsgleichen nie geboren ward,
hat mir mein Herz umfangen
und mich behaft
mit Liebeskraft,
zu ihr steht mein Verlangen.

Kein weiblich Bild ist ihr nicht gleich,
so hochgelobt und tugendreich
in Züchten und Gebärden,
von Tugend schon,
die höchste Kron,
sie ist mein Trost auf Erden.

So weit begreift des Himmels Kreis,
kein edler Magd ich nirgends weiß,
vom königlichen Stammen,
sie ist die Recht
von Davids Gschlecht,
Maria heißt ihr Namen.

Sie geliebet mir aus Herzengrund,
gegrüßt sei sie zu aller Stund,
ich hoff ihr Huld zu erwerben,
die sie mir send
an meinem End,
so will ich fröhlich sterben.

Von ihr will ich nicht lassen ab,
so lange ich das Leben hab,
in allen meinen Leiden,

in Angst und Not
bis in den Tod
wird sie nicht von mir scheiden.

MARIA IST GEBOREN

Maria ist geboren
aus königlichem Blut,
ihr Stamm ist auserkoren
aus Patriarchen gut.

Von Abraham ist kommen
die edle Jungfrau zart,
von David ist genommen
ihr Blut hoch edler Art.

Wer ihr Geschlecht will kennen,
bei Sanct Matthaeo such,
das ganz Geschlecht tut nennen
sein Evangelisch Buch.

Viel Patriarchen waren,
vierzehn Geschlecht daraus:
vierzehn fürstliche Scharen,
vierzehn aus Davids Haus.

Aus so viel Blumen schone
Maria ist die Ros:
aus so viel Stern und Mone
ist sie die Sonne groß.

Maria ist aus allen
das best Edelgestein:

das Gold aus den Metallen
ist diese Jungfrau rein.

Die Königin wird werden
Frau über alle Welt,
im Himmel und auf Erden
ihr Reich ist schon bestellt.

O Königin, dich grüßen
wir Evä Kinder arm,
dir fallen wir zu Füßen,
dich über uns erbarm.

MARIA, BREIT DEIN MANTEL AUS

Maria, breit dein Mantel aus,
mach uns ein Schirm und Schild daraus,
laß uns all sicher drunter stehn,
bis alle Gfahr fürübergehn.
Barmherzige Patrona,
komm uns zu Hülf, Maria.

O Mutter der Barmherzigkeit,
dein Mantel ist schon ausgebreit,
wer sich nur fleißig drunter stellt,
in keiner Gfahr wird er gefällt.
Barmherzige Patrona,
komm uns zu Hülf, Maria.

Dein Mantel ist sehr weit und breit,
er deckt die ganze Christenheit,
er deckt die weite breite Welt,
ist aller Zuflucht und Gezelt.

Barmherzige Patrona,
komm uns zu Hülf, Maria.

Dein Mantel ist schön himmelblau,
ist unser Schild, wie ich vertrau,
mit deinem Mantel uns bedeck,
jag alle Feind von uns hinweg.
Barmherzige Patrona,
komm uns zu Hülf, Maria.

Maria, Hülf der Christenheit,
dein Hülf erzeig uns alle Zeit,
komm uns zu Hülf in allem Streit,
verjag die Feind all von uns weit.
Barmherzige Patrona,
komm uns zu Hülf, Maria.

Wann alle Feind zusammenstehn,
wann alle grimmig auf uns gehn,
bleib du bei uns, halt du uns Schutz,
so bieten wir dem Feind ein Trutz.
Barmherzige Patrona,
komm uns zu Hülf, Maria.

Wann alls der Krieg durchnander jagt,
wann alles flieht und ist verzagt,
bleib du bei uns, weich von uns nit,
so weichen wir auch nit ein Schritt.
Barmherzige Patrona,
komm uns zu Hülf, Maria.

Kommt her all, die ihr seid betrübt,
von Herzen diese Mutter liebt,
die Mutter der Barmherzigkeit
nimmt hin all euer Herzenleid.

Barmherzige Patrona,
komm uns zu Hülf, Maria.

O Mutter der Barmherzigkeit,
ein Mantel über uns ausbreit,
uns all darunter wohl bewahr,
zu jeder Zeit in aller Gfahr.
Barmherzige Patrona,
komm uns zu Hülf, Maria.

WUNDERSCHÖN PRÄCHTIGE

Wunderschön Prächtige,
Große und Mächtige,
liebreich holdselige, himmlische Frau,
welcher auf ewiglich,
kindlich verbinde mich,
ja mit Leib und Seel gänzlich vertrau.
Billig mein Leben,
alles beineben,
alles, ja alles, was immer ich bin,
geb ich mit Freuden, Maria, dir hin.

Weil du ganz makellos,
hat Gott dich Gnaden-Ros,
der himmlisch Vater sein Tochter genannt,
ja auch der göttlich Sohn
in seinem höchsten Thron
sich zu dir, dich als Mutter bekannt,
endlich die Ehren
noch zu vermehren
als dir als seiner erwählten Braut,
Heiliger Geist sich dir selber vertraut.

Die Sonn begleitet dich,
es unterwirfet sich
zu deinen Füßen der silberne Mond,
kein Unvollkommenheit
mindert dein Herrlichkeit,
um dein Haupt machen die Sterne ein Kron;
alles was lebet,
alles was schwebet,
alles was Himmel und Erde schränkt ein,
muß deiner Majestät untertan sein.

In diesem Jammertal
seufzen wir allzumal,
zu dir, o Jungfrau, in Elend und Not;
Maria du allein
wollst unsre Mutter sein,
wenn die Seel scheidet vom Leibe der Tod,
wenn wir hinreisen,
tu uns erweisen
Gnad und Barmherzigkeit bei deinem Thron,
bitt für uns Jesum dein göttlichen Sohn.

Pilger-, Wallfahrts- und Volkslied

*

AVE MARIA, AIN ROS AN ALLE DORN

Ave Maria, ain ros an alle dorn,
mit missetant han ich verlorn
din kind, das von dir ist geborn:
Maria, versien mich vor sinem zorn.

Ave Maria, durch dines kindes tod,
das vor dir hieng von bluot rot,
hilf das ich der engel brot
mit riuwen empfach in todes not.

Ave Maria, durch dines kindes bluot,
daß schmertzen dir durch din sel wuot
als ain tieffe wages fluot,
hilf mir, das min end werd guot.

Ave Maria, frow unwandelbar,
send mir den engel dar,
wenn ich von der welt far,
Maria, vor den bösen vinden mich bewar.

ES KUMPT AIN SCHIFF GELADEN

Es kumpt ain schiff geladen
recht uff sin höchstes port,
es bringt uns den sune des vatters,
das ewig wore wort.

Uff ainem stillen wage
kumpt uns das schiffelin,
es bringt uns riche gabe,
die heren künigin.

Maria, du edler rose,
aller sälden ain zwy,
du schöner zitenlose,
mach uns von sünden fry.

Das schifflin das gat stille
und bringt uns richen last,
der segel ist die minne,
der hailig gaist der mast.

MARIENBITTRUF DER GEISSLER

1349

Maria, muoter rainiu mait,
erbarm dich über die cristenhait!
erbarm dich über diniu kint,
diu noch in disem ellind sint!

Maria muoter gnade vol,
du kanst und mahst uns ghelfen wol.
verlih uns ainn gnedigen dot
und bhoett uns da vor aller not!

Erwirb uns huld um dines kint,
dez rich niemmer dhain end gewint,

daz er uns loes von aller not
und bhoette vor dem gaehen tot!

Er wirb uns ouch daz himelbrot,
daz Crist sinn zwelfen jungern bot,

so lib und sel sich schaiden sol,
daz wir den gvaren alle wol!

Und die uns dhain guot hant getan,
daz sie dez trosts nit werden an!

Und nim die sel an dine hant
und fuers in dines kindes lant!

Und nim die selaen alle gar
und fuer si zuo der engel schar!

Und nim die selaen all gelich
und fuer si in daz himelrich!

Und setz si zuo der rehtun hant
und da der sacher rowe vant.

Dez helf uns der hailant!

MARIA, GOTTES MUTTER

Maria, Gottes Mutter, reine Magd,
all unser Not sei dir geklagt.

All unser Not und unser Pein,
das wandel uns Maria Kindelein.

Das wandel uns deines Kindes Zorn,
daß unsere Seel nicht werden verlorn.

Gott behüt uns vor der Hellen Pein,
daß wir armen Sünder nicht kommen darin.

JOSEPH, LIEBER NEFFE MIN

Joseph, lieber Neffe min,
hilf mir wiegen min Kindelin,
daß Gott müsse din Lohner sin
in Himmilreich,
der Maide Kind Maria.

Gerne, liebe Muhme min,
ich helf dir wiegen din Kindelin,
daß Gott müsse min Lohner sin
im Himmilreich,
der Maide Kind Maria.

IN GOTTES NAMEN SINGEN WIR HIE

In Gottes Namen singen wir hie
und fallen nieder auf unser Knie.

Maria, du edle Königin
wohl zwischen dem Sünder und deinem Kind.

Maria, du bist hochgeboren,
der Sohn Gottes hat dich auserkoren

ob allen Jungfrauen werte
zu einer Mutter auf Erde.

Maria, du bist hoch und mild,
du führst drei Rosen in einem Schild,

die sein lichter dann mancher Stern.
Bei Gott wären wir alle gern.

Maria, wir bitten dich hinfür baß
wohl für die wirdige Priesterschaft.

Die Priester sollen wir in Ehren haben,
daß sie uns das göttlich Wort fürtragen.

Maria, wir bitten dich, viel gute,
für Vater und für Mutter.

Wir bitten dich groß und kleine
wohl für ein ganze Gemeine.

Wir bitten dich allhie zumal
für Schwester und Brüder überall.

Wir bitten dich noch viel mehre,
behüt alle Frücht der Erden.

Wir bitten dich, lebendiger Brunnenquell,
für alle christglaubige Seel.

Maria, wir bitten dich, viel gute,
hilf uns, du heiligs Blute.

So stehen wir auf und haben gebetten,
Gott geb uns allen seinen Segen.

So wöllen wir im Namen des Herrn
wiederum heim zu Hause kehren.

DIE ENGEL SINGEN SÜSSEN SANG

Die Engel singen süßen Sang,
daß es im hohen Himmel klang.

sie singen ›Ave Jungfrau rein,
du sollt des Himmels Königin sein.

Dir ist bereit ein herrlich Thron
mitten im Himmel bei deim Sohn.

Ein königliche gülden Kron
gibt die Dreifältigkeit zu Lohn.

Alle Völker sprechen selig dich
auf Erd, im Himmel ewiglich.‹

ES GIENG UNSER LIEBE FRAUE

Es gieng unser liebe Fraue
zu morgens in das Taue,
zu morgens in das grüene Gras,
von dem kühlen Tau, da war sie naß.

Sie kniet auf einen Märbelstein,
die Jungfrau, die war keusch und rein,
sie bettet in einem Büchelein,
ihr Gebett, das war nit klein.

Zu morgens in den grüenen Klee
es gieng ein Hirtlein vor ihr her:

»Bis Gott willkomm, mein Hirtlein schon!
Hast nit gesehen mein lieben Sohn?«

»Ach ja, o liebe Fraue,
ich sach ihn mit mein Augen,
mit mein Augen ich ihn sach,
mit meinem Mund ich zu ihm sprach.

Wohl in der Juden Garten ein
sach ich dein liebes Kindelein,
ich sach ihn in der Juden Haus,
daselb gieng er blutig heraus.«

MARIA MUTTER JESU CHRIST

Maria Mutter Jesu Christ
gen Himmel aufgefahren ist.

Gott sandt viel Engel hoch herab,
den Schatz zu holen aus dem Grab.

Viel tausend Engel waren da,
die fuhren auf mit Maria.

Was Freud war hie, was Lust dabei,
o Freud, o Lust, o Harmonei!

Die Jungfrau blüht schon wie ein Ros,
ihr Glanz, ihr Schein war wundergroß.

Ihr Seel durch sie glänzt überall,
als wenn die Sonn scheint durchs Kristall.

Wie Perln, wie Gold, ihr Seel und Leib,
kein Kreatur gleicht diesem Weib.

Ihr Schuch der Mon, zwölf Stern ihr Kron,
ihr Kleid die Sonn, gedenk wie schon.

Im Himmel sie sehr willkomm kam,
Christus mit Freuden sie aufnahm.

Sehr hoch bei Gott ward sie gesetzt,
da ihr all Gut das Herz ergetzt.

Gott gab ihrs Szepter in die Hand,
sein Sohn inn Schoß, das teure Pfand.

Da war sie aller Freuden voll,
hätt, was ihr Herz nur haben wollt.

Sitzt itzt auf einem guldnen Thron
bei Jesu Christo ihrem Sohn.

Und ist ein Himmelkönigin,
der ganzen Welt ein Trösterin.

Wir bitten dich, Maria rein,
du wollst dort unser ingedenk sein.

Du wollst unser Fürsprecherin sein,
uns helfen bei dem Sohne dein.

O KÖNIGIN, HOLDSELIGE FRAU

O Königin, holdselige Frau,
zu uns herab vom Himmel schau.
    Maria, o Königin, bitt für uns,
    o Maria!

Mutter du voll Barmherzigkeit,
bitt für die ganze Christenheit.
    Maria, o Königin, bitt für uns,
    o Maria!

Bitt, daß uns Gott barmherzig sei,
bitt, daß uns Gott mach sündenfrei.
    Maria, o Königin, bitt für uns,
    o Maria!

Bitt für das Feld und Ackerland,
behüt uns auch für Feuer und Brand.
    Maria, o Königin, bitt für uns,
    o Maria.

Ach steh uns bei am letzten End,
o Mutter, dich nicht von uns wend!
    Maria, o Königin, bitt für uns,
    o Maria.

MEERSTERN, ICH DICH GRÜSSE

Meerstern, ich dich grüße,
o Maria hilf!
Mutter Gottes süße,
o Maria hilf!
Maria, hilf uns Allen
aus dieser tiefen Not!

Rose ohne Dornen,
o Maria hilf!
Du von Gott erkorne,
o Maria hilf!
Maria, hilf uns Allen
aus dieser tiefen Not!

Du Lilie ohne Gleichen,
o Maria hilf!
Der selbst die Engel weichen,
o Maria hilf!
Maria, hilf uns Allen
aus dieser tiefen Not!

Du Quelle aller Freuden,
o Maria hilf!
Du Trösterin in Leiden,
o Maria hilf!
Maria, hilf uns Allen
aus dieser tiefen Not!

Hoch auf deinem Throne,
o Maria hilf!
Aller Jungfraun Krone,
o Maria hilf!

Maria, hilf uns Allen
aus dieser tiefen Not!

Gib ein reines Leben,
o Maria hilf!
Sichere Reis' daneben,
o Maria hilf!
Maria, hilf uns Allen
aus dieser tiefen Not!

Dich als Mutter zeige,
o Maria hilf!
Gnädig uns zuneige,
o Maria hilf!
Maria, hilf uns Allen
aus dieser tiefen Not!

Nimm uns in deine Hände,
o Maria hilf!
Uns das Licht zuwende,
o Maria hilf!
Maria, hilf uns Allen
aus dieser tiefen Not!

Hilf uns Christum flehen,
o Maria hilf!
Fröhlich vor ihm stehen,
o Maria hilf!
Maria, hilf uns Allen
aus dieser tiefen Not!

WIE HELL LEUCHT'T DER MOND

(Die Mutter Gottes von Einsiedeln)

Wie hell leucht't der Mond!
Wie schön glänzt die Sonn!
Ihr Schönheit Mariä doch gleichen nicht kann.
Dann sie nur allein
ganz würdig und rein
dem göttlichen Prinzen ein Mutter kann sein.

Einsiedlische Zell,
ein Gnaden-Kapell.
's tut dorten herglänzen Maria gar schön;
mit Wunder zumal
ja gar ohne Zahl
tut alles austeilen Maria zumal.

Einsiedlen ist g'stellt,
wem es nur gefällt,
ein Weg zu dem Himmel, daß niemand nicht fehlt.
Wer nur rufet an
und bessert sich dann,
Maria, die Mutter, ein jeden nimmt an.

Jetzt reis ich bald fort,
Einsiedlisches Ort,
o Mutter der Gnaden! Steh mir bei im Tod!
Ich setze dahin
all zeitlich Gewinn.
Dich wieder zu suchen, dahin steht mein Sinn.

Ich befiehle mich dann,
Maria, nimm an,

mein sündige Seele mir gnädig verschon.
Befiehl nur dein Kind,
mein ganzes Haus-Gesind,
nimm es an als dein, o du Mutter mild!

Einsiedlen ein Ort,
wo Gott tut alldort
die Gnaden austeilen dem Sünder zum Trost.
Maria insgemein
die Sünder ladt ein.
Wer sich tut bereuen, ein Kind Gottes kann sein.

Jetzt scheid ich von hier,
Maria, von dir.
Dein mütterlichen Segen, den schenke mit mir.
Maria ganz rein,
schick mir die Liebspein,
daß ich dich besuche aufs Jahr wieder heim.

Einsiedlen ein Haus,
das teilt Gnaden aus,
drum reis ich mit Schmerzen von hier nachen Haus.
Vale Gnaden-Ort!
Jetzt reise ich fort,
Gott bewahr die Maria in Einsiedlische Port.

ES BLÜHN DREI ROSEN AUF EINEM ZWEIG

Es blühn drei Rosen auf einem Zweig, o Maria!
Sie blühten alle drei ins Himmelreich, o Maria!
O Maria überall,
wir grüßen dich viel tausendmal,
viel tausendmal!

Das erste war Gott der Vater,
der uns allhier erschaffen hat.

Das zweite war Gott der Sohn,
er trägt die himmlische Kron.

Das dritte ist Gott der heilge Geist,
der uns den Weg in den Himmel weist.

Was trägt Maria unter ihrem Schoß?
Ein kleines Kindlein, war nackt und bloß.

Was trägt Maria auf ihrem Arm?
Ein kleines Kind, daß sich unser erbarm!

Was trägt Maria in ihrer Hand?
Ein Scepter, den hat ihr Gott der Sohn erlangt.

Was trägt Maria auf ihrem Haupt?
Die Krone, die hat ihr Gott der Herr erlaubt.

MARIA SOLLT ZUR SCHULE GEHN

Maria sollt zur Schule gehn:
Was fand sie an dem Wege stehn?

Da fand sie einen Schiffmann stehn:
»Ach Schiffmann, fahr mich über das Meer!«

»Ich will nicht fahren über das Meer,
ihr müßt mir versprechen eur höchste Ehr.«

»Mein höchste die Ehr versprech ich euch nicht,
so lange als Himmel und Erde steht.

Meine Ehr versprech ich euch nimmermehr,
viel lieber will ich wandeln über das Meer.«

Und als sie in die Mitte kam,
fingen alle Glocken zu läuten an.

Sie läuten alle, groß und klein,
sie läuten alle insgemein.

Maria kniet auf einen Stein;
dem Schiffmann sprang sein Herz entzwei.

MARIA IST SICH GERITTEN HERAUS

Maria ist sich geritten heraus;
sie ritt vor einer Frau Wirtin Haus.

Sie hielt sich wohl um die Herberg an;
sie taten ihr all sie versan.

Sie versagten ihr Feuer, sie versagten ihr Holz;
ach Gott, wie feindlich die Leute und stolz!

Sie weisten Maria in einem Stall fürwahr,
da sich weder Türe noch Dach auf war.

Maria, sie war sich der Herberg so froh;
sie legte das liebe Kindlein ins Stroh.

Des Nachts, wohl um die halbe Nacht,
Maria an ihr Kindlein dacht.

Maria ging auf die Türe stahn,
sie sah groß Wasser kommen gahn.

Wohl in dem Wasser, da war sich ein Fisch,
der war sich bereit auf Jesu Tisch.

Der Fisch, der ist sich Concelebrant;
er wird sich in allen Gottes Messen genannt.

Wird er nicht in allen Gottes Messen genannt,
so entstehen sich Erdbeben wohl in dem Land.

So bebet die Erd, so reißen die Stein;
Maria ist sich eine Jungfrau rein!

MARIA DURCH 'NEN DORNWALD GING

Maria durch 'nen Dornwald ging,
  Kyrie eleison,
Maria durch 'nen Dornwald ging,
der hatt sieben Jahr kein Laub getragen.
  Jesus Maria.

Was trug Maria unter ihrem Herzen?
  Kyrie eleison.
Ein kleines Kindlein ohne Schmerzen,
das trug Maria unter ihrem Herzen.
  Jesus Maria.

Da haben die Dornen Rosen getragen.
  Kyrie eleison.
Als das Kindlein durch den Wald getragen,
da haben die Dornen Rosen getragen.
  Jesus Maria.

UFM BERGA DA GIHT DAR WIND

Ufm Berga da giht dar Wind,
da wiegt de Maria ihr Kind
mit ihrer schlohengelweißen Hand;
se hatt och derzu keen Wiegenband.

»Ach Joseph, liebster Joseph mein,
ach, hilf mer wiegen mei Knabelein!«
»Wie kann ich dr denn dei Knabla wiegn,
ich kann ja kaum salber de Fingerla biegn.«

Schum schei, schum schei!

DICHTUNG DER BAROCKZEIT

Jesuitische Dichtung

*

JAKOB BALDE

1603-1668

Die Unnennbare

Wo beginnen und wie soll ich vollenden,
Jungfrau, deinen Gesang? den hundert Sprachen
singen, hundert Sprachen in jeder Zone
singen einst werden;

der die Berge der Welt, als sie zum Himmel
aufstieg, alle den Scheitel neigten. Alle
Ströme rauschten Gesang dir mit der Berge
wehenden Wipfeln;

Hermons Hain, und die Au Engeddi, Karmel,
und vom Himmel gepflanzt, die alte Ceder
Libanons, und der Palmenhain, Cypressen
und Terebinthen.

Deines heiligen Landes Strom, der Jordan,
teilte sich und berührte dir die Ferse
sanft; in Hesbon spielte mit deinem Abglanz
leise der Zephyr.

Und wie soll ich dich nennen? Dich, des Lebens
Heilquell, Schatte der Müden, dich in Flammen
glänzender Rosenbusch? Den Stern am Morgen
oder Aurora?

Jene Taube, die einst des Friedens Ölzweig
über Ströme der Sündenfluten brachte?
Turteltaube, die unserm Erdenjammer
Tröstungen zugirrt?

Regenbogen der Gnade über dunkeln
Wolken? Rose der Dornen? Wenn einst jede
schöne Blume verblüht, der Blumen schönste
blühet unsterblich.

Mutter und Kind

Holder strahlet das Auge dir
süße Mutter, im Glanz himmlischer Freude, wenn
auf den rosigen Knaben du
niederblickest, und ihn leise dem Herzen nahst.
Zarter schlingen sich Blum und Stamm
nicht zusammen, wie du, Kind, an der Mutter Blick,
wie die Mutter an deinem Blick
hangt und trinket in ihm Atem der Seligkeit.
O ihr Beide, die nur Ein Herz,
Eine Seele belebt! Mutter dem Sohne du,
Sohn der Mutter des Lebens Band.

Die Göttin des Frühlings

Einzig Holde, Zarte, Schöne,
deren Glanz die Welt erleuchtet,
deren Lieblichkeit den Frühling
wiederbringt mit tausend Blumen,
zarten Blumen, die dir gleichen,
sei gegrüßet, Frühlingsmutter, Blumengöttin, sei gegrüßt.

In dem Chor der schlanken Schönen,
ihren Bräutigam zu kränzen,
suchen viele Gold und Kleinod.
Du, ein Kleinod selbst, erscheinest
wie der Mond im Chor der Sterne,
wie die Sonn im blauen Äther glänzend Alles überdeckt.

Wenn aus unserm Tränentale
du zum Himmel wieder aufsteigst,
liebend wallet jeder Zephir
zu berühren deine Locke;
und den Schleier dir zu lösen
drängen sich im Taubenfluge Engelknaben zu dir an.

Darf ich was von dir erflehen,
Königin, so laß der Sonne
schönen Glanz uns froh genießen,
treibe weg die bösen Tage,
bändige der Seelen Aufruhr,
und zerbrich des Krieges Waffen, holde Friedenskönigin.

Laß den Müttern ihre Knaben,
ihre Töchter froh erwachsen,
Töchter, wie die leichten Rehe,
Knaben, wie die jungen Löwen. –
Wenn der Rächer Wolken sammlet,
so besänftige, du Holde, bittend ihn mit deinem Kuß.

Die Himmelfahrt

An dem Tage, da du der Erd, o Jungfrau,
dich entschwingend, hin über die Gestirne
stiegst, da neigete sich, bestreut mit Blumen,
dir der Olympus;

und ein süßer Gesang, als du hineintratst,
scholl den Himmel hindurch dir laut entgegen:
»Wer ist sie, die aus wilden dunkeln Hainen
glänzend hervorgeht?

Eine Göttin, in sich, o ganz in sich schön,
überfließend an Reiz und süßen Freuden;
um sie duftet der Äther; lieblich lehnt sie
an den Geliebten

ihre holde Gestalt. So tritt in seine
stillen Reiche der Mond; so blickt die Sonne
auf am Morgen; es küßt ihr Blick auf alle
Tränen Aurorens.«

Unter solchen Gesängen hobst du höher
dich, o Mutter im Arm des Sohns, und über-
stiegest Alles was Gott nicht ist und tauchtest
dich in der Gottheit

Glanz. O selige, gnadenreiche Jungfrau,
laß vom Meere der Freuden, laß aus deinem
vollen Becher, auch nur ein Tröpflein stillen
unsere Tränen.

Die Tadellose

Welche Nymphe des Hains erwählst du, Lied, dir?
Keine Nymphe des Hains: die Unbefleckte,
die als ewige Weisheit vor dem Schöpfer
liebend im Rat stand.

Berge waren noch nicht, nicht Tal und Hügel,
Meer' und Ströme. Den Sternenplan zu ordnen

sann der Vater; da reichte sie den goldnen
glänzenden Plan ihm,

ward die Schafferin, teilte Licht und Dunkel,
gab den Wellen ein Ziel, erschuf sich Menschen;
kein Vergehen der Menschen nahm ihr ihren
leitenden Zügel.

Aus Verbrechen erschuf sie neue Gnaden;
Weisheit aus Labyrinthen; tief im Dunkel
neues schöneres Licht. Sie schwamm als Arche
über der Sündflut,

brannt im feurigen Busch, die Unversehrte;
unentweiht, eine Lilje unter Dornen.
Was geboren ist, stirbt; sie ging unsterblich
auf zum Olympus.

Geht zu schauen hinaus, ihr Töchter Sions,
eure Königin. Auf viel schöne Perlen
strahlt der Morgen; sie ist des Aufgangs schönste
tauende Perle.

Viele Jungfraun schweben in Himmelschören
um den Einiggeliebten; unter allen
ist nur Eine die Auserwählte, reine,
glänzende Taube.

Aus: Schwanengesang des Dichters

Sehet er erscheint und schwinget
weit sein glänzendes Gefieder,
taucht hinein sich in des Himmels
Abglanz, blickt hinauf gen Himmel,

wendet itzt den Hals und segelt –
singend, was ich singen sollte, hält er rudernd an. Er singt:

»Aller Anmut, aller Gnade,
aller Huld geliebte Mutter,
du Bescheidene, du Keusche,
sinnenrein und rein im Herzen,
heilige, hochheilge Jungfrau,
nimm von Luft und Strom und Sonne, nimm ein reines
[Loblied an.

Du Krystall, in dem sich Himmel,
Sonn und Mond und Sterne spiegeln,
Demutvolle, die den stillen
Glanz der Gottheit offenbarte,
du des ewigweisen Rates
Heiligtum, Gefäß der Liebe, Mutter aller Lieblichkeit.

Engel reichen dir den Scepter.
Heilge Väter, Patriarchen
neigen sich vor dir der Tochter.
Jungfraun weihn dir ihre Kronen,
Märtyrer dir ihre Palmen,
und in Einem Lobgesange preiset dich des Himmels Chor.

Friedebringerin, du öffnest
Sündern die verschloßne Pforte
zur Verzeihung. Aller Kranken
Pflegerin, du der Betrübten
Arzt und süßer Trost und Labsal,
Retterin zu Land und Meere,
du der Sinkenden im Schiffbruch, der Verirrten Retterin.

Alle Christenheere danken
dir den Sieg. Du giebst der Erde,
wirst ihr geben Fried und Freude;

darum feiret dir der Äther,
darum wallen die Gestirne
liebend um dein Haupt; es küssen Mond und Sonne
[deinen Tritt,
Königin. « – Er kehrt die Segel,
taucht hinein sich in die Wellen,
schläget dreimal noch die Flügel,
singet dreimal noch Maria,
und erhebt sich im Triumphe
auf zu seinem Sternenbruder und verschwindet
[meinem Blick.
Königin, nimm an das Loblieb,
das die schwangewordne Cither
dir noch Einmal sang, und führe,
führe mich mit deiner Rechte
hin durch Kriegs- und Weltgetümmel.
Unverrückt will ich dir folgen, wie durch Freude, so
[durch Leid.

Übertragen aus dem Lateinischen von J. G. Herder 1794

FRIEDRICH SPEE

1591-1635

Klag- und Traurgesang der Mutter Jesu über den Tod ihres Sohns, den sie beklagt unter der Person des Hirten Daphnis

Da zu Grabe Daphnis lage,
Daphnis, hochberühmbtes Kind,
hört man seiner Mutter Klage;
schlafen waren Luft und Wind,
Erd und Himmel schwarz benachtet,

stunden in gar braunem Kleid,
Sonn vor Schmerzen war verschmachtet,
Mon und Sternen trugen Leid.

Ach! ihr schöne Mon und Sternen,
gülden Flämmlein, gülden Schein,
gülden Äpfel, gülden Kernen,
gülden Perl und Edelstein.
Ach! ihr gelbe gülden Lichter,
die betrübte Mutter sprach,
ach! ihr gülden Angesichter,
trauret meinem Daphnis nach.

Ach! nur weinet und nit scheinet,
klaget mein so schönes Kind;
ach! nit scheinet, ach! nur weinet
und euch weinet sauber blind.
Daphnis, hochberühmbter Knabe,
ward im wilden Wald ermordt,
da mit seinem Hirtenstabe
Daphnis kam der frembden Ort.

Daphnis saß auf grüner Heiden,
sah nur eins der Schäflein sein
von gemeinem Haufen scheiden
und zur Wüsten laufen ein.
Daphnis da nit lang verweilet,
auch zur wilden Wüsten rann;
nach dem Schäflein weidlich eilet,
ihn die Lieb wohl heftig brann.

Kaum nun Daphnis hat gefunden
wohlgesuchtes Tierlein zart,
er von Bären, Wölf und Hunden
gleich im Wald umgeben ward:

Sie da spannten ihre Rachen,
   sprungen auf das schöne Kind,
wie die ungeheure Drachen
   ihn zu morden ganz gesinnt.

Rissen seine Füß und Hände,
   weißer als das Helfenbein,
rissen auch die Seit behende,
   schlugen Zähn und Tappen ein,
zogen ihn durch Dorn und Hecken,
   scharpf und spitz und abgelaubt,
da die Zacken blieben stecken
   und verwundten Stirn und Haupt.

Ach! ihr wilde Wölf und Bären,
   ach! ihr wilde Tigertier!
Er in Blut und ich in Zähren,
   Sohn und Mutter waten schier.
Ach! was vieler Angst und Schmerzen
   ihr dann brachtet meinem Kind!
O der Stahl- und Eisenherzen!
   Stahl und Eisen weicher sind.

Ach nur schonet seiner Jahren,
   schonet seiner gelben Haar;
nit so grausam tut verfahren,
   ach! nit wütet also gar;
nit, ihr Bären, wollt vermehren
   sein und meine Marter groß,
mich wollt lassen ihn umfassen,
   nehmen ihn in Mutterschoß.

Ja mich reisset, mich zerspleisset,
   mich mit Wunden füllet an:
mich zernaget, mich zerplaget,

nur den Jüngling lasset gahn.
Mich mit Zähnen tut zerdehnen,
sparet meinen Knaben zart,
mich mit Klauen kombt zerhauen,
nur doch schonet jener Part.

Ach! wie konntet ihr behalten
ein so schnödes Wesen wild?
Da so freundlich von Gestalten
ihr gesehn so schönes Bild?
Ach! wie waret ihr geblieben
von Naturen eben wild?
Noch den Knaben gunnt zu lieben?
noch auch wurdet zahm und mild.

Wahrlich, ihr von Sinn entführet,
wahrlich waret ihr verblendt,
da mit Zähnen ihr berühret
seine Seiten, Füß und Händ.
Ach nur hättet ihr den Knaben
recht geschaut mit Augen an,
würdet seiner schonet haben,
ihn wohl hättet bleiben lan.

O du bleicher Tod im gleichen,
warest ohne Zweifel blind,
da du kamest zu beschleichen
ein wo wunderliches Kind.
Sonsten er mit süßen Strohlen
und mit süßem Augenblick
dir das Herz hätt abgestohlen,
hätt verzehret deine Strick.

Schöner Daphnis, du mein Eigen,
einigs Blut und Ingeweid:

Schau nun Erd und Himmel schweigen
hören an mein Herzenleid.
Dich zu Nachten, dich zu Tage
lauf ich klagen überall:
dich zu Nachten, dich zu Tage
klaget Schall und Widerschall.

Schöner Daphnis, meine Schmerzen
nit noch wären also groß,
wann nur küssen, halsen, herzen
ich dich möcht in meiner Schoß:
Wann bei deinen letzten Kräften
ich gemöcht an letzter Stund
dir die letzte Bäcklein heften
an die süsse Wangen rund.

Ach nur wäre mir erlaubet
zu gemeldter herben Stund,
ich doch einen Kuß geraubet
hätt von deinen Lefzen wund.
Ich zu mir hätt angezogen
deinen letzten Athem lind,
ich in mich hätt eingesogen
deinen letzten Seelenwind.

Ich dann mit hinzugenahtem
ganzen Herz und Seelen mein
meinen frisch und neuen Athem
hätte dir geblasen ein.
Du den meinen, ich den deinen
hätten wir gewechslet ab,
wären beiden ungescheiden
blieben bei dem Hirtenstab.

Ach du runder Mon und Sternen,
   runde Flämmlein, rundes Feur,
ach nun schauet her von fernen
   meine Schmerzen ungeheur.
Ich in Felden, ich in Wälden
   rufe meinem zarten Kind.
Doch in Felden, noch in Wälden,
   nirget meinen Knaben find.

Ich in Weinen, ich in Peinen
   schleisse Nacht- und Tageszeit;
doch an Weinen, noch an Peinen
   sich zerschleisset Not noch Leid.
Mich der Mone, mich die Sternen
   mit Betrübnus hören an:
Doch noch Mone, noch die Sternen,
   noch mich jemand trösten kann.

BARTHOLOMÄUS CHRISTELIUS

1624-1700

Am Fest von Mariä Himmelfahrt

Als wurd im Feuerwagen
   Elias durch die Luft
ins Ruhland aufgetragen,
   sein Jünger ihm nachruft:
O Vater! Vater mein!
Mir deinen Geist blas ein;
   o Vater, deinen Doppelgeist
mir erblich lasse sein.

Was soll ich dir nachschreien,
o Engel-Kaiserin!
Da sie mit Lustschalmeien
als ihre Königin
dich heben aus der Gruft,
aus dunkler Marmelkluft
und tragen bei sanft stiller Nacht
ob Monden, Sonn und Luft.

Was soll ich anders schreien,
o schönster Gottheit-Schrein!
den alle benedeien,
als Mutter! Mutter mein!
Erzeuge dich zu sein
mein liebstes Mütterlein,
mir deinen mehr denn Seraph-Geist
als deinem Kind hauch ein.

Dich lauter Seraphinen
in deiner Himmelfahrt
demütiglich bedienen.
Jungfrau! dein Herzenart
und Liebglut hinterlaß,
daß ich alls jenes hass,
was meinem Gott zuwider ist,
ihn lieb ohn Unterlaß.

Ihn lieb, ihm leb, ihm sterbe,
mit Lieben alls verricht,
bis ich als Christi Erbe
dich dort von Angesicht
zu Angesicht anschau,
nie werd im Lieben lau,
wie du, o Mutter schöner Lieb,
für Liebe ganz zertau.

Schlesische Mystik

*

JOHANN SCHEFFLER (ANGELUS SILESIUS)

1624-1677

Maria wird genennt ein Thron und Gotts Gezelt,
ein Arche, Burg, Turn, Haus, ein Brunn, Baum, Gartenspiegel,
ein Meer, ein Stern, der Mon, die Morgenröt, ein Hügel:
Wie kann sie alles sein? sie ist ein andre Welt.

Die Welt ist von einer Jungfrau gemacht

Von einer Jungfrau ist die ganze Welt gemacht:
Durch eine Jungfrau wird sie neu und wiederbracht.

Die geistliche Maria

Ich muß Maria sein und Gott aus mir gebären,
soll er mich ewiglich der Seligkeit gewähren.

Das Weib auf dem Monden

Was sinnestu so tief? Das Weib im Sonnenschein,
das auf dem Monden steht, muß deine Seele sein.

Immer weiter

Maria ist hochwert; doch kann ich höher kommen,
als sie und alle Schar der Heiligen geklommen.

An die Jungfrau Maria

Sag an, o werte Frau, hat dich nicht auserkorn
die Demut, daß du Gott empfangen und geborn?
Sag, obs was anders ist? Damit auch ich auf Erden
kann eine Magd und Braut und Mutter Gottes werden.

Wann Gott empfangen wird

Alsdann empfahstu Gott, wann seines Geistes Güte
beschattet seine Magd, die Jungfrau, dein Gemüte.

Die Psyche preiset die jungfräuliche Mutter ihres Bräutigams

Reinste Jungfrau, die für allen
Gott dem Vater wohlgefallen,
derer Keuschheit seinen Sohn
hat gelockt vons Himmels Thron;
reinste Jungfrau, dir zu Ehren
laß ich meine Stimme hören.

Dich, Maria, will ich preisen,
dir, o Jungfrau, Dienst erweisen;
dich, du schönster Morgenstern,
will ich rühmen weit und fern:

Denn durch dich ist uns gegeben
Jesus, unser Heil und Leben.

Auserlesen wie die Sonne
ist dein Glanz und deine Wonne;
schöner wie der Mondenschein
und die güldnen Sterne sein;
schröcklich wie die Heeresspitzen,
die für Feinden uns beschützen.

Eine Burg, die stäts verriegelt,
und ein Brunn, den Gott versiegelt,
und ein Turn von Helfenbein
und ein Perlenkästelein:
Ein verschlossner Frühlingsgarten
bist du, Jungfrau, schönster Arten.

Kommt, ihr Töchter und Jungfrauen,
eine Königin zu schauen,
die sich Gott hat selbst vertraut,
seine Tochter, Mutter, Braut;
schaut die Fürstin, die er liebet,
der er gänzlich sich ergiebet.

Schaut die wahre Bundeslade,
das Gefäße voller Gnade,
schaut des Höchsten güldnes Haus,
da er gehet ein und aus:
Schaut des Noe Wunderkasten,
da die Taube (Gott) kann rasten.

Schaut die schöne Rötin prangen,
wie sie kommt daher gegangen!
Wie sie uns der Sonnenglanz
ansagt und gebieret ganz!

Schauet, wie sie kann das Leben
und das Licht der Erde geben.

O du güldner Himmelswagen,
der uns Jesum bringt getragen,
Thron des wahren Salomons,
Fell des Helden Gedeons!
Faß voll Gotts und seiner Gütte,
seine Wohnung, seine Hütte.

Königin der Seraphinen,
oberste der Cherubinen,
Herzogin der Märtyrer,
Fürstin aller Beichtiger,
aller Heilgen und Jungfrauen,
die dem Lamme sich vertrauen.

O Maria voller Gnade,
hilf, daß mir der Feind nicht schade;
daß ich möge nach der Zeit
in der ewgen Seligkeit,
o du Krone der Jungfrauen,
dich und deinen Sohn anschauen.

Die Psyche preiset die unbefleckte Empfängnüs der H. Jungfrauen Mariae

Zur Metten

Bis gegrüßt, du Frau der Welt,
Königin ins Himmels Zelt;
reinste Jungfrau der Jungfrauen,
Morgenstern, auf den wir schauen.

Bis gegrüßt, du göttlichs Licht
voller Gnad, schön zugericht;
komm zu Hülf dem Erdenkreis,
du, o aller Frauen Preis.

Dich hat Gott von Ewigkeit
ausersehn, gebenedeit:
dich zur Mutter auserkorn,
daß sein Wort von dir geborn.

Dich hat er ganz schön geziert
und zur Braut ihm zugeführt,
dich, in der die sündig Art
Adams nie gespüret ward.

Zur None

Stadt der Zuflucht, bis gegrüßt,
fester Turn, recht zugerüst,
mit der Schutzwehr und dem Schild
Davids, schön und wohlgebildt.

Durch der Liebe Feurigkeit
hast du zur Empfängnüszeit
der vergiften Schlangen Schlund
unterdruckt, zerknirscht zu Grund.

O du Weib von großem Mut,
Judith, die nichts scheuen tut,
schönste Abisai der Welt,
die den wahren David hält.

Rahel hat den Mann gebracht,
der Ägypten Kost gemacht:

Aller Welt Heil, Trost und Zier
bringt Maria uns herfür.

Zur Vesper

Bis gegrüßt, du Sonnenuhr,
dran die Sonn zurücke fuhr,
da das Wort der Ewigkeit
Fleisch ward und ein Kind der Zeit.

Daß der Mensch vom tiefsten Tal
würd erhebt in höchsten Saal,
wird der Höchste, den man denkt,
niedrig und herabgesenkt.

Nun von dieser Sonnen Strahlen
ist Maria voller Prahlen:
Diese Rötin hat von ihr
zur Empfängnüs Zeit und Zier.

Diese Lilge, die das Haupt,
Kraft und Macht der Schlang geraubt,
leuchtet wie der Mondenschein
denen, die verirret sein.

Süddeutsche didaktische Dichtung

*

PROCOPIUS VON TEMPLIN

1608–1680

Unvergleichliche Kreatur Maria

Komm auch, du süßer Lautenklang,
  hilf zieren mir mein Lobgesang,
hilf mir auch Mariam loben,
  daß erschall im Himmel oben.
O Gott, mir solche Wort zusend,
  die tauglich sein zu solchem End;
all Geschöpf kompt an den Reihen.
  Helft mir Mariam benedeien.

An einer Lauten wohl gestimmt
  man alle Saiten doppelt nimmt,
ein jed hat ihresgleichen,
  die einander gar nicht weichen;
die helle Quint, die klingt so fein,
  hat kein Gespänl, sie bleibt allein.
Aus der Gleichnus soll man spüren,
  was wir da für Meinung führen.

Kein Mensch gelebt hat auf der Welt,
  dem nicht kunnt werden zugesellt
noch ein ander seinesgleichen,
  der in nichten ihm tät weichen.
Maria ausgenommen nur,
  die alleredlest Kreatur,

die alleine ist der Phönix,
  unvergleichlich unter Männig.

Kein solche mehr bescheinst du, Sonn,
sie ist am Himmel ein einigr Mon.
Luft, kein Athem wirst du geben,
  denn kein solche wird mehr leben;
Erdreich, du darfst dir förchten nit,
  daß dich ein solche mehr betritt;
kein Aug siehet, kein Ohr höret,
  daß die Welt noch solche nähret.

Was untern Blumn das Röselein,
  Karfunkel unterm Edlgestein,
was Gold unter den Metallen,
  die Sonn untern Sternen allen,
der Adler unterm Federspiel,
  der Löw unter den Tieren viel,
das Feur untern Elementen,
  ist Maria untern Menschen.

JOHANNES KUEN

1606–1665

Duodecimum Amethystus, Apoc. 21

Der schön feurfärbig Amethyst,
  weil er je brinnt ohn Unterlaß,
sich selbst Mariae Kron vergwißt:
  Das Werk vollendet Charitas.

Ei, wie glanzen dort beisammen
  durch des Himmels Hochgebäu
  köstlich edle Steinlein drei!
Glaub und Hoffnung, Liebesflammen,
Karfunkel, Jaspis, Amethyst,
  doch Amethyst das köstlich ist.

Nimm darum den Amethysten
  auch, o Mutter, in dein Kron,
  zu der Kron Perfektion:
Zwar hätt er bei deinen Brüsten
  so rühmlich und so billichs Ort,
  hat ihren Thron die Liebe alldort.

Daß du recht geliebt den Höchsten,
  rein jungfräulichs Flammenherz,
  pur probiertes Gold und Erz,
und nach Gott, wie dich, den Nächsten,
  bekennt voran die fromm Gemein,
  das wird erkennen groß und klein.

Wie soll diese Flamm erlischen,
  die gebrunnen also weit
  bis anher von Ewigkeit?
Sollt was löschen, wurds erfrischen,
  kein Wasserguß, kein Fluß, kein Bach,
  die Liebe brann, wie Feur im Dach.

Troia steht in Feuresflammen,
  von den Feinden angezündt,
  schnell die Stadt zur Erden brinnt.
Mensch und Vieh blieb alls beisammen,
  was nit geht in der Flammen auf,
  entrinnen muß mit schnellem Lauf.

Phöbus pflegt sein Sonnen leiten
durch den runden Himmelsaal,
anzuzünden Berg und Tal,
Strahl und Flammen auszubreiten,
zu wärmen und erleuchten klar,
was matt, erfroren, finster war.

Wer wird Aetnae Brunst nachsinnen?
Dieser Berg pflegt ungeheur
auszuwerfen Funken Feur.
Phoebus, Aetna, Troia brinnen,
doch alle drei weit nit so sehr,
das Herz Mariae noch viel mehr.

Weicht, ihr Berg, Städt, Feur, Planeten,
all ihr Kreaturen hie,
weit hat übertroffen sie:
Ehe das Licht herfür getreten,
ehe Sonn und Mon fing scheinen an,
Maria schon in Liebe brann.

Ehe die Sternlein in der Höhen
inflammieret ihre Weg,
jedes nach vertrauten Pfleg,
ist schon vorher längst geschehen
gar lieblich ein Konjunktion
mit ihr, als wie mit Sonn und Mon.

Selbst ist sie der flammend Wagen,
der den wahren Sonnenglanz,
nach des Höchsten Ordinanz,
uns das Licht herfür getragen,
das in der Liebe Schein und Blick
durchdrang die Felsen hart und dick.

Kombt, ihr hohen Luftsregenten,
komm, o Mutter, komm, o Kind,
hie die Flamm der Lieb entzündt,
daß die Seelen sich bald wenden
nach dir, o Jesu, Strahlenkranz,
nach dir, Maria, Flammenglanz.

Freilich kombt ihr, Feur zu schicken,
daß nach eurem Willen brinn,
Reif und Eis zu schmelzen hin.
Also brinnen ist erquicken;
brinn, Himmelischer Strahlendunst,
brinn, Göttliche Genadenbrunst.

Gaudebunt campi et omnia,
quae in eis sunt
Psal. 95

Ein jede Blumen, Rosmarin,
soll dienen auf im grünen Klee,
bis aller Blumen Königin
durch das Gebürg fürüber gehe.

Erfreuet euch, ihr Felder,
ihr finster dicke Wälder,
und was da wohnt in euch,
ziech auf die grüne Teppich,
von Blumen, Laub und Eppich
mit Farben freudenreich.

Schaff, Aeole, gebiete,
folg, Zephyre, verhiete
groß Hitz und Ungemach.
Die Lüft sollt ihr bewegen:

ein fruchtbarn Maienregen,
verordnet nach und nach.

Anstatt der wilden Dornen
soll grünen Weizen, Kornen
und alles reichlich wohl
mit Blumen aller Farben,
mit etlich tausend Garben
all Körb und Scheuren voll.

Dem Herren aller Chören
zu sonderbaren Ehren
mit Zier und Proviant
ihr Berglein euch bestreuet,
erquicket und erfreuet
mit Früchten alle Land.

Durch Berg zu Tal passieren,
ihr Bas zu salutieren,
wird sich erzeigen bald
die Mutter ohne Makel,
der keusche Tabernakel,
darin sich Gott aufhalt.

Dann sichstu deinesgleichen
in Eil fürüber streichen,
du schöner Cederbaum;
darum neig dich zur Erden,
demütig an Gebärden,
mach ihr bald Ort und Raum.

Ihr dunkle Märzenveilen
wollt auch so fast nit eilen,
verehrt eur Königin,
der Demut ohne Schaden

zu prangen seid geladen,
   was wenigs haltet inn.

Ihr Bühel wohlgestaltet,
die Wacht ein kleines haltet,
   erzeiget eure Schätz,
wollt euch mit Blüh verfassen,
bestreuen alle Straßen,
   damits kein Fuß verletz.

Die Sonnen zu begrüßen,
neigt euch zu dero Füßen,
   ihr weiche Sonnenwend,
hier Ordinanz empfahet,
eur Sonnen, ihr so nahet,
   habt nie bisher erkennt.

Ihr Bäumlein rot, mit Äpflen,
voll silberweißen Tröpflen,
   von Himmelstau besprengt,
dörft euch keck lassen blicken,
die Reisend' wohl erquicken,
   die Näst nur tiefer hängt.

Kein Frucht ist ihr verboten,
von Äpflen weiß und roten,
   dem engelreinen Weib.
Wanns euch der Frucht beraubet,
hat ihrs vorher erlaubet
   die Frucht in ihrem Leib.

Ja, die wird herein bringen
den Schaden aller Dingen,
   gehorsam, klug und weis,
erstatten und erholen,

was Eva weg gestohlen
vom Baum im Paradeis.

LAURENTIUS VON SCHNÜFFIS

1636–1702

Clorus vergleicht die Mutter Gottes dem erfreulichen Morgenstern
Num. 24,17

Nächtliche Lichter, helle Laternen
an dem gewölbten Himmelsgerüst:
göldine Facklen glänzender Sternen,
weichet, allwo der Morgenstern ist,
massen indem er häftig karfunklet,
euere Strahlen merklich verdunklet.

Weichet mit euren zwitzernden Lichtern
oben an blau beluffetem Feld:
blinzlet von fern mit blöden Gesichtern,
bis ich was von dem Morgenstern meld,
welchen die Sonn mit ihren Goldstrahlen
selber nicht könnte glänzender malen.

Dieser, beglänzt vor anderen allen,
herrlich mit Gold bekleidet, aufgeht:
lasset den Glanz der Strahlen nicht fallen,
finster obschon der ganze Mon steht.
Diese des Himmels göldine Fackel
leidet niemalen einige Makel.

Pfleget, wie ein Wachtmeister, zu runden
unter den Sternen nächtlicher Weil:

so er die Wachten richtig befunden,
reiset er fort zu Morgens in Eil:
unter so dickem Sternengewimmel
wandert er durch den völligen Himmel.

Zeiget sich meistens gegen dem Morgen,
wie er dann auch der Morgenstern heißt,
rufet die Leut zu rühmlichen Sorgen,
weil er der Arbeit Nutzbarkeit weist:
machet ein End dem Ruhen und Schlafen,
muntert sie auf, viel Gutes zu schaffen.

Wachende Leut sich seiner erfreuen,
welche die Nacht unlustig gemacht:
Schiffe, die in dem Dunklen zerstreuet,
werden durch ihn zusammen gebracht:
welche die Nacht verführisch entweget,
richtig zu führen dieser Stern pfleget.

Himmlische Geister, glänzende Sternen,
oben in schöner Engels-Gemeind,
welche ja freilich helle Laternen
allen dort hin Verordneten seind,
herrlich, die ihr, mit Ehren bekränzet,
schöner als die Mittagessonn glänzet,

müsset ihr doch zurücke weit weichen,
machen dem schönen Morgenstern Platz,
welchen Gott selbst kaum höher anstreichen
könnte mit allem seinem Licht-Schatz:
dieser Stern ist Maria, vor deren
alle Gestirne sich müssen entferen.

Diese hat sieghaft unter den Füßen
liegen auch den gehörneten Mon,

weilen vor ihr verkriechen sich müssen
    alle Geschöpf, wie groß sie auch schon:
Türken so gar vernünftig erkennen,
daß Sie vor allen selig zu nennen.

Könnte niemalen Finsternus leiden,
    weilen sie aller Flecken befreit,
massen ihr Seel viel weißer als Kreiden,
    völlig von Gottes Gnaden beschneit,
also daß sie den Sünden entwichen,
welche sonst alle Menschen erschlichen.

Diese den weiten Himmel umkreiset,
    weilen sie dessen Königin ist:
fleißig die Engelswachten durchreiset:
    nichtes, was wohl zu ordnen, vergißt:
welcher die Scharen Englischer Chören
lieblich zu singen nimmer aufhören.

Allen sie sich frühzeitig erzeiget,
    welche sie kindlich suchen auch frühe,
mütterlich ganz zu ihnen sich neiget,
    tröstlich in aller Arbeit und Mühe:
muntert sie auf zu löblichen Dingen,
immer zu Gott die Herzen zu schwingen.

Pfleget die Menschen fröhlich zu machen
    welche vom Kummer ängstig gequält:
reisset sie aus des Untergangs Rachen,
    wann sie des Wegs der Hoffnung verfehlt:
welche zu diesem Sternen sich lenken,
därfen sich der Gefahren nicht kränken.

Alle, die diesen Morgenstern preisen,
    werden vor Gott nicht übel bestehn,

massen er sie wird leiten und weisen,
   richtig die Straß des Himmels zu gehn:
welche sich ihrer Liebe bewerben,
werden, des Heils beraubet, nicht sterben.

Denen, die auf dem Tränenmeer schiffen,
   leuchtet sie vor mit tröstlichem Glanz,
wie sie auch hart vom Kummer ergriffen,
   werden sie doch nicht scheiteren ganz,
sondern am Furt des Glückes anländen,
also die Fahrt zu Freudenstatt enden.

Keiner soll an der treuen Hilf zweiflen,
   welcher auf sie die Zuversicht setzt:
nimmer wird er von listigen Teuflen
   werden in die Fallstricke gehätzt,
also daß die heil-neidigen Geister
können nicht werden über ihn Meister.

Gegen der großen Kugel der Erden
   unterste schier der Morgenstern ist,
nemlich, daß er ihr näher möcht werden
   wider der Nacht betrügliche List,
sonderlich wann, ganz dunkel bestrichen,
völlig am Mon das Silber verblichen.

Gleicherweis ist Maria mit ihren
   Gnaden in unsern Nöten nicht fer:
also daß wir nicht werden verlieren,
   wie wir bestritten werden auch schwer:
lasset vermittelst himmlischer Gnaden
keinem das lose Nachtgesind schaden.

Die sie verehren, werden erwerben
   Stärke auch wider sichtbare Feind:

lasset in Ungnad jene nicht sterben,
welche ihr kindlich zugetan seind:
die sie nicht lieben, werden tief sinken,
ewig in ihren Sünden ertrinken.

Lasset uns diesen Sternen dann ehren,
welcher sich uns so freundlich erzeigt:
kindlich in Nöten uns zu ihm kehren,
weilen er uns zu helfen geneigt:
dieser wird uns den Tage verkünden,
welcher uns wird des Elends entbinden.

Protestantische Mariendichtung

*

GEORG PHILIPP HARSDÖRFFER

1607–1658

ÜBER DAS EVANGELIUM AM TAG MARIÄ VERKÜNDIGUNG Lk. 1

1. Erklärung, Col. 1,15

Weltgroßes Sonnenlicht, ja größer als die Welt,
du laufest pfeilgeschwind am großen Himmelszelt;
du stehest jetzund still, wie soll ich deine Strahlen
mit düsterdunklem Wort gleich schwarzen Kohlen malen?
Hochguldnes Sternenaug, du scheinst auf einer Wolk
und weisest dopplen Glanz dem großen Menschenvolk,
als wie im Spiegelglas der Schatten gegen blitzet
und bildet die Gestalt; so wird die Wolk erhitzet
durch dieses helle Licht, von Gottes Licht gebildt.
Sein Sohn, der Heiden Sonn, ist, als die Zeit erfüllt,
erschienen auf der Welt, Maria war die Wolke,
die in der Jungfer Schoß gezeiget allem Volke
den Glanz der Herrlichkeit, des höchsten Gottes Sohn,
der diese Welt erleucht aus hohem Himmelsthron.
Was Wunder bringen uns so gleiche Gegenstrahlen,
daß zweier Sonnen Glanz ein Menschenherz bemalen?

2. *Der Lobgesang Mariä der Mutter Gottes*

Nun meine Seel erhebet
den Herren, ihren Gott,
mein Geist in Freuden bebet
und lobt dich, Zebaoth.
Mein Heil ist nun nicht weit!
Der Höchst hat angesehen
mein Seufzen und mein Flehen
in meiner Niedrigkeit.

Man wird mich selig preisen
zur Kindeskinder Zeit,
weil mir Gott will erweisen
Guts und Barmherzigkeit;
die bleibe für und für
bei denen, die ihn scheuen
und seines Heils sich freuen:
das würket er in mir.

Er kann Gewalt verüben
mit seines Armes Kraft,
der Stolzen Sinn betrüben,
die er leicht hingerafft
und gestürzt von dem Stuhl;
indem sie sich betrügen,
muß ihre Macht erliegen
und sinken in den Pfuhl.

Hingegen ihm gefallen,
die Demut halten hoch,
erhöhet sie vor allen
und bricht der Knechtschaft Joch.
Die Reichen läßt er leer
und kann nach seinem Willen,

die hungert, sättlich füllen,
nichts ist dem Herren schwer.

Er hat sich angenommen
Israels, seines Knechts,
er denkt an alle Frommen
und seines Gnadenrechts;
was er hat Abraham
versprochen und den Alten,
das will er nunmehr halten
und helfen Jakobs Stamm!

ANDREAS GRYPHIUS

1616–1664

Am Tage der Verkündigung Mariae, Luc. 1

Nun jauchze, was voll Angst! Nun freu sich, was voll Schmerzen!
Der Vater aller Dinge hat seinen Eid bedacht!
Sein Engel hat die Post der keuschen Mutter bracht.
Sein Engel, der nicht mehr die ganz erstarrten Herzen
vom Paradies ausjagt. Was Eva zu verscherzen
im Garten willig war, bringt durch des Höchsten Macht
die Jungfrau wieder vor, die meiner Sünden Nacht
gebiert die Gnadensonn und himmellichte Kerzen.
Weil Adam voll von Stolz wollt gleich dem Höchsten sein:
wird uns der Höchste gleich und zeucht bei Menschen ein,
voll Demut, Freundlikeit, zwar arm, doch reich von Gaben.

O Jungfrau voll von Ehr! Voll Gnad! Voll Heilikeit!
O Spiegel reiner Zucht! O Blum der letzten Zeit!
Wie hat, was niedrig war, der Herr an dir erhaben.

JOHANN KLAJ

1616–1656

FREUDENGEDICHTE DER SELIGMACHENDEN GEBURT JESU CHRISTI ZU EHREN GESUNGEN

Auszüge

ERSTE HANDLUNG

Gabriel

O holdselige Jungfrau, sei gegrüßet,
o begnadete Mutter, sei geküsset,
du sonnengüldne Zier,
du hochgebenedeite Magd,
was allen Mägden ist versagt,
hat Gott getan an dir.
Du, du bist allein
die Krone keuscher Jugend,
des Frauenzimmers lichter Schein,
der Auszug aller Tugend.

Der der Berge Last
mit einem Dreiling faßt,
der Sonn und Monden leitet,
der auf den Sternen reitet,
hat dich zur Braut erwählet
und sich mit dir vermählet.

Er suchet seine Lust
und will neun Monden lang bewohnen deine Brust.

Maria

Auf, Stimmen, auf, auf, Saiten, bebt,
mein Seel den Herren hoch erhebt,
mein Geist erfreut sich Gottes Zier
und meines Heilands für und für.

Er hat gesehen seine Magd,
ihr Elend ihm und sie behagt;
von nun an mich die ganze Welt
vor selig preist, vor selig hält.

Der mächtig ist und mächtig gibt,
hat große Ding an mir verübt,
sein Nam wird heilig hoch geacht,
so lang als Sonn und Monde wacht.

Sein Herz im Leib vor Liebe warmt,
sich jetzt und immer jetzt erbarmt
des jenen, der in Ehr und Spott
ihn fürchtet und auch sein Gebot.

Es zeiget seines Armes Pracht
die himmelweite Wundermacht,
er ist es, der die Hoffahrt scheut
und stolzen Sinn wie Spreu zerstreut.

Der mit Gewalt Gewalt verletzt,
wird mit Gewalt vom Stuhl gesetzt;
was niedrig ist, was untertan,
das hebt, das setzt er oben an.

Dem, der sich plaget sonder Gut,
füllt er den Magen, macht ihm Mut,
der Reiche muß bei gelbem Kot
nichts haben und noch leiden Not.

Was Er dem Abraham versprach
und seinem Samen nach und nach,
ist wahr und bleibet ewig wahr,
verzög es sich vieltausend Jahr.

ANDERE HANDLUNG

Maria

Gott, der du das Wolkenhaus
und die hohlen Himmelringe
hast gewölbet aus und aus
und bejochet alle Dinge,
die verwachten Sternenhaufen
müssen dir zu Willen laufen.

Du hast nach dem unverbleiben
in den Lüften aufgesteckt
kugelrunde Feuerscheiben,
deren Fürst die Welt erweckt,
heißet wachsam wach aufstehen,
schläfrig wieder schlafen gehen.

Du hast allem sein Sein geben,
Feuer, Winde, Meer und Land,
Hände, Füße, Leib und Leben,
alles kömmt von deiner Hand,
segnest Feld und Feldgezüchte,
segnest Leib und Leibesfrüchte.

Nunmehr ist die Zeit vorhanden,
daß der zweigestammte Held
soll entbinden einst von Banden
die verstrickte Täterwelt.
Es regt sich schon sonder Schmerzen
sein Herz unter meinem Herzen.

Keuscher Gott, du wollest wenden
die Gefahr der keuschen Zucht,
nimm, nimm hin zu treuen Händen
die mir anvertraute Frucht.
Liebstes Söhnlein, komm gegangen,
langes, langes Weltverlangen.

Deucht mich doch, ich seh dich spielen,
aufgewickelt, händelos,
und das fromme Mütlein kühlen
in den frommen Mutterschoß,
bis so lang dich wird gelüsten
nach der Wiege, nach den Brüsten.

Dann will ich dir, liebstes Leben,
wann du dich nun müd gewacht,
meine Honigbrüste geben,
bis du matt und satt gemacht,
wollen wir uns beid, mein Leben,
wieder zu der Ruh begeben.

DRITTE HANDLUNG

Ephraim und Ithamar, beide benamte Hirten fordern einander heraus, einer belobet die Mutter, der andere den Sohn, und verschwören sich beide wegen beider Herzensliebe; höret ihre verwechselte Reimendungen:

Ephraim

Wer dich großes Söhnlein liebet,
wird von Wölfen nie betrübet;
wenn er sich ins Gras hinstreckt,
keine Schlang im Schlaf ihn schreckt.

Ithamar

Wer dich Jungfer Mutter kennet,
keine Sonnenglut verbrennet;
wann er ackert, wann er pflügt,
seine Stärke nicht erliegt.

Ephraim

Du sollst mir für andern allen,
liebstes Brüderlein, gefallen;
ach hätt ich dich für und für
zu beküssen für die Tür.

Ithamar

Du sollst mir vor andern allen,
liebste Mutter, wohlgefallen;
Hirtin, gut von Hirtenblut,
kömmst zu Hirten auf die Hut.

Ephraim

Ich wollt, wann ich ihn nicht liebte,
daß der Donner mich betrübte,
daß er schlüg ins Garbenstroh,
Haus und Hof brenn lichterloh.

Ithamar

Daß der Hagel mich verderbte,
daß mein Vieh die Peste sterbte,
daß nichts wüchs als Disteln, Dorn,
tauber Haber, fliegend Korn.

Ephraim

Ich wollt, wann ich ihn nicht liebte,
daß der Mehltau mich betrübte,

daß verbrenn das milchend Korn,
daß nichts wüchs als Tresp und Dorn.

Ithamar

Ich wollt, wann ich sie nicht liebte,
daß die Peste mich betrübte,
daß sie würgte Weib und Kind,
daß sie sterbte Schaf und Rind.

Ephraim

Ihr Knaben, haltet in, verstopft die Wasserröhren,
die Wiesen dürsten nicht. Ihr müsset rückwärts kehren
nach Eders Wächterturn. Sagt eh: in welcher Welt
der Himmel (nicht im Born) nur ein paar Ellen hält.

Ithamar

Sag, bistu kühn, wo ist der größte Berg ohne Knallen
im Schoß des engsten Tals ohn Hindernus gefallen?

Somer und Joäs, zwei Hirten, singen in die Wette, einer belobet die Mutter, der andere den Sohn

Somer die Mutter

1

Ihrer hellen Äugelein
gläsernes Gewässer
ist wie reiche Teiche rein,
rein wie Hesbons Flösser.
Ihrer Haare lichter Schnee
Ziegenherden auf der Höh
Gileads sich gleichet:
Gut gewürzter Blumensaft,
ihrer Lippen Zuckerkraft
an der Süße weichet.

Joäs das Söhnlein

2

Seiner klaren Äugelein
silbernes Gewässer
ist wie Taubenaugen rein,
üm die Badeflösser.
Seines Hauptes güldner Klee
und der krausen Locken Höh
Rabenfedern gleichet.
Wohlvermyrrhter Rosensaft,
seiner Lippen Honigkraft
an der Stärke weichet.

3

Ihre runderhabne Brust
hebt sich wie die Rehen,
die gepaart nach aller Lust
in den Lilien gehen.
Wie sich die Granatfrucht ritzt,
wenn sie Purpurkörne spritzt,
ihre Backen prangen,
Sie, das schönste Fürstenkind,
derer Schuhe silbern sind,
prächtig kommt gegangen.

4

Seine rund gewölbte Brust
steht, wie Trauben stehen,
da die Winzerleut mit Lust
in den Bergen gehen.
Wie die Tulpen wundgeritzt,
die mit Blute bunt bespritzt,
seine Backen prangen.
Er, das schönste Fürstenkind,
dessen Füße gülden sind,
mächtig kommt gegangen.

KLAGE MARIAE

O du Jungfer-Mutter, deine Augen sind heller als die Sonne,
weil dieselbe die ihrigen verdeckt;
du Mutter tust deine Augen auf, und dein Sohn hat sie geschlossen;
bist du mehr als der Mond, der einen unwegsamen Weg läuft,
daß er nicht sehe, was du läufst zu sehen;
der Erdbau fängt an zu zittern, und du stehest aufrichts;
die Felsen fallen dahin, du stehst als ein Fels und zählest
deines Sohnes Wunden;
du sehest, klagest und sagest:

Ihr Augen, wollt ihr euch der Augengüsse schämen,
und du, mein stählern Herz, sei doch nicht Stahl und Stein,
tränt, Augenwinkel, tränt, Wimpern, Augenbrämen,
es muß im Zährenbad mein Herz gebadet sein.

Ich hab mein Lebtag nicht ein solches Bild gesehen,
ach jammervolles Bild! Krank, elend matt und blaß,
seht, welch ein Mensch ist das! Wie muß ihm sein geschehen,
naß, matt, krank, sterbekrank, vom Blute pfützenaß.

Das jungferreine Lamm wird von den Stänkerböcken
gejaget hin und her; das unbefleckte Schaf
ist gelblich, braun und blau; die Rosen tragen Höcken,
der Honig trinket Gall; der ohne Schlaf wird Schlaf.

Was tut das Silber nicht? Hier silbert man die Hände
dem eisern Kriegesknecht; der schlaget Hand und Fuß
in Stock und Eisen ein; ach Elend, ach Elende?
Mich wundert, daß er nicht vor Schmerzen sterben muß!

Er lebt, er lebet nicht! Er schwebt, und nicht recht schwebet
der Luftfürst in der Luft; die Last wird ihme Last,
des Lebens Leben stirbt; er lebet nicht, er lebet!
Das grüne Holz verdorrt, der Farben Farbe blaßt.

Ja, wohl er hat gelebt. Der Glieder Glied sich krümmet,
der Aufgang aus der Höh am Abend untergeht,
der Augen Sternenpaar im toten Meere schwimmet.
Ach Sohn, ach lieber Sohn, siehst du, wer bei dir steht?

Ach leider, leider Ach! Ach, ach, er ist gestorben,
mein allerliebstes Kind; ach, weinet doch mit mir,
der Tod hat mir mein Lieb und meine Lieb verdorben.
Ach, alles weine doch um mich und meine Zier . . .

KLASSISCH-ROMANTISCHE DICHTUNG

JOHANN WOLFGANG VON GOETHE

1749–1832

Gretchen vor dem Bilde der Mater dolorosa

Ach neige,
du Schmerzenreiche,
dein Antlitz gnädig meiner Not!

Das Schwert im Herzen,
mit tausend Schmerzen
blickst auf zu deines Sohnes Tod.

Zum Vater blickst du,
und Seufzer schickst du
hinauf um sein' und deine Not.

Wer fühlet,
wie wühlet
der Schmerz mir im Gebein?
Was mein armes Herz hier banget,
was es zittert, was verlanget,
weißt nur du, nur du allein!

Wohin ich immer gehe,
wie weh, wie weh, wie wehe
wird mir im Busen hier!
Ich bin ach kaum alleine,
ich wein', ich wein', ich weine,
das Herz zerbricht in mir.

Die Scherben vor meinem Fenster
betaut ich mit Tränen, ach!
als ich am frühen Morgen

dir diese Blumen brach.
Schien hell in meine Kammer
die Sonne früh herauf,
saß ich in allem Jammer
in meinem Bett schon auf.

Hilf! rette mich von Schmach und Tod!
Ach neige,
du Schmerzenreiche,
dein Antlitz gnädig meiner Not!

Doctor Marianus im Anblick der Mater gloriosa

Hier ist die Aussicht frei,
der Geist erhoben.
Dort ziehen Fraun vorbei,
schwebend nach oben.
Die Herrliche, mitteninn,
im Sternenkranze,
die Himmelskönigin,
ich seh's am Glanze.

Höchste Herrscherin der Welt!
Lasse mich, im blauen
ausgespannten Himmelszelt,
dein Geheimnis schauen.
Billige was des Mannes Brust
ernst und zart beweget
und mit heiliger Liebeslust
dir entgegen träget.

Unbezwinglich unser Mut,
wenn du hehr gebietest,
plötzlich mildert sich die Glut,

wie du uns befriedest.
Jungfrau, rein im schönsten Sinn,
Mutter, Ehren würdig,
uns erwählte Königin,
Göttern ebenbürtig.

Blicket auf zum Retterblick,
alle reuig Zarten,
euch zu seligem Geschick
dankend umzuarten.
Werde jeder bessre Sinn
dir zum Dienst erbötig;
Jungfrau, Mutter, Königin,
Göttin, bleibe gnädig!

FRIEDRICH HÖLDERLIN

1770–1843

An die Madonna

(Entwurf einer Hymne)

Viel hab ich dein
und deines Sohnes wegen
gelitten, o Madonna,
seit ich gehöret von ihm
in süßer Jugend;
denn nicht der Seher allein,
es stehen unter einem Schicksal
die Dienenden auch. Denn weil ich

Und manchen Gesang, den ich
dem höchsten zu singen, dem Vater,

gesonnen war, den hat
mir weggezehret die Schwermut.

Doch Himmlische, doch will ich
dich feiern und nicht soll einer
der Rede Schönheit mir
die heimatliche, vorwerfen,
dieweil ich allein
zum Felde gehe, wo wild
die Lilie wächst, furchtlos,
zum unzugänglichen,
uralten Gewölbe
des Waldes,
                    das Abendland,

                                        und gewaltet über
den Menschen hat, statt anderer Gottheit sie
die allvergessende Liebe.
Denn damals sollt es beginnen
als

geboren dir im Schoße
der göttliche Knabe und um ihn
der Freundin Sohn, Johannes genannt
vom stummen Vater, der kühne,
dem war gegeben
der Zunge Gewalt,
zu deuten

und die Furcht der Völker und
die Donner und
die stürzenden Wasser des Herrn.

Denn gut sind Satzungen, aber
wie Drachenzähne, schneiden sie

und töten das Leben, wenn im Zorne sie schärft
ein Geringer oder ein König.
Gleichmut ist aber gegeben
den Liebsten Gottes. So dann starben jene.
Die Beiden, so auch sahst
du göttlichtrauernd in der starken Seele sie sterben.
Und wohnst deswegen

und wenn in heiliger Nacht
der Zukunft einer gedenkt und Sorge für
die sorglosschlafenden trägt,
die frischaufblühenden Kinder,
kömmst lächelnd du, und fragst, was er, wo du
die Königin seiest, befürchte.

Denn nimmer vermagst du es,
die keimenden Tage zu neiden,
denn lieb ist dirs, von je,
wenn größer die Söhne sind,
denn ihre Mutter. Und nimmer gefällt es dir,
wenn rückwärtsblickend
ein Älteres spottet des Jüngern.
Wer denkt der teuren Väter
nicht gern und erzählet
von ihren Taten,
wenn aber Verwegnes geschah,
und Undankbare haben
das Ärgernis gegeben,
zu gerne blickt
dann zum
und tatenscheu
unendliche Reue und es haßt das Alte die Kinder.

Darum beschütze
du Himmlische sie,

die jungen Pflanzen, und wenn
der Nord kömmt oder giftiger Tau weht oder
zu lange dauert die Dürre
und wenn sie üppigblühend
versinken unter der Sense,
der allzuscharfen, gieb erneuertes Wachstum.
Und daß nur niemals nicht
vielfältig, in schwachem Gezweige,
die Kraft mir vielversuchend
zerstreue das frische Geschlecht, stark aber sei,
zu wählen aus Vielem das Beste.

Nichts ists das Böse. Das soll
wie der Adler den Raub
mir Eines begreifen.
Die Andern dabei. Damit sie nicht
die Amme, die
den Tag gebieret,
verwirren, falsch anklebend
der Heimat und der Schwere spottend
der Mutter ewig sitzen
im Schoße. Denn groß ist,
von dem sie erben den Reichtum.
Der

Vor allem, daß man schone
der Wildnis, göttlichgebaut
im reinen Gesetze, woher
es haben die Kinder
des Gotts, lustwandelnd unter
den Felsen und Heiden purpurn blühn
und dunkle Quellen
dir, o Madonna, und
dem Sohne, aber den anderen auch,
damit nichts, als von Knechten,

mit Gewalt das ihre nehmen
die Götter.

An den Gränzen aber, wo stehet
der Knochenberg, so nennet man ihn
heut, aber in alter Sprache heißet
er Ossa, Teutoburg ist
daselbst auch und voll geistigen Wassers
umher das Land, da
die Himmlischen all
sich Tempel

ein Handwerksmann.

Uns aber, die wir
daß

und zu sehr zu fürchten die Furcht nicht!
Denn du nicht, holde
aber es giebt
ein finster Geschlecht, das weder einen Halbgott
gern hört, oder wenn mit Menschen ein Himmlisches oder
in Wogen erscheint, gestaltlos, oder das Angesicht
des reinen ehrt, des nahen
allgegenwärtigen Gottes.

Doch wenn unheilige schon
in Menge
und frech

Was kümmern sie dich,
o Gesang, den Reinen, ich zwar,
ich sterbe, doch du
gehest andere Bahn, umsonst
mag dich ein Neidisches hindern.

Wenn dann in kommender Zeit
du einem Guten begegnest,
so grüß ihn, und er denkt,
wie unsere Tage wohl
voll Glücks, voll Leidens gewesen.
Von einem gehet zum andern

Noch Eins ist aber
zu sagen. Denn es wäre
mir fast zu plötzlich
das Glück gekommen,
das Einsame, daß ich unverständig
im Eigentum
mich an den Schatten gewandt,
denn weil du gabst
den Sterblichen
versuchend Göttergestalt,
wofür ein Wort? so meint ich, denn es hasset die Rede, wer
das Lebenslicht, das herzernährende, sparet.
Es deuteten vor Alters
die Himmlischen sich, von selbst, wie sie
die Kraft der Götter hinweggenommen.

Wir aber zwingen
dem Unglück ab und hängen die Fahnen
dem Siegsgott, dem befreienden, auf, darum auch
hast du Rätsel gesendet. Heilig sind sie,
die Glänzenden, wenn aber alltäglich
die Himmlischen und gemein
das Wunder scheinen will, wenn nämlich
wie Raub Titanenfürsten die Gaben
der Mutter greifen, hilft ein Höherer ihr.

AUGUST WILHELM SCHLEGEL

1767–1845

Die Himmelfahrt der Jungfrau

»Wie ist mir? Wonne blitzt von Gottes Throne
und hat mit süßen Banden mich umschlungen.
Mein Sehnen ist die Himmel durchgedrungen:
Ich seh den Vater bei dem teuern Sohne.

Hinan! Hinan! auf daß ich bei euch wohne,
vom Zug der Liebe leicht emporgeschwungen.
Ihr Heilgen, die ihr treu mit mir gerungen,
glaubt, liebet, hofft und einst empfaht die Krone.« –

Und wie sie so auf Wolk und Duft entschwindet,
umlächeln sie des Himmels jüngste Söhne;
schon weichen unter ihrem Fuß die Sonnen.

Im Lichte wird ein neues Licht entzündet,
so strahlt die Braut, verklärt in reiner Schöne,
und ruht nun liebend an der Liebe Bronnen.

Die Mutter Gottes in der Herrlichkeit

Dir neigen Engel sich in tiefer Feier,
und Heilge beten, wo dein Fußtritt wallt:
Glorreiche Himmelskönigin! Dir hallt,
die Gott besaitet hat, der Sphären Leyer.

Dein Geist blickt sichtbar göttlich durch den Schleier
der unverwelklich blühenden Gestalt;

du trägst ein Kind voll hehrer Allgewalt,
des Todes Sieger und der Welt Befreier.

O Jungfrau! Tochter dess, den du gehegt!
Dein Schoß ward zu dem Heiligtum erwählet,
wo selbst ihr Bild die Gottheit ausgeprägt.

Dein Leben hat das Leben neu beseelet,
die ewge Liebe, die das Weltall trägt,
ist unaufhörlich uns durch dich vermählet.

MAX VON SCHENKENDORF

1783–1817

Mariä Himmelfahrt

Darf ich diesem Tal entschweben?
Selger Flug und selger Lauf!
Himmelan mein Herz, mein Leben,
himmelan zu Gott hinauf!

Ganz verschwinden, ganz versinken
will ich in dem heitern Blau,
Strom des Lichts, ich will dich trinken,
sei willkommen, Friedensau!

Sohn der Wonne, Sohn der Schmerzen,
selger Hoffnung teures Pfand,
ruhtest zweimal mir am Herzen,
jetzo reichst du mir die Hand.

Durch die Wolken will ich wallen
hin zu dir, mein süßes Glück,

alle Ketten sind gefallen,
ewig leuchtet mir dein Blick.

Laß mich ruhn an deinen Wunden,
sonnen mich in deinem Glanz!
Schmerzen, die ich dort gefunden,
werden hier zum Siegeskranz.

Deine Schätze will ich spenden,
deines Blutes heilgen Hort,
Segen von den treuen Händen,
die der bittre Schmerz durchbohrt.

Weicht, ihr Engel, mit der Krone!
Die ihr mir entgegentragt!
Ob ich auch im Himmel wohne,
ewig bin ich Gottes Magd.

Weht und spielt ihr süßen Düfte,
Lilien, blühet um mein Grab,
Engelsboten, Liebeslüfte,
traget meinen Gruß hinab!

FRIEDRICH VON HARDENBERG (NOVALIS)

1772–1801

Aus den Geistlichen Liedern

Wer einmal, Mutter, dich erblickt,
wird vom Verderben nie bestrickt.
Trennung von dir muß ihn betrüben,
ewig wird er dich brünstig lieben,

und deiner Huld Erinnerung
bleibt fortan seines Geistes höchster Schwung.

Ich mein es herzlich gut mit dir.
Was mir gebricht, siehst du in mir.
Laß, süße Mutter, dich erweichen,
einmal gib mir ein frohes Zeichen.
Mein ganzes Dasein ruht in dir,
nur einen Augenblick sei du bei mir.

Oft, wenn ich träumte, sah ich dich,
so schön, so herzensinniglich.
Der kleine Gott auf deinen Armen
wollt des Gespielen sich erbarmen;
du aber hobst den hehren Blick
und gingst in tiefe Wolkenpracht zurück.

Was hab ich, Armer, dir getan?
Noch bet ich dich voll Sehnsucht an.
Sind deine heiligen Kapellen
nicht meines Lebens Ruhestellen?
Gebenedeite Königin,
nimm dieses Herz mit diesem Leben hin.

Du weißt, geliebte Königin,
wie ich so ganz dein eigen bin.
Hab ich nicht schon seit langen Jahren
im stillen deine Huld erfahren?
Als ich kaum meiner noch bewußt,
sog ich schon Milch aus deiner selgen Brust.

Unzähligmal standst du bei mir,
mit Kindeslust sah ich nach dir,
dein Kindlein gab mir seine Hände,
daß es dereinst mich wieder fände;

du lächeltest voll Zärtlichkeit
und küßtest mich, o himmelsüße Zeit!

Fern steht nun diese selge Welt,
Gram hat sich längst zu mir gesellt,
betrübt bin ich umhergegangen,
hab ich mich denn so schwer vergangen?
Kindlich berühr ich deinen Saum,
erwecke mich aus diesem schweren Traum.

Darf nur ein Kind dein Antlitz schaun
und deinem Beistand fest vertraun,
so löse doch des Alters Binde
und mache mich zu deinem Kinde.
Die Kindeslieb und Kindestreu
wohnt mir von jener goldnen Zeit noch bei.

Ich sehe dich in tausend Bildern,
Maria, lieblich ausgedrückt,
doch keins von allen kann dich schildern,
wie meine Seele dich erblickt.

Ich weiß nur, daß der Welt Getümmel
seitdem mir wie ein Traum verweht,
und ein unnennbar süßer Himmel
mir ewig im Gemüte steht.

CLEMENS BRENTANO

1778–1842

Meerstern, wir dich grüßen

Meerstern, wir dich grüßen,
die durch Tränenwüsten
aus der Sündedunkeln Zeit
einsam steuern müssen
zu den hellen Küsten
der gestirnten Ewigkeit!

Jungfrau, laut verkünden
von des Himmels Bühnen
Engel deine Herrlichkeit;
und aus Meeresgründen
steigt, dich zu versühnen,
was da lebt in ird'schem Streit.

Jungfrau voller Güte,
wie das Meer sich türme,
stehest du in Heiterkeit;
wie gefallne Blüten
schütten dir die Stürme
Himmelssterne auf dein Kleid.

Denk, o Mutter süße!
wie du durch die Wüste
unsern Herren trugst in Pein;
daß er für uns büße,
trank er deine Brüste,
sog er deine Milde ein!

Jungfrau, Himmelstüre,
in des Todes Gründe
senke deiner Strahlen Schein
und helleuchtend führe
aus dem Meer der Sünde
uns zum Quell des Lichtes ein!

JOSEPH FREIHERR VON EICHENDORFF

1788–1857

Marias Sehnsucht

Es ging Maria in den Morgen hinein,
tat die Erd einen lichten Liebesschein,
und über die fröhlichen grünen Höhn
sah sie den bläulichen Himmel stehn.
»Ach, hätt ich ein Brautkleid von Himmelsschein,
zwei goldene Flüglein – wie flög ich hinein!«

Es ging Maria in stiller Nacht,
die Erde schlief, der Himmel wacht',
und durchs Herze, wie sie ging und sann und dacht,
zogen die Sterne mit goldener Pracht.
»Ach, hätt ich das Brautkleid von Himmelsschein
und goldene Sterne gewoben drein!«

Es ging Maria im Garten allein,
da sangen so lockend bunt Vögelein,
und Rosen sah sie im Grünen stehn,
viel rote und weiße so wunderschön.
»Ach, hätt ich ein Knäblein, so weiß und rot,
wie wollt ichs liebhaben bis in den Tod!«

Nun ist wohl das Brautkleid gewoben gar,
und goldene Sterne im dunkelen Haar,
und im Arme die Jungfrau das Knäblein hält,
hoch über der dunkel erbrausenden Welt,
und vom Kindlein gehet ein Glänzen aus,
das ruft uns nur ewig: »Nach Haus, nach Haus!«

Marienlied

O Maria, meine Liebe,
denk ich recht im Herzen dein:
schwindet alles Schwer' und Trübe,
und wie heller Morgenschein
dringts durch Lust und irdschen Schmerz
leuchtend mir durchs ganze Herz.

Auf des ewgen Bundes Bogen,
ernst von Glorien umblüht,
stehst du über Land und Wogen,
und ein himmlisch Sehnen zieht
alles Leben himmelwärts
an das große Mutterherz.

Wo Verlassne einsam weinen,
sorgenvoll in stiller Nacht,
den'n vor allen läßt du scheinen
deiner Liebe milde Pracht,
daß ein tröstend Himmelslicht
in die dunklen Herzen bricht.

Aber wütet wildverkehrter
Sünder frevelhafte Lust:
da durchschneiden neue Schwerter
dir die treue Mutterbrust;

und voll Schmerzen flehst du doch:
Herr! vergib, o schone noch!

Deinen Jesus in den Armen,
übern Strom der Zeit gestellt,
als das himmlische Erbarmen
hütest du getreu die Welt,
daß im Sturm, der trübe weht,
dir kein Kind verloren geht.

Wenn die Menschen mich verlassen
in der letzten stillen Stund',
laß mich fest das Kreuz umfassen.
Aus dem dunklen Erdengrund
leite liebreich mich hinaus,
Mutter, in des Vaters Haus!

An die heilige Mutter

Wenn ins Land die Wetter hängen
und der Mensch erschrocken steht,
wendet, wie mit Glockenklängen,
die Gewitter dein Gebet.
Und wo aus den grauen Wogen
weinend auftaucht das Gefild,
segnest du's vom Regenbogen –
Mutter, ach wie bist du mild!

Wenns einst dunkelt auf den Gipfeln
und der kühle Abend sacht
niederrauschet in den Wipfeln:
O Maria, heilge Nacht!
Laß mich nimmer wie die andern,
decke zu der letzten Ruh

mütterlich den müden Wandrer
mit dem Sternenmantel zu.

Die heilige Mutter

Es ist ein Meer, von Schiffen irr durchflogen,
die steuern rastlos nach den falschen Landen,
die alle suchen und wo alle stranden
auf schwanker Flut, die jeden noch betrogen.

Es ist im wüsten Meer ein Felsenbogen,
an dem die sturmgepeitschten Wellen branden,
und aller Zorn der Tiefe wird zuschanden,
die nach dem Himmel zielt mit trüben Wogen.

Und auf dem Fels die mildeste der Frauen
zählt ihre Kinder und der Schiffe Trümmer,
stillbetend, daß sich rings die Stürme legen.

Das sind die treuen Augen, himmelblauen –
mein Schiff versenk ich hinter mir auf immer,
hier bin ich, Mutter, gib mir deinen Segen!

DICHTUNG SEIT
1900

OTTO ZUR LINDE

1873–1938

Maria mit dem Blumenstrauß

Als Maria Blumen band,
weiße, gelbe, blaue Sterne,
schön gezackt an Kelch und Rand,
jede Blume litt es gerne.

Nahm Maria Gräser grün
und auch rote Skabiosen,
lila Dolden Cardamin
und ein Zweiglein wilde Rosen.

Hat zu diesen Blumen schön
solche Worte sie gesprochen:
»Weil ihr lieblich anzusehn,
hab ich heute euch gebrochen.

Hat mein Aug euch gern geschaut,
soll mein Mund euch lieblich sprechen.
Nur das purpurne Knabenkraut
will ich heute noch nicht brechen.«

Als sie ging im Abendrot
heim den Weg durch hohe Ähren,
schwer erseufzte sie der Not
dessen, den sie wird gebären.

Kam Maria an ihr Haus,
gab den Blumen frisches Wasser.
Ach, am Morgen welk der Strauß
und Marias Wangen blasser!

Bangend um den Knab der Welt
weint Maria bitter.
Purpurknabenkraut im Feld
wartet noch auf seinen Schnitter.

RAINER MARIA RILKE

1875–1926

Geburt Mariae

O was muß es die Engel gekostet haben,
nicht aufzusingen plötzlich, wie man aufweint,
da sie doch wußten: in dieser Nacht wird dem Knaben
die Mutter geboren, dem Einen, der bald erscheint.

Schwingend verschwiegen sie sich und zeigten
die Richtung,
wo, allein, das Gehöft lag des Joachim,
ach, sie fühlten in sich und im Raum die reine Verdichtung,
aber es durfte keiner nieder zu ihm.

Denn die beiden waren schon so außer sich vor Getue.
Eine Nachbarin kam und klugte und wußte nicht wie,
und der Alte, vorsichtig, ging und verhielt das Gemuhe
einer dunkelen Kuh. Denn so war es noch nie.

Mariae Heimsuchung

Noch erging sie's leicht im Anbeginne,
doch im Steigen manchmal ward sie schon
ihres wunderbaren Leibes inne, –
und dann stand sie, atmend, auf den hohn

Judenbergen. Aber nicht das Land,
ihre Fülle war um sie gebreitet;
gehend fühlte sie: man überschreitet
nie die Größe, die sie jetzt empfand.

Und es drängte sie, die Hand zu legen
auf den andern Leib, der weiter war.
Und die Frauen schwankten sich entgegen
und berührten sich Gewand und Haar.

Jede, voll von ihrem Heiligtume,
schützte sich mit der Gevatterin.
Ach der Heiland in ihr war noch Blume,
doch den Täufer in dem Schooß der Muhme
riß die Freude schon zum Hüpfen hin.

Vom Tode Mariae I

Derselbe große Engel, welcher einst
ihr der Gebärung Botschaft niederbrachte,
stand da, abwartend daß sie ihn beachte,
und sprach: Jetzt wird es Zeit, daß du erscheinst.

Und sie erschrak wie damals und erwies
sich wieder als die Magd, ihn tief bejahend.
Er aber strahlte und, unendlich nahend,
schwand er wie in ihr Angesicht – und hieß
die weithin ausgegangenen Bekehrer
zusammenkommen in das Haus am Hang,
das Haus des Abendmahls. Sie kamen schwerer
und traten bange ein: Da lag, entlang
die schmale Bettstatt, die in Untergang
und Auserwählung rätselhaft Getauchte,
ganz unversehrt, wie eine Ungebrauchte,

und achtete auf englischen Gesang.
Nun da sie alle hinter ihren Kerzen
abwarten sah, riß sie vom Übermaß
der Stimmen sich und schenkte noch von Herzen
die beiden Kleider fort, die sie besaß,
und hob ihr Antlitz auf zu dem und dem . . .
(O Ursprung namenloser Tränen-Bäche).

Sie aber legte sich in ihre Schwäche
und zog die Himmel an Jerusalem
so nah heran, daß ihre Seele nur,
austretend, sich ein wenig strecken mußte:
schon hob er sie, der alles von ihr wußte,
hinein in ihre göttliche Natur.

Himmelfahrt Mariae

I

Köstliche, o Öl, das oben will,
blauer Rauchrand aus dem Räucherkorbe,
grad-hinan vertönende Theorbe,
Milch des Irdischen, entquill,

still die Himmel, die noch klin sind, nähre
das dir anruht, das verweinte Reich:
Goldgewordne wie die hohe Ähre,
Reingewordne wie das Bild im Teich.

Wie wir nächtens, daß die Brunnen gehen,
hören im vereinsamten Gehör:
bist du, Steigende, in unserm Sehen
ganz allein. Wie in ein Nadelöhr

will mein langer Blick in dir sich fassen,
eh du diesem Sichtlichen entfliehst, –
daß du ihn, wenn auch ganz weiß gelassen,
durch die farbenechten Himmel ziehst.

II

Nicht nur aus dem Schaum der Jünger, welchen
deines Kleides leichte Wehmut bleibt:
ach, du nimmst dich aus den Blumenkelchen,
aus dem Vogel, der den Flug beschreibt;

aus dem vollen Offensein der Kinder,
aus dem Euter und dem Kaun der Kuh –;
alles wird um eine Milde minder,
nur die Himmel innen nehmen zu.

Hingerissne Frucht aus unserm Grunde,
Beere, die du voller Süße stehst,
laß uns fühlen, wie du in dem Munde
der entzückten Seligkeit zergehst.

Denn wir bleiben, wo du fortkamst. Jede
Stelle unten will getröstet sein.
Neig uns Gnade, stärk uns wie mit Wein.
Denn vom Einsehn ist da nicht die Rede.

HERMANN HESSE

1877–1962

Marienlieder

I

Schilt nicht! Ich kann nicht beten,
ich will nur im Vorübergehn
an deine Stufen treten
und deine Augen sehn.

Es ist ein reines Glänzen
um deine Stirn, das mich beglückt;
ich habe sie ja mit Kränzen
als Kind so oft geschmückt.

II

Ohne Schmuck und Perlenglanz
laß mich auf die Stufen legen,
stumm erflehend deinen Segen,
meiner Jugend welken Kranz.

Kämpfe, Fahrten, Wunden viel,
ungenossene herbe Siege
ruhmlos durchgekämpfter Kriege
finden müde nun ihr Ziel.

Lüste bunt und freudefarb
senken müdgewordene Hände,
ihr Gelächter ist zu Ende,
ihre rote Flamme starb.

Sterbend, blaß und fieberwund
wollen sie, der Welt vergessen,
müd auf harte Stufen pressen
den verblühten Liebesmund.

III

Deinem Blick darf meiner nicht begegnen,
meine Seele, die so viel gelitten,
darf gebeugt nicht mehr die deine bitten:
Wolle die verlorene Schwester segnen!

Leise nur im allertiefsten Innern
will sie der gewesenen Schwesterzeiten,
der in Schmach verspielten Seligkeiten
schweigend und mit Schmerzen sich erinnern.

REINHARD JOHANNES SORGE

1892–1916

Mutter der Himmel

Maria, Gottgebärerin, blick nieder!
Durch deine Hilfe dankend ich im nahen
glänzend Lichtweißen, ich im Traumgefieder

von Mensch und Sehnsucht, – eile mir zu Hilfe!
Denn ich bedarf gar sehr des Lichts der Hilfe!

Trostreiche Hoffnung, Schoß der Immerquelle,
Urtiefe, Gottes mütterliches Wehen,
Maria, große Mutter, lob ich dich!

Lächelndes Leben, Glück aus Unbewußtem,
Geheimnis Gottes, Schirmerin der Meere
ewiger Sehnsucht in ewigem Wehen,
Maria, große Mutter, lob ich dich!

Urmilde, du ins Aug des Greises drängend
zukünftge Hoffnung, du der Schoß der Kinder,
Erneuerin der schwach bedürftigen Sünder,
Maria, große Mutter, lob ich dich!

Du, Gottes Milde. Wunderrühren, stete
erneute Gnade, werktief überdachte
zu Gott, in welcher Liebe du Entfachte!
Maria, Himmels Mutter, preis ich dich!

Gebärerin vor Gott, du Schoß des Sohnes,
rein Anrühren der letzten heiligen Klare,
du nimmermüde Liebe, schirmend Wahre,
Mutter der Himmel, Gute, preis ich dich!

Dich brauchte Gott zu reinstem Selbsterscheinen,
durch dich mußte er sich als Mensch rein meinen
vor uns, Gott abgewandten, den Betörten,
durch dich in seiner Schöpfung rein erscheinen,

rechtfertigend so überstarkes Wesen,
durch dich die Erde-Schöpfung heil erlösen,
dich unbefleckten Leib, rein Gott-Gewollte,
mittelnder Schoß, dem Gott selbst Ehre zollte –
in dir wird mir nicht Gott, noch Gnade mangeln.

RUDOLF ALEXANDER SCHRÖDER

1878–1962

Sonette an die Sixtinische Madonna

I

Wenn die Verzweiflung träte aus den Toren
der alten, abgelebten Welt und fände
der reinen Wolken graues Schneegelände,
das deiner Sohle du zum Feld erkoren,

wenn in des Grauens blindgeweinten Augen
ein Leuchten träfe, wie zu deinen Füßen
die Ferne leuchtet, würden sie dich grüßen
und sich Gesundung aus der Kühle saugen.

Du wohnst in einem Licht, das milde blickt,
nicht allzu hell, nicht allzu warm: denn Herzen,
verdorrt von Wirbelfeuern dieser Zeit,

sie tauchen gern, zum letztenmal erquickt,
aus allem Gegensatz von Brunst und Schmerzen
ins immer laue Bad der Ewigkeit.

II

O allzu weites, allzu fernes Land!
Flur, drin Entsagung nicht zu Hause wäre
(denn wo entsagte man, da nichts sich fand
als eine einige Göttlichkeit und Leere?),

wie hast du dich mit Wolken aufgeschmückt,
die scheinbar deine Einigkeit zerstreuen,

und hast uns Bilder vor das Aug gerückt,
himmlische Bilder, die wir nicht erkennen.

Nicht weiß auf Erden eine jener Fraun,
die gleich den Tieren eine Frucht getragen,
von dieser Frucht so göttlich wegzuschaun.

Wir sind die Ausgeburt von Nacht und Tag:
die große Heiligkeit erweckt uns Graun. –
Wir haben der Madonna nichts zu sagen.

III

Ich weiß, dein Blick geht über mich hinweg;
du blickst in Fernen ohne Gegenstand,
hier unten ist die Trübsal allzu reg,
wie hättest du dich da uns zugewandt?

Du bist die Reine; und wir sind nicht da,
um deiner Sohle nur uns hin zu legen.
Und doch: das Heiligste, das dir geschah,
du trugst es und ertrugst es unsertwegen.

Und wenn dein Antlitz also tränenlos
und ungerührt mit göttlichem Verzichten
nur in die Leere deiner Himmel schaut,

so trugst du doch uns Kinder all im Schoß;
und aller wirren Welt vergebenes Dichten
stammt aus der Dunkelheit, die dir vertraut.

IV

Wenn du nach vorgeschriebenen Lebenstagen,
nach allem Grauen seiner Wanderschaft,
nach aller Last, die er herangerafft,
uns Menschen-Los nach Götter-Art zu tragen,

wenn du den so Beschmutzten, voller Harm,
erdrückt von Ekel, überschwemmt mit Hohn,
wenn du den also schwer beladenen Sohn
mit Kraft emporhebst, fest in deinem Arm,

daß er wie jetzt mit kindlich ernstem Sinn
von deiner Brust ins Graun der Leere schaut,
die um die Fülle seiner Gottheit wirbt,

so glauben wir, du bist die Königin,
vor der die Flut der Weltgeschicke staut,
vor der die Angst und die Begierde stirbt.

GERTRUD VON LE FORT

1876–1971

Weihnacht

Kindlein aus der Ewigkeit, nun will ich deiner Mutter singen!
Mein Lied soll schön werden wie der morgenfarbne [Schnee!
Freue dich, Jungfrau Maria, Tochter meiner Erde, Schwester meiner Seele,
freue dich, du Freude meiner Freude!
Ich bin ein Wandern durch die Nächte, aber du bist ein Haus unter Sternen!

Ich bin eine durstige Schale, aber du bist ein offenes Meer
des Herrn!
Freue dich, Jungfrau Maria: selig preis' ich, die dich selig
preisen!
Nie mehr soll ein Menschenkind verzagen!
Ich bin eine einige Liebe, ich will immerdar zu allen
sprechen:
Eine von euch hat der Herr erhöht! –
Freue dich, Jungfrau Maria, Flügel meiner Erde, Krone
meiner Seele,
freue dich, du Freude meiner Freude:
Selig preis' ich, die dich selig preisen!

Vigil von Mariä Himmelfahrt

Der Engel des Herrn grüßte Maria, und sie empfing den
Heimruf der ewigen Liebe.
Brich auf, Seele Mariens: die himmlischen Boten
sind gekommen!
Sie wollen die Wiege holen, in der dein göttliches Kind lag!
Nun bette dich selbst auf dem Herzen, darunter sein
Leben erschlummert,
nun schmiege dich tief in die Hülle, die es so zärtlich
umborgen!
Brich auf, Seele Mariens, brich auf in der Wiege
des Höchsten!
Wie wird dir geschehen, Schneereine? Du sollst gen
Himmel fahren.

LUDWIG DERLETH

1870–1948

Aus dem Fränkischen Koran

Da in der liebenden Vermählung schwelgend
noch Meer und Alge, Mensch und Element,
der Himmel und die Erde zusammenschliefen,
das Licht noch nicht die Welt-Eischale brach,
ehe die Berge aufstiegen und der Wasser Abgrund
sich senkte,
warst Du, Urdrang des Lebens, unbegattete Göttin,
urmutterhaft aus eignem Keim gezeugt,
die allein sich Vater und Mutter ist.

Pfadöffnerin der Sonne,
an Lust und Stärke Reiche,
urkräftig Heilende,
Du Allerfreuende, Allerleuchtende,
Du Pforte der Seligkeiten,
Saal der Benedeiten
und Wohnstätte des lebendigen Gottes
vor allen Zeiten,
die Augen der Engel selbst erblinden vor Deinem Glanze.

O hauptgeborene Tochter ohne Mutter,
von fernher Anzubetende,
Jungfrau der Einöde, die an den Pforten des Lebens wacht,
unnahbar tief innen thronst Du in goldner Nacht
und spielst Dir selbst die holde Schau der Welt.
Vor allem Anfang warst Du,
eh Istar noch den Sternen ihren Namen gab.
Groß über jedem Anfang waltest Du.
Um Dich ist keine Zeit, nur Einsamkeit,

wie damals, als noch im Anfang aller Tage
lichtsaugend an Deine Brüste die junge Welt sich drängte.
Mit aller Kraft und Herzenssüßigkeit,
mit meinem ganzen Gemüte,
in brennender Andacht, ohne daß mein Ruf ermüdet,
in Danksagung, Gebet, Lobpreis und Hymnengesang,
in rosenglimmenden Gefühlen und zärtlichen Tröstungen
vertraue ich mich der allerheiligsten Mutter an,
die mit lind kosender Rede
den Gram mir von der Stirne streichelt,
aus gießt der Tröstung milde Honigströme,
durchsegnet jeden Fluch der Sünde,
dem Leiden und Dulden leiht siegende Kraft,
spreche mit ihr, bitte sie, was meiner Seele nottut,
und weiß, daß nichts mehr mich von ihrer Liebe
scheiden kann.

In Unruhe schwankt mir das Herz
dem ruderlosen Schiffe gleich im Wogenschwall.
Doch nur die Toten sind ohne Hoffnung.
Das süße Leben der Lebendigen regt immer neu zum
Wagnis an.
Ich fühle, daß ich sterblich bin,
wenn nicht Dein Werk den Weg mir frei macht,
Dea, Mater, Figura vitae amatissima,
Lux perpetua in tenebris tempestatis.

In den Wolken des Tods erweckst Du den Durst nach
Unsterblichkeit.
Wenn auch mein Nachen scheitert,
geben noch Bretter und Balken Zuflucht.
Doch ganz verloren bin ich,
und ich schauere vor einer Nacht ohne Ausgang,
wenn du dich von mir scheidest,
o goldene Nike am Steuerruder der Welt.

O Herrin, die vor der Bitte noch zur Gnade neiget,
die Bitterkeit mit süßem Nektar heilet,
o Du mein Wehr und Waffen in Widerwärtigkeit,
Du Trost und Leuchte in Mißhelligkeit,
von allen Seiten versucht das Dunkel mich,
nur Du bleibst meine lichte Zuversicht,
daß sich des Unsterns Gedanke
nicht unter das behelmte Dach der Stirne wage.

Erhöre mich, Du Trägerin des reinen Guten,
die nach dem besten Wunsche das Gelingen lenkt
und das Gewähren zuführt der fromen Bitte,
lieblich wie das erste Lächeln unter Tränen,
wie Wort des Segens unter Anathemen,
wie das Wasser einer süßen Quelle
nahe der salzigen Flut.
Befriede in der Unrast dieser Stunde
mein banges Herz, mit dem das Schicksal Ball spielt.

Ananas und Melonen,
Trauben und duftendes Apfelgold,
Fruchtfleischsüße, Milch und Honigmilde
bringen wir zum Opfer Deinem Bilde.
Aus goldenen Körben verschütten wir die Fülle der Rosen,
tragen das Köstlichste herbei
der auf dem Halbmond stehenden Madonne,
die in perlengestickter Mitra, von Strahlen gekrönt
aus Dunkel und Weihrauch leuchtet,
übersät von goldenen Blättern und Saphiren.

Und wir werfen uns nieder
vor den goldgestickten Sonnen auf den Altarteppichen,
vor der herzförmigen Lampe in der Nische des
Allerheiligsten,
vor dem Rieseln der aromatischen Salben,

wo in bemalter Zelle unter buntbehangenem Zederngebälk
und kolossalen Holzpilastern überkrustet von Edelsteinen
dunkel Olivsilber vom Rauche der Kerzen sich bräunt
das Bild der makellosen Göttin,
hochgewachsen, dem Palmbaum gleich und
wohlgegliedert,
in durchsichtigem Schooße, das Juwel der Welt behütet,
den Bringer des Heils.

Wir beten Dich an am Herde des Weltalls,
die Mutter der Götter,
wir loben, benedeien und grüßen Dich,
anfanglose, vor jedem Untergang behütete Göttin,
Herrin der Ewigkeit, die Sich durch alle Lebensreihen regt,
Bewegerin der lichten Sternenwege,
die machtvoll dem schnellen Laufe der Stunden gebietet
und über die schäumende Woge daherkommt
mit dem geflügelten Rade des Lebens und der
Unsterblichkeit.

In Morgenhymnen und in Nachtvigilien
der tiefen Andacht rauchlose Flamme erhebe sich zu Dir
o Gnadenbild der süßen Himmelsmilde,
allselige, heilige, strahlenreine Trösterin,
allüberall hingeneigte Beschützerin,
Jungfrau des himmlischen Rosenhags,
Göttin der Erstlingswelt.
Anbetung Dir zu schlagen
stürzen sich unsre Herzen in die Flammen des Gebets.

KONRAD WEISS

1880–1940

Die Empfängnis

Daß eine Lust, die Sinn bewahrt,
mit einem Mal zum Opfer muß,
Maria horch,
Maria blieb dies aufgespart,
da kam zu ihr des Engels Gruß.

Daß unser Herz Entdeckerlust
vom Weg in Gottes Führung quält,
Maria horch,
und dieses Herz ging unbewußt
durch Tier und Pflanze wie gestählt,

bis eins das andere zerpflückt,
dann bricht das Lied gleich einem Knauf,
Maria horch,
und kommt wie Murmelton erstickt,
auf daß er fließt, der Quell herauf.

Sie senkte sich, sank an ihr Bett,
die Kundige, o nein, wie Laub,
Maria horch,
mein Buch erfüllt, mein arm Gerät,
ein welk und dürrer Sinnenraub.

Und daß sie es nicht füllen kann,
und so behielt sie ihr Gesicht,
Maria horch,
nun geht die Lust des Opfers an,
Maria singt und weiß es nicht.

Maria im Dorn

Was sitzest du und sinnest nur,
Maria lind?
Ich trage, dem ich bin die Spur,
dies eine Kind
in meines Leibes Wiege,
die Spur, daran ich Monde wachsend trage,
in der ich mich erliege,
führt über mich wie laute Frage:

Warum ich so empfänglich bin
und sinnenwund,
die linde Luft bereift mich in
der Lippe Grund
und flammt mir in die Kehle,
ich bin gezweigt in meines Hauches Nöte
und trinke in der Seele,
davon entblüht mir Rosenröte.

Es treibt mich unter Menschen groß
ein Ungestüm,
daß ich so tief in meinem Schoß
gefangen bin,
und schließt mich in die Kammer,
es ist der Judas, eh mein Kind entglommen,
mit seiner Menschenklammer,
mit allen Kindern schon gekommen.

So spielt in mir das nimmersatt
wie Herbsteswind,
das nur ein Hauch beseligt hat,
dies eine Kind
und sammelt meine Hauche,
die Blüte, die ich dornenvoll ertrage,

daran ich mich verbrauche,
beknospet mich mit bittrer Klage.

Mit einem Gedanken

Maria kam auch in ein Moor,
da flog ein Vogeltierchen auf
aus seines Nests Umklammerung;
vor ihrem Schritt und ihrem Lauf
kommt das Lebendige hervor
und wird der Sinn durch Schrecken jung.

Ich weiß es immer, lange doch,
die Binsen hängen aus im Kranz
und harren, wo kein Fußen sprießt,
ich weiß, und diese Narbe ganz
ruht aus, wo ihres Himmels Joch
die Unersättliche genießt.

Jetzt wird der Sinn durch Schrecken jung
und jagt das Sterbliche der Braut,
ein Vogeltier flog aus der Brust
und war vorher und ist noch laut,
das Herz fällt in Umklammerung
und fühlt des Gottesganges Lust.

RUTH SCHAUMANN

1899–1975

Maria am Abend

Mit ihren Lippen pflückte sie
des Kindes Lächeln von den seinen
und hielt es vor den Gartensteinen
auf ihrem wandermüden Knie.

Sie bat den blassen Abendstern
ihr beizustehn in solchem Freuen
und suchte Dank wie Blust zu streuen,
ein weißer Kirschenbaum des Herrn.

Sie hob den Sohn zur Brust heran
und hielt ihn doch wie fremdes Eigen
und in des Gartens Abendzweigen
der Trauer Nachtigall begann.

Magd Maria

Selbst wenn sie sich zu niedrer Arbeit bog,
blieb sie doch Königin, denn ihre Minne
goß sie in jedes Tun herab, als rinne
ein Firnenquell in einen irdnen Trog.

Und wie ein weißes Vogelspiel durchflog
die Inbrunst ihre birkengleichen Sinne
und bebend hielt der Engel jüngster inne,
wenn er ihr Glück mit Andrer Freude wog.

Es wurde ihrer Hände keine rauh,
denn was sie faßte, war für sie ein Blühen,
das sie dem Herrn aus ihrem Tage schnitt,
beglänzt von ihrer Stirne zartem Tau.
Und ihres Sohnes Vater nahm das Mühen
wie eine Wolke hin, auf der er glitt.

Erschaffung Mariae

Die Anmut ihres Leibes war so groß,
daß die erhabensten der Engel sanken
in ein vereinigt Leuchten und Bedanken
und staunend priesen ihr gegebnes Los.

Gott aber hob sie sanft von seinem Schoß
und gab die Seele in des Leibes Schale.
Da wallte Duft, als wenn die Sonne strahle
in einen Flecken schön geformtes Moos.

Die Sterne sangen auf, doch durch das All
rauschte die Erde trauervoll herüber
und hoffnungslose Qual barg jeder Ton.

Der Himmel schwieg. Zum dunklen Weltenball
glitt die Erschaffne zur Geburt hinüber
und Gott verhieß sie gläubig seinem Sohn.

Pietà

Hebe deine Augen auf und sieh
ohne Wehren und verwirrtes Grauen
auf des Hügels Rand die dunklen Frauen
und den Einen auf der Einen Knie.

Keine Stirn und keine Lippe schrie,
nur die Mäntel rascheln auf den Steinen,
in den Himmeln aber ist ein Weinen
und ein Schwingenklirren wie noch nie.

Hebe deine Hände auf und sprich:
Meine Schuld hat ihm den Tod gegeben.
Deine Stimme zögert und es beben
seiner Mutter Hände bitterlich.
Durch des Abends Tiefe glüht ein Strich
wie der Blick von eines Schwertes Schneide
und doch kommt der Duft verlassner Weide
wie ein mildes Rufen über dich.

Kleide deine Seele ab und laß
ihre Bängnis ganz verloren stehen.
Und es neigt ein kummervolles Wehen
auf sie nieder ohne Zorn und Haß
und die Härte deiner Brust wird naß
und die Finstrnis erwärmt durchronnen
und geduldig laugt der edle Bronnen
ob dem toten Sohn dich klar und blaß.

NACHBEMERKUNG

Deutsche Mariendichtung – das wird zweifellos den Theologen wie den Literaturhistoriker, den katholischen wie den protestantischen Laien, den religiös Meditierenden wie den reinen Liebhaber der Dichtung gleichermaßen ansprechen. Der Literaturfreund wird eines der großen vergessenen Motive deutscher Dichtung, der Gläubige wird Zeugnisse seines Glaubens finden. Allen Lesern, auch solchen, deren Weltanschauung keinen inneren Bezug zur religiösen Seite des Themas hat, ihnen allen wird Schritt für Schritt die poetische Feier des Ewig-Weiblichen begegnen.

Ein Überblick über die deutsche Mariendichtung in Gestalt einer umfassenden Textauswahl hat bis heute gefehlt. Zwar sind kleinere Breviere und Anthologien in den letzten fünfzig Jahren mehrfach erschienen; doch nirgends wurde der ganze Weg abgeschritten, den die deutsche Mariendichtung vom frühen Mittelalter bis in unsere Tage gegangen ist. In der vorliegenden Sammlung wird das zum ersten Male versucht.

Dem Herausgeber ist die Arbeit an diesem Buch in schweren Tagen immer wieder zur rettenden Freude geworden. Er wünscht sich, daß Ähnliches auch dem Leser widerfahre.

E. H.

ERLÄUTERUNGEN

ZUR GESCHICHTE DER DEUTSCHEN MARIENDICHTUNG

Die Geschichte der deutschen Mariendichtung ist noch ungeschrieben. Wer sich ein Gesamtbild verschaffen will, wird es sich zu gutem Teile selbst zu erarbeiten haben, denn mehr als einige Spezialarbeiten und ein paar kurze, oft unvollkommene Artikel in den einschlägigen Lexika stehen ihm nicht zur Verfügung. Er soll jedoch nicht erwarten, nun hier das bisher Versäumte nachgeholt zu finden, das ist im Rahmen eines Nachwortes zu einer Textsammlung nicht möglich. Mehr als eine Skizze kann und will also das Folgende nicht sein; immerhin sollen nicht so sehr die einzelnen Dichtungen in den Mittelpunkt der Betrachtung gerückt, als vielmehr die großen Linien der Gesamtentwicklung sichtbar gemacht werden. Das Detail des einzelnen Werkes erscheint zunächst weniger interessant als die Einordnung dieses Details in ein Ganzes. Und schließlich vermittelt der Anblick der großen Wanderung, die unser scheinbar so abseitiges Motiv durch fast ein Jahrtausend deutscher Dichtungsgeschichte gemacht hat, einen nicht weniger tiefen Eindruck als die Kenntnis des einzelnen Werkes. Von allgemeinsten Motiven wie Liebe, Natur, Tod abgesehen, gibt es nur wenige Motive der deutschen Literatur, die mit so imponierender Konstanz – sei der Weg auch schmal – durch fast alle Jahrhunderte deutscher Dichtung gewandert sind wie gerade das Marienmotiv. Das hat seinen Grund nicht allein in der entsprechenden Konstanz des katholischen Glaubens und damit in der dogmatischen Figuration Mariä, sondern vor allem auch im außerordentlich poetischen Charakter ihrer Gestalt. Nirgends sonst konnte die Dichtung das Inbild der Frau mit zugleich so innig-menschlichen wie erhaben-göttlichen Zügen vorgebildet sehen wie hier. Immer wieder ist sie es, zu der sich die Dichter aus dem »schweren Traum« (Novalis) lastender Verfangenheit ins Allzuirdische erheben, um bald den Lobpreis der Jungfrau und Mutter, bald die großen Bitten des Menschenlebens zu singen. Und mancher wohl mag zu ihr aufgesungen haben, der es zu Christus noch nicht oder nicht mehr vermochte.

Sucht man nach den Anfängen der deutschen Mariendichtung, so läßt sich von ihnen nicht sprechen, ohne vorher einen kurzen Blick auf die voraufgegangene Geschichte der Marienverehrung zu werfen. Ihr Ursprung liegt im Orient, dort haben sich ihre noch heute gültigen Grundformen schon in den allerersten nachchristlichen Jahrhunderten ausgebildet. Die Welt des Orients, aber auch noch die mittelmeerische Antike bot mit der Vielzahl ihrer heidnischen Mutter- und Jungfrau-Gottheiten das günstige religiöse Klima für die Entwicklung der Madonnenverehrung und damit des Madonnenkultes. Auf dem berühmten Konzil von Ephesus im Jahre 431 n. Chr. entschied nach langen Lehrstreitigkeiten eine Versammlung von zweihundert Bischöfen, daß die »heilige Jungfrau«, da sie »im Fleisch den von Gott gezeugten und fleischgewordenen Logos geboren« habe, als »Gottesgebärerin« (Theotókos) nicht nur zu verehren, sondern auch zu bekennen sei; wer sie so nicht bekenne, »sei im Bann«. Am gleichen Orte, wo noch dreißig Jahre zuvor die jungfräuliche Artemis eines ihrer größten und meistbesuchten Heiligtümer besaß, nahm eine fiebernd gespannte Volksmenge die dogmatische Legitimation Mariä als Gottesmutter mit fanatischem Jubel auf. Damit war der Mutter Christi ihre aktive Mitwirkung im göttlichen Erlösungswerk zugewiesen, damit war für ihre weitere kultische Verehrung und dogmatische Erhöhung der unerschütterliche Grund gelegt. Bildete letztere in der byzantinischen Kirche am raschesten ihre endgültigen Formen aus, so fanden doch im siebenten Jahrhundert die Marienfeste auch in Rom und im übrigen Abendlande Eingang. Den Weg im einzelnen zu verfolgen, ist nicht unsere Aufgabe. Ob als »immaculata«, als »semper virgo« oder als »regina coeli«, ob als »mater misericordiae« und »gratia plena« oder als »advocata« verehrt – die so einzigartige Verbindung von Menschlichem und Göttlichem mußte die Gestalt Mariä sowohl der Volksfrömmigkeit wie der Dichtung früh und nachhaltig einprägen. Im Gegensatz zur Kirche des Ostens betonte dabei die abendländische Frömmigkeit und Dichtung in zunehmendem Maße die menschlichen Züge der Madonna. Wahrscheinlich hängt gerade damit ihre so tiefe Verehrung in Kunst und Volksglaube eng zusammen. Denn übersieht man die Mariendichtung des frühen lateinischen wie des späteren deutschen Mittelalters im ganzen, so hat man den Eindruck, daß Christus in diesen Jahrhunderten immer unnahbarere Gottesgestalt, immer erhabenere Herrscherzüge, immer ausschließlicher die Gestalt des unerbittlichen Weltenrichters am Ende der Zeiten annahm –, also für das einfache, letzte Vergebung wie letzte Geborgenheit suchende Gemüt immer schwerer erreichbar wurde. Der Mittler bedurfte in seiner herrscherlichen Strenge und Ferne selbst eines Mittlers. So wurde Maria zur Mittlerin zum Mittler. Nach dem Zeugnis der Dichtung war es von all ihren dogmatisch-kultischen Titeln vornehmlich der der »advocata«, der Fürsprecherin und Fürbitterin am Throne Gottes und dereinst zu Füßen des zornglühenden Christus beim Weltgericht, welcher ihr die tiefste und innigste Verehrung, gerade im Volke, eintrug. »Hilf mir, frouwe, sô diu sêle von mir scheide, sô cum ir ze trôste« (Mariensequenz von Muri), – mit dieser Bitte sollte künftig fast jedes Marienlied schließen. Daneben mußte freilich das paradoxe Geheimnis des Ineins von Gottesmutter und unberührter Jungfrau die Phantasie des Volkes wie der Dichter am tiefsten erregen. Mit zahllosen Bildern voll paradoxer Struktur versuchte man die faszinierende Verbindung von jungfräulicher Reinheit und Gottesmutterschaft bald dialektisch zu erklären, bald hymnisch zu feiern.

Die Anfänge der deutschen Mariendichtung – und nicht nur diese – sind nicht denkbar ohne die vorausgehende lateinische Dichtung. Es mindert aber den poetischen Wert der deutschen Mariengedichte keineswegs, wenn wir ihre starke Abhängigkeit vom lateinischen Vorbild beobachten. Einmal bildete sich die deutsche Dichtung damals eben erst zu eigener, selbständiger Gestalt aus, zum andern und vor allem aber liegt die eigentümliche Größe der Mariendichtung gerade darin, daß sie auf dem Grunde einer festen, durch Jahrhunderte hindurch tradierten Bilder- und Formenwelt steht und damit so deutlich wie nur wenige andere Motive den innigen Zusammenhang der europäischen Literaturen, besonders auch der lateinischen und volkssprachlichen Dichtung im Mittelalter dokumentiert. Wir haben nur den Sinn für die geschichtliche wie die ästhetische Bedeutung großer Traditionszusammenhänge weitgehend verloren und meinen als Erben einer Epoche des Subjektivismus und Individualismus, das Große müsse auch immer original und das Originale groß sein.

Der größte Teil der wiederkehrenden Sinnbilder und Beiworte Mariä ist schon in der frühpatristischen Literatur, im Zuge der Auseinandersetzung mit marianischen Irrlehren, weithin sogar schon vor dem ephesinischen Konzil gültig formuliert worden, jedenfalls soweit es die Bilder aus der Bibel betrifft. Gerade sie aber besitzen wahrlich nicht nur präfigurative heilsgeschichtliche Bedeutung, sondern fast durchgängig auch einen elementar poetischen Charakter. Dichtung konnte sich an ihnen immer aufs neue entzünden; in jeder neuen Sprache, auch in der deutschen, erscheinen die alten Bilder wie neu gezeugt. Dieser frühpatristische Bilderschatz greift beinahe ausschließlich auf das Alte Testament zurück, besonders auf das Hohelied Salomonis und das 24. Kapitel des Jesus Sirach. Daneben tritt allerdings früh die Offenbarung des Johannes, vor allem das »signum magnum« empfing eine unendliche Bedeutung. »Und ein großes Zeichen erschien im Himmel, ein Weib, angetan mit der Sonne, und der Mond unter ihren Füßen, und auf ihrem Haupt ein Kranz von zwölf Sternen. Und sie ist schwanger und schreit in Wehen und Schmerzen der Geburt« (Off. 12, 1/2). Diese Vision des Sehers von Patmos gab die Vorlage für das immer neu gestaltete, immer neu gedeutete Bild der Himmelskönigin Maria.

Neben der frühen Patristik hat die spätere lateinische Hymnik nur wenige neue Bilder geschaffen. Aber, was entscheidender war, in ihr erst vollzog sich die poetische Verdichtung dieser zunächst nur dogmatisch verstandenen Bilder, und zwar in so gültiger Form, daß alle spätere europäische Mariendichtung nicht denkbar ist ohne diesen frühen und festen Grund. Mit Sedulius (gest. um 450) und Ennodius (gest. 521) hebt die lateinische Mariendichtung des Abendlandes an (die der Ostkirche setzt weit früher ein), erreicht ihre volle Entfaltung allerdings erst im 10. Jahrhundert. Erst als sich die Verehrung Mariä in der Liturgie einen immer größeren Raum erobert, als die Zahl der Marienfeste wächst, als vor allem die Cluniazensische Kloster- und allgemeine Kirchenreform (Kloster Cluny in Burgund gegr. 910) im 10. und 11. Jahrhundert die Marienverehrung zu großartiger Aufgipfelung treibt: erst da steht die lateinische Mariendichtung plötzlich auch als eine Dichtung eigener Art da, nun aber sogleich in grandioser Fülle und gültiger Gestalt. Über Notker Balbulus (gest. 912), den Sequenzdichter, über Petrus Damiani (gest. 1072) und Hermannus Contractus von Reichenau (gest. 1054) hinweg erreicht sie in Adam von St. Victor (gest. 1192) ihren ersten Höhepunkt. Hymne, Sequenz und Antiphon bilden fortan auf Jahrhunderte die unzerbrechlichen Grundformen, in die sich die poetische Inbrunst immer neu ergießt. Die Hymne ist ein Lobgesang in gereimten, gleichmäßig gebauten Strophen. Die Sequenz hat ihren Ursprung in den zunächst wortlosen Melodien, die im Graduale der Messe sich an den letzten Ton des Halleluja anschließen; ihnen wurden bald Texte unterlegt, aus denen sich in der Dichtung des Notker Balbulus die Kunstform der Sequenz entwickelte. Sie stellt eine Folge von jeweils in sich parallel gebauten, untereinander aber verschiedenen Gesätzpaaren dar und ist dementsprechend im Unterschied zur Hymne durchkomponiert. Die Antiphon schließlich ist ein zweigliedriger Kurz-, eigentlich Wechselgesang; ihre berühmteste marianische Gestalt fand sie im »Salve regina«, das dem Hermannus Contractus zugeschrieben wird. Damit war für die folgende nationalsprachliche Mariendichtung nicht nur die dogmatisch-poetische Bilderwelt, sondern auch die poetische Gesamtgestalt in wenigen großen Gebilden vorgeprägt. Alle weitere Ausgestaltung knüpft an diesen Grundschatz von Bildern und Formen an.

Die deutsche Mariendichtung setzt in der ersten Hälfte des 12. Jahrhunderts ein. Die Erwähnung Mariä in der Dichtung des 9. Jahrhunderts, im Heliand, in Otfrids Evangelienharmonie, war im episch-didaktischen Rahmen geblieben, Episode, die zu keiner poetischen Sonderformung des Motivs geführt hatte. Erst als der Geist der cluniazensischen Reform in seiner deutschen Gestalt, als die sogenannte Hirsauer Reform (Kloster Hirsau gegr. 1065) zwischen 1070 und 1150 allmählich den größten Teil der deutschen Klöster erobert hatte, entstand auch eine neue volkssprachliche Literatur und Dichtung; bald direkt, bald indirekt spiegelte sich darin die tiefe religiöse Erregung und Erneuerung der Zeit wider; der große Kampf zwischen Weltreich und Gottesreich, sacerdotium und imperium, förderte, so verhängnisvoll er politisch war, die Entstehung einer neuen deutschsprachigen geistlichen Dichtung. In diesem Zusammenhang entsteht die deutsche Mariendichtung. Zum Einfluß des cluniazensisch-hirsauischen Geistes trat bald der der beiden neuen Orden, der Zisterzienser (gegr. 1098) und der Prämonstratenser (gegr. 1120), die beide die Verehrung Mariä in die Richtung einer nicht mehr so ausgesprochen dogmatisch-hierarchisch bestimmten, als vielmehr persönlichen, im Herzenserlebnis wurzelnden Frömmigkeit wiesen. Die mystische Glut des heiligen Bernhard von Clairvaux (1090–1153) tat hierbei das meiste. So zeigen denn die Anfänge der deutschen Mariendichtung sowohl die Strenge des cluniazensisch-hirsauischen Geistes wie auch schon eine erste Wendung zu gefühlig-inniger Auffassung Mariä.

Im Eingangslied des epischen »Lebens Jesu« der Frau Ava vom Beginn des 13. Jahrhunderts und im Melker Marienlied spiegelt sich noch sehr deutlich die strenge Grundform der lateinischen Marienhymne wider. Wohl vollzieht sich vom einen zum andern der Schritt vom berichtenden Lied zur hymnischen Reihung aller wesentlichen Sinnbilder Mariä – alttestamentliches Bild und Deutung des Bildes werden dabei noch deutlich getrennt –, wohl wird damit im Melker Marienlied der Weg zur unmittelbaren Anrufung Mariä geebnet, aber die Gedrungenheit des Stils und die Strenge der Form verweisen doch eher rückwärts als vorwärts. Unmittelbar daneben stehen lyrische Mariengebete, die überhaupt keine hymnische Struktur besitzen, sondern ihren Ursprung in einer ganz anderen Gattung geistlicher Dichtung haben, in der sogenannten Sündenklage. Sie schließt sich im Aufbau eng der verbindlichen Form der kirchlichen Beichte an, bildet aber gerade damit doch die erste deutsche Ich-Dichtung aus. Die bedeutende »Vorauer Sündenklage« wendet sich als erste ihresgleichen im Einleitungsgebet an die Mutter Gottes als Fürsprecherin; ist auch vieles aus der hymnischen Formelwelt aufgenommen, so empfängt bei aller Strenge der Form doch dieser Teil des Gedichtes in den Bitten an Maria einen tief inständigen

Ton. In der gleichen Formtradition steht das Arnsteiner Mariengebet, doch wird hier in den breit ausschwingenden Eingangsversen gegenüber der Vorauer Sündenklage bereits eine freiere metrisch-rhythmische Gestalt sichtbar. Den eigentlichen Durchbruch zur persönlich-gefühligen Marienfrömmigkeit bringen die Mariensequenzen, paradoxerweise also Gedichte, die formal gerade aufs strengste vom lateinischen Vorbild bestimmt sind. Die Mariensequenz aus dem Schweizer Kloster Muri hat die berühmte Hermann dem Lahmen von Reichenau zugeschriebene Sequenz »Ave praeclara maris stella« zur Vorlage; von der anfänglich völlig wörtlichen Übersetzung erhebt sie sich über die genaue inhaltliche Bindung in den folgenden Gesätzen bald zu ganz eigenem Gehalt, zu innigem Gebetstone und ganz persönlich geschautem Bilde. Maria mit dem Christuskinde, wie es mit den kleinen Händen nach der Brust der Mutter greift, – das ist ganz neu, weil ganz lebendig, ganz menschlich und innig gesehen, das eröffnet den ganz persönlichen Zugang zur Gottesmutter.

Von dieser Sequenz und einer ähnlichen aus dem Kloster Seckau abgesehen, schweigt jedoch die deutsche Mariendichtung in der zweiten Hälfte des zwölften Jahrhunderts. Der Durchbruch der weltlich-ritterlich-höfischen Dichtung bereitet sich vor. Doch dann ist es gerade Walther von der Vogelweide, mit dessen großem Marienleich zu Beginn des 13. Jahrhunderts das Lob Mariä neu erklingt. Hymnische Preisung und flehentliche Anrufung ihrer Hilfe verbinden sich zu poetischer Einheit; der Leich, ebenfalls von der Sequenz abhängig, aber bald zur lyrischen Großform entwickelt, bot sich dazu als geeignetste Gedichtsgestalt an. Zum ersten Male singt ein weltlicher Dichter und sogleich der größten einer in deutscher Zunge den Ruhm der himmlischen Jungfrau; bleibt er auch innerhalb der überlieferten Bilder- und Formelwelt, so gestaltet er sie doch mit solch vollendeter Sprachkunst, wie sie in dieser Zeit kein zweiter deutscher Lyriker aufweist. – Neben Walthers Leich tritt im 13. Jahrhundert bald eine Fülle von Marienliedern, allesamt noch stark an die lateinischen Vorbilder gebunden, oft nicht mehr als eine Paraphrase kirchlicher Hymnen, fast immer aber wenigstens im Eingang als Gruß an Maria formuliert, darin sich eng anlehnend an das »Salve regina«. Eines der frühesten und poetisch besten ist das Marienlied des Meisters Sigeher. Gegenüber dem Melker Marienlied fällt die reichere Ausgestaltung der marianischen Bilderwelt auf; überdies ist es eines der wenigen Lieder, das – bis auf eine Strophe – reines Preislied ist und als solches vor allem durch den ständig wiederholten Du-Anruf strahlenden Jubel atmet. Eine besonders auffällige, weil besonders zahlreiche Gruppe bilden daneben seit Ausgang des 13. Jahrhunderts jene Lieder, die die Worte des lateinischen Engelgrußes »Ave Maria, gratia plena, dominus tecum« (Luk. 1,28) paraphrasieren, meist so, daß jedem einzelnen dieser Worte je eine erklärende Strophe gewidmet wird. Das hymnische Element verbindet sich hier eng mit dem didaktischen. Inhaltlich bedingt eine solche Wort-für-Wort-Erklärung notwendigerweise eine gewisse Monotonie, die bei vielen schlechten Dichtern zu langweiliger Stümperei führte, bei guten Dichtern zum Eindruck eines immer erneuten Kreisens um ein und dasselbe Wunder. Das Lied des Seifrid Helbling steht in unserer Sammlung für viele Lieder, wie sie bis ins späteste Mittelalter immer wieder auftauchen. – Im 14. Jahrhundert wird schließlich das marianische Kunstlied vom Meistersang aufgegriffen, fast alle Meistersinger, von Muskatblüt und Hans Folz bis zu Hans Sachs, haben Mariengedichte geschrieben, ohne jedoch inhaltlich und poetisch etwas Neues zu bringen. Das Übermaß an formaler Künstelei macht diese Produkte der marianischen Muse für den heutigen Leser derart ungenießbar, daß sie der Herausgeber völlig beiseite lassen durfte, zumal sie auch für die spätere Mariendichtung kaum von Bedeutung sind. Einer der letzten wirklichen Kunstlyriker ist im 14. Jahrhundert der Mönch von Salzburg. Aus der Vielzahl seiner bald von der lateinischen Hymnik, bald schon vom Meistersang beeinflußten Marienlieder wurde ein Beispiel gewählt, das allein schon im Reimgefüge eine raffinierte, eben noch ertragbare Formkunst zeigt.

Eine völlig eigene poetische Gattung stellen gegenüber allen Formen des Liedes im 13. Jahrhundert die Mariensprüche dar. Als Ganzes hat der Spruch keine lateinische Vorlage, sondern erwächst aus alter deutscher Tradition, die in der althochdeutschen Dichtung der karolingischen Zeit zum erstenmal greifbar wird, ihre gültige und teilweise hohe Kunstgestalt aber erst in der Wende vom 12. zum 13. Jahrhundert erhält. Gewöhnlich berichten die Literaturgeschichten nur von Sprüchen politischen, biographischen, weisheitlichen, allenfalls allgemein religiösen Inhalts. Doch eine große Zahl der bekannten Spruchdichter hat zugleich nicht wenige Mariensprüche geschrieben; auch damit greifen sie ein die Zeit bewegendes Thema auf. Zu den in unserer Sammlung vertretenen Namen könnten noch weitere gefügt werden wie Rudolf von Rotenburg, Friedrich von Sunburg u. a. Der seinem Wesen nach unlyrische, weil bewußt didaktische Spruch eignete sich als Ausdrucksform prägnant gefaßter Gedanken besonders trefflich, die nach menschlicher Einsicht paradoxen Züge in der Gestalt Mariä herauszustellen. Ihre aggressivste, gleichsam provozierendste Formulierung zeigt wohl ein Spruch des Meister Sigeher, der die verschiedenen Perspektiven der Verwandtschaft zwischen Gott, Christus und Maria zur Verdeutlichung des Paradoxons der Geburt Gottes im Menschen Maria aufzeigt. In einem scheindialektischen Dreischritt wird die Paradoxie dazu noch deutlich gesteigert: Maria habe sich selbst einen Vater geboren – das Kind gebar den Vater – »da ward der Vater Kind der Tochter«; dem entspricht der dreiteilige Aufbau des Gedichts. Neben solcher Herausarbeitung der dogmatischen Paradoxien zeigt die marianische Spruchdichtung als zweites Merkmal die Übertragung von Motiven des weltlichen Minnesangs auf Maria, so etwa der zweite Spruch Reinmars von Zweter und der Spruch des Meisters Rumsland von Sachsen; den Gipfel stellt darin ein Spruch des Meisters Boppe dar, der doch zugleich durch die Lehre von der Mitwirkung der gesamten Trinität bei der Fleischwerdung Gottes theologisch völlig gedeckt ist. Stellvertretend für viele steht wieder die Spruchgruppe Reinmars, die den Namen Maria ausdeutet – eine häufige und typisch mittelalterliche Form der Mariendichtung.

Neben dem Marienspruch entfaltet sich im 13. Jahrhundert zunehmend die Marienepik, daneben die Marienlegende, deren Wege zu verfolgen nicht Aufgabe dieses Buches ist.

Ihren dichterischen Höhepunkt aber sollte die Marienverehrung des Mittelalters weder in Sequenz noch Lied, weder in Spruch noch Legende erreichen. Die Inbrunst der Verehrung suchte sich neue Formen, so entstanden die Mariengrüße, Gedichte, deren Keimzelle zwar der englische Gruß ist, die sich aber nicht auf dessen Paraphrasierung beschränken, sondern sich bald zu Lobgesängen von einzigartiger Größe entfalten. Auch hier wirken lateinische Vorbilder nach, neben den Hymnen vor allem die Marienpsalter und Rosenkränze. Aber auch die ritterlich-höfische Welt vermittelt diesen großen Preisdichtungen, wie wir sie besser nennen wollen, wichtiges Bildergut. Aus der zisterziensischen Mystik Bernhards von Clairvaux speist sich der Gehalt ebenso wie aus der innigen Marienverehrung der Bettelorden, der Franziskaner (gegr. 1209) und Dominikaner (gegr. 1215). Die bunte Weisheit der mittelalterlichen Stein- und Tierbücher, besonders des »Physiologus«, stellt neue Allegorien bereit. Kurzum, diese Dichtungen greifen in die ganze Fülle des Wissens und der Dichtung der Zeit, um daraus inhaltlich und formal völlig neue, letztlich unvergleichliche poetische Gebilde zu schaffen. Die sprachlichen Errungenschaften der Mystik wie die des virtuosen Gottfried von Straßburg werden gleicherweise verarbeitet. Die Größe dieser Dichtungen scheint dem Herausgeber bisher nicht genügend erkannt worden zu sein. Das früheste Beispiel ist sogleich das bedeutsamste. Das »Rheinische Marienlob« vereinigt nicht nur in einem lyrischen Riesenopus von mehr als 5000 Versen alle genannten Elemente, sondern besitzt auch eine so bewegte, in Bilderfülle wie Rhythmik gleich prächtige und dennoch wieder gebändigte Sprache, daß darin alle epische wie alle dogmatisch-exegetische Substanz hymnisch aufgelöst und überall unmittelbar das lebendige religiöse Gefühl angesprochen wird. Maria als die exemplarisch Gott Liebende und Maria als die strahlende Himmelskönigin, darum allein kreist thematisch der sechsteilige Riesengesang. Innerhalb ihrer Liebe, die im übrigen die Brautmystik des Hohenliedes zum Vorbilde hat, gewinnen für den Dichter die mütterlichen Erlebnisse Mariä ihre besondere Bedeutung. Wie er von den Mutterfreuden Mariä spricht und selbst um Anteilnahme bittet, das mutet inmitten der hymnischen Feier unendlich innig und zart, unendlich lebensnah an. Die eingeschobene Klage Mariä ist die einzige rein lyrische Marienklage in der mittelalterlichen deutschen Kunstdichtung, sie findet Töne von tiefster Erschütterung, wie sie die weltliche Dichtung der Zeit kaum kennt. Der Herausgeber wagt zu behaupten, daß das »Rheinische Marienlob« die bis heute größte Mariendichtung in deutscher Sprache ist.

In einzelnen Strophen, nicht aber im ganzen, kann sich damit am ehesten der früher fälschlich Gottfried von Straßburg zugeschriebene, um achtzig Jahre jüngere alemannische Marienpreis messen. In einigen der kunstvoll gebauten Strophen stürzt er in strahlender, schier berauschender Bilderflut daher. Was schon einzelne Mariensprüche sehr deutlich zeigten, wird nun voll entfaltet, nämlich das Motiv von

Mariä Königsherrschaft über den gesamten Kosmos. Nicht nur preist er selbst die himmlische Jungfrau, sondern empfängt Maria auch von ihm einen Zuwachs an leuchtenden Bildern. Am souveränsten aber verfügt Konrad von Würzburg über alle Bildbereiche, die lange tradierten wie die neu erschlossenen; allerdings dominiert seine virtuose Sprach- und Reimkunst bereits über den Inhalt (nicht in der Übertragung!), seine Kunst überzeugt mehr als seine Frömmigkeit. Doch als marianisch-poetisches Bravourstück war die »Goldene Schmiede« im späten Mittelalter hoch geschätzt und weit verbreitet. – Die am stärksten faszinierende Leistung vollbrachte Heinrich von Meißen in seinem großen Marienleich. Wohl ist sein Werk voll der inhaltlichen Mängel. Er, der Begründer der Mainzer Meistersingerschule, wollte auf der Höhe des philosophischen und theologischen Wissens der Zeit stehen, ohne es doch zu können; so ist in all seinen Werken viel gelehrtes, aber unverdautes Halbwissen zu finden, das das Verständnis beträchtlich erschwert. Doch seine eigentliche Bedeutung liegt für uns heute in seiner genialen Beherrschung von Sprache und Rhythmus, von Bild und Reim. Die bis ins letzte ausgebeutete Bilderfülle des Hohenliedes wird in teilweise fast expressionistisch wirkender Manier über Maria ausgegossen. Weit mehr noch als bei Konrad tritt der Inhalt der Dichtung zurück hinter die Glut der Farben und die Fülle reimlichen Wohlklangs. Am genauen Schnittpunkt von höfischem Minnesang und bürgerlichem Meistersang erfährt hier die Mariendichtung eine poetisch faszinierende, theologisch aber gefährliche Kulmination. Man hat den Dichter den Rilke des ausgehenden Mittelalters genannt. – Demgegenüber wirkt das Marienbuch des Bruder Hans vom Niederrhein vom Ende des 14. Jahrhunderts weithin epigonal oder gar stümperhaft; nur in einzelnen Strophen bricht mit sehr originellen Bildern bereits die Realistik bürgerlicher Dichtung durch.

In weltweite Zusammenhänge tritt die deutschsprachige Mariendichtung des Mittelalters noch einmal mit der lyrisch-dramatischen Gattung der Marienklage. Das Motiv, Mariä Klage unter dem Kreuz, ist der Bibel fremd; in Liturgie wie Predigt der Ostkirche taucht es im 4. Jahrhundert auf, um auf verschlungenen Wegen im 12. Jahrhundert auch die römisch-katholische Kirche zu erreichen. Am Anfang steht eine lateinische Doppelsequenz (»Planctus ante nescia«) des Passionsgottesdienstes, die dem Subprior des Pariser Klosters von St. Victor, Gottfried von Breteuil (gest. 1196) zugeschrieben wird. Noch im 12. Jahrhundert kommt sie nach Deutschland und wird hier übersetzt und vielfach bearbeitet. Auch der lyrischen Marienklage im »Rheinischen Marienlob« diente sie als Grundlage, doch erfährt sie als solche rein lyrische Klage keine weitere Ausformung. Im 13. Jahrhundert wird die bald lateinische, bald deutsche Fassung der Doppelsequenz überall in der Karfreitagsvesper gesungen; die rasch sich herausbildende Kunstform lyrisch-dramatischen Charakters erwächst also unmittelbar aus der Liturgie, aus deren Wort und Geist in dieser Zeit auch die bekannteren Osterspiele entstehen. Ursprünglich reiner Monolog Mariä, entfaltet sich die Klage allmählich über den einfachen Dialog hinweg zum vollen Drama, nur daß diesem der liturgische Ursprung den nie verlorenen lyrischen Grundton mitgibt. Erst nur lateinisch, dann gemischtsprachig, dann völlig deutsch werden diese Klagen im Gottesdienst von Maria, Johannes und einem Chor von Trauernden gesungen. Im deutschsprachigen Raum sind allein vierzig solcher Klagespiele überliefert. Die älteste deutsche Marienklage ist die aus dem Kloster Lichtenthal. Trotz ihrer schon dialogischen Form fehlt ihr noch jeder dramatische Charakter, Maria und Johannes stehen und singen noch ohne jeden tieferen Bezug aufeinander. Die Hauptmotive freilich sind schon klar zu erkennen. Mariä compassio, ihr Mitleiden beim Tode Christi, das stellvertretend ist für die gesamte Gemeinde, ihr Wunsch, selber für oder mit Christus zu sterben, die Hinwendung zu Johannes, ihre völlige Verzweiflung, die Erinnerung an das Schwert des Simeon – diese wenigen Motive bilden den Kern aller Marienklagen, oft bis zur Wiederholung derselben Worte; die lateinische Grundform schimmert noch überall durch. Ganz ebenso sehen die englischen, italienischen, französischen, niederländischen und nordischen Marienklagen aus. In allen europäischen Sprachen ertönt die gleiche Klage, ertönt sie vom 13. Jahrhundert bis tief ins 16. hinein und wirkt als Einlage in die Passionsspiele bis ins 19. Jahrhundert fort. Nirgends ist Maria dem Menschen der Gegenwart wohl so nahe wie in diesen großen Klagespielen um die compassio der Schmerzensmutter. Ihre Krönung stellt in Deutschland die Bordesholmer Marienklage aus dem 15. Jahrhundert dar. Die Fülle der Gesangspartien hat ihr den Namen der Oper unter den Marienklagen eingetragen, obschon man besser von einem Klage-Oratorium spräche. Einleitung und Schluß sind völlig als Gottesdienst gestaltet, über die Liturgie hinweg wird so die Karfreitagsgemeinde als unmittelbare Teilnehmerin in das heilige Spiel einbezogen. Im dreimaligen Zusammenbruch Mariä unter dem Kreuz mit dem dreimaligen Schmerzensschrei »O wy, o we, nu ys he dot!« erfährt die Klage Mariä ihren tiefsten und lapidarsten Ausdruck. – Soweit die mittelalterliche Mariendichtung Kunstdichtung ist, findet sie mit der Bordesholmer Marienklage ihren Abschluß. In ihrem Reichtum der poetischen Formen wie in der Tiefe ihres Gehalts ist sie in keinem der folgenden Jahrhunderte wieder erreicht worden. Die Mariendichtung des deutschen Mittelalters bleibt in ihrer Größe einsam. Der Herausgeber gesteht gern, daß ihr seine ganz besondere Liebe gegolten hat; daß man es seiner Sammlung ansieht, hält er für keinen Schaden. Diese Tatsache kann auch vom Reichtum des marianischen Gemeinschaftsliedes nicht verdeckt werden. Wohl aber trägt dieses die dichterische Marienverehrung zum ersten Male ins Volk, also dorthin, wo gerade von Anfang an, seit den Tagen des ephesinischen Konzils der eigentliche Nährboden der Marienfrömmigkeit gelegen hat. Dieser Prozeß vollzieht sich im wesentlichen genau mit der Ablösung der ritterlich-höfischen Epoche durch die bürgerlich-städtische; zum ersten Male gewinnt der einfache Mensch Stimme im Marienkult, gewiß nicht schon immer als Schöpfer, stets aber als Empfänger und Träger des Marienliedes; die so schlichte, bei aller Begrenzung tief innige Marienfrömmigkeit des Volkes findet nun ihren wenigstens z. T. unvergänglichen poetischen Ausdruck. Seine hohe Zeit hat dieses marianische Gemeinschaftslied vom 14. bis zum 17. Jahrhundert. Sind auch eine Zahl der ältesten Marienlieder noch handschriftlich überliefert, so ist es doch erst der Buchdruck gewesen, der im 15. Jahrhundert die weite Verbreitung des marianischen wie des Kirchenliedes überhaupt ermöglicht hat. Am Anfang stehen die sogenannten »Fliegenden Blätter«, später folgen die katholischen Gesangbücher, die als Antwort auf das lutherisch-reformatorische Kirchenlied bald zahlreich entstehen. Genannt seien vor allem die Liederbücher von Michael Vehe 1537, Johann Leisentrit 1567 (3. Ausg. 1584), Nicolaus Beuttner 1602 und Gregor Corner 1625. Für das Alter des betreffenden Liedes besagt freilich der erste Druck nur wenig; sehr oft mag eine lange mündliche Tradition vorangegangen sein.

Versucht man in die kaum übersehbare Fülle an marianischen Gemeinschaftsliedern Ordnung zu bringen, so scheiden sich drei Hauptgruppen voneinander, nur daß im Einzelfall der systematisierende Betrachter oft genug in Verlegenheit kommt. So gesteht der Herausgeber zwar sehr viel Mühe auf diese Scheidung verwendet zu haben, jedoch für die Richtigkeit der Entscheidung nicht in jedem Einzelfalle garantieren zu können. Außerdem sei betont, daß alle

Übersetzungen und Bearbeitungen lateinischer Hymnen, wie sie nun immer zahlreicher werden und für die Entwicklung des volkstümlichen strophischen Gemeinschaftsliedes sehr wesentlich sind, aus naheliegenden Gründen unberücksichtigt blieben.

Die wohl eigentümlichste Gruppe stellen die Kontrafakturen dar. Es sind dies geistliche Lieder, die auf die Melodien weltlicher Lieder gedichtet wurden und dabei in den meisten Fällen auch die textliche Vorlage verwerteten, d. h. vor allem den Liedanfang oft im genauen Wortlaut übernahmen. In den Augen der Kirche erschienen seit dem 14. Jahrhundert viele Volks- und Gesellschaftslieder – vor allem viele der sogenannten »Tagelieder« (Liebeslieder, die die Schwüre und den Trennungsschmerz der Liebenden bei Anbruch des Tages berichten) – von verderblichem Einfluß auf Moral und Frömmigkeit des Volkes; um diesem Übelstand wirksam zu begegnen, wurden diese vor allem durch ihre Weisen sehr beliebten Lieder, meist von Priestern, ins Geistliche umgedichtet. So gibt es seit dem 14. Jahrhundert geistliche Tagelieder, geistliche Jägerlieder, geistliche Badlieder, geistliche Weinlieder u. a. m. Der erste, der dies Geschäft im großen und mit Erfolg betreibt, ist der Straßburger Priester Heinrich von Laufenberg (gest. 1460); ihm verdanken wir u. a. die schöne Kontrafaktur »Es stot ein lind in himelrich«, wahrscheinlich nach dem Volkslied »Es steht ein Lind in jenem Tal«. Die marianischen Kontrafakturen behandeln am liebsten die Verkündigungsszene, sie war das poetisch Innigste im Leben Mariä und bot zugleich die besten Möglichkeiten der Anknüpfung an weltliche, besonders an Liebeslieder. Sind viele dieser marianischen Kontrafakturen später auch echte Volkslieder geworden, so sei doch betont, daß sie allesamt zunächst in städtischen Kreisen mit gehobener Bildung entstanden und für sie bestimmt waren; oft genug lassen sie sich zuerst in Klöstern und Konventen, geistlichen Laienbruderschaften, nachweisen. So sind sie zunächst noch keine geistlichen Volkslieder im strengen Sinne des Begriffs. Heute freilich gehören sie teilweise zum Bekanntesten und Zartesten, was wir an Marienlyrik besitzen.

Eine zweite, von den Kontrafakturen deutlich zu unterscheidende Gruppe bildet das eigentliche Kirchenlied. Sie ist es vor allem, die als Antwort auf das reformatorische Kirchenlied erscheint. Es sind marianische Lieder, die zunächst in Anlehnung an lateinische Vorlagen entstehen, bald auch selbständigere Gebilde werden, sich aber thematisch immer eng an das durch Hymne, Liturgie und dogmatische Exegese geprägte Marienbild anschließen; zuweilen tragen sie, bedingt durch ihre Herkunft, noch ausgesprochen kunstliedhaften Charakter. Hier lebt am ehesten etwas vom Geiste der Marienlyrik des Mittelalters fort, es sei etwa an das sehr verbreitete Lied »Ave Maria, du Himmelskünigin« erinnert. Daß diese wie auch immer geformten Lieder wirklich lebten, wird sofort erkennbar, wenn man das gleiche Lied in verschiedenen, d. h. älteren und jüngeren Gesangbüchern sucht: Diese Lieder wachsen, sie werden weitergedichtet, was nur sinnvoll sein konnte, wenn sie gern und häufig gesungen wurden. Ein so langstrophiges und kunstvoll gebautes Lied wie das sehr alte »Maria zart von edler Art, ein Ros ahn allen Dornen« erscheint in Leisentrits Gesangbuch 1584 mit fünf Strophen, im 17. Jahrhundert wächst es auf neunundzwanzig dieser langen Strophen an. Ein Lied wie »Wunderschön prächtige, hohe und mächtige« wird noch im 19. Jahrhundert in völlig verschiedenen Fassungen überliefert. Wenn wir im übrigen ausdrücklich vom »frühen Kirchenlied« sprechen, so deshalb, weil das 18. Jahrhundert an marianischen Kirchenliedern so gut wie keine, das 19. Jahrhundert aber eine poetisch und religiös höchst fragwürdige Nachfolge zeigen. Die im 17. Jahrhundert gesungenen Lieder gehen in der Mehrzahl noch auf das 16. Jahrhundert zurück.

Als dritte Hauptgruppe innerhalb des marianischen Gemeinschaftsliedes grenzen wir das Pilger-, Wallfahrts- und Volkslied ab, also das, was im engeren Sinne geistliches Volkslied genannt werden kann, nur mag manch altes Pilger- und Wallfahrtslied den heute verbreiteten Vorstellungen vom Volkslied nicht recht entsprechen, weshalb es gesondert benannt wird. In Wirklichkeit sind es aber gerade diese Lieder, die unter allen Marienliedern wohl am frühesten vom Volke gesungen wurden. Denn nur bei Prozessionen, Wallfahrten und ähnlichen Unternehmungen war im Mittelalter das Volk an der Liturgie beteiligt. Der Ursprung der marianischen Wallfahrts- und Pilgerlieder liegt in den lateinischen Litaneien. Schon im 12. Jahrhundert wird uns von solchen Pilger- und Prozessionsliedern berichtet, erst im 15. Jahrhundert aber werden diese Leise, wie sie in Anlehnung an das Kyrie eleison der Liturgie auch genannt werden, aufgezeichnet. Von den ersten beiden Zeilen des Liedes »Maria, Gottes Mutter« ist glaubwürdig überliefert, daß sie 1278 auf dem Marchfelde vom Heere Kaiser Rudolfs als Schlachtgesang angestimmt wurden. Die äußerst einfache, meist zweizeilige, immer paarweise gereimte Form erklärt sich aus dem Ursprung, aus der Litanei. Die Leisen gehen bald in die ersten Gesangbücher ein, wo sie entweder als »Kreuzlieder« oder aber, häufiger, als »Rufe« bezeichnet werden. Innerhalb der Marienrufe unterscheiden wir epische Rufe und Bittrufe; die ersteren erzählen in oft zahllosen Verspaaren von Mariä Leben und der Geburt Jesu, poetisch sind sie zumeist wertlos, weshalb sie in der vorliegenden Sammlung fortgelassen wurden. Die Bittrufe erflehen Mariä Beistand in allen Lebensnöten, vor allem aber am Lebensende, wenn die Seele vor den Richterstuhl Christi treten muß. Am Beispiel der Marienlieder der Geißler von 1349 kann die Entstehung solcher Lieder beobachtet werden. Fast alle späteren marianischen Volkslieder stehen auf dem alten Grunde dieser Pilger- und Wallfahrts-»Rufe«. Innerhalb dieser Gruppe finden wir also die älteste und längste marianische Liedtradition. Am Anfang steht das aus dem 12. Jahrhundert stammende »Ave Maria, ain ros an alle dorn«, an ihrem Ende das ebenso paarweise gereimte, erst im 19. Jahrhundert aufgezeichnete oberschlesische »Ufm Berga da giht dar Wind«. – Von diesen drei Hauptgruppen möchte der Herausgeber zwei Liedgruppen geschieden wissen, nämlich die Rosenkranzlieder und die Lieder auf Mariä fünf bzw. sieben Freuden und Schmerzen. Sie stehen derart im bloßen Dienste der Marienlehre, daß wir aufs ganze gesehen darin wenig weiterwirkende, heute noch lebendige Frömmigkeit finden, nicht zuletzt weil sie gerade ob ihres Zweckes keine wirklich poetische Sprache ausbilden konnten. So läßt sie unsere Sammlung fort. Die Rosenkränze mit ihren zumindest stets fünfzehn Gesätzen von je zehn Versen müßten überdies gekürzt werden, wären aber eben dann keine Rosenkränze mehr. –

Empfing auch das marianische Gemeinschaftslied wesentliche Impulse von der Reformation, so ist doch sie es am Ende gewesen, die alle weitere Mariendichtung nicht mehr auf die alte Höhe, aber auch nicht mehr in das Bewußtsein des gesamten Volkes gelangen ließ. Durch sie wurde die Mariendichtung als spezifisch katholische Dichtung auf den Raum des katholischen Schlesiens und des katholischen Südens und Westens eingeschränkt. Da die großen literarischen Bewegungen der folgenden Jahrhunderte allesamt im protestantischen Raume entstanden – das durch Luther gereinigte und zur Hochsprache geführte Obersächsisch tat dazu nicht wenig –, so war ihnen Maria schon als Motiv, religiös wie poetisch, kein selbstverständliches Erbe mehr. Luther selbst lehnte zwar die Auffassung Mariä als Himmelskönigin und Mittlerin ab, behielt jedoch ihre dankbare Verehrung als Gottesmutter bei. Am Feste von Mariä Himmelfahrt hat er stets gepredigt, wie denn gerade dieses Fest noch im 17. Jahrhundert in der protestantischen

Kirche gefeiert worden ist. So war es nicht eigentlich Luthers persönliche Auffassung von Maria, als vielmehr die radikale Ablehnung jeglicher Marienverehrung durch den Calvinismus, die – rasch in die protestantische Welt einströmend – im gesamten nichtkatholischen Raume Deutschlands die Gestalt Mariä aus dem Glaubensleben tilgte und damit auch der Mariendichtung die wichtigsten Entwicklungsmöglichkeiten abschnitt. Man mag diese Tatsache theologisch beurteilen, wie man will, daß sie poetisch einen ungeheuren Verlust bedeutete, wird jeder Einsichtige zugeben müssen.

Was in diesem eingeschränkten katholischen Raume dennoch entstand, ist aller Beachtung wert. Wenn es bei aller Größe einzelner Stücke trotzdem nichts überragend Neues birgt, so einfach deshalb, weil seit dem Ausgang des Mittelalters die theologische Erkenntnis über Maria im wesentlichen abgeschlossen war. Die folgenden Jahrhunderte bauen das Erbe wohl umsichtig aus, fixieren es auch dogmatisch weiter, vermögen es aber nicht eigentlich mehr zu erweitern. Immerhin brachte die Gegenreformation einen neuen Aufschwung der Marienverehrung; neben anderen Orden war es besonders der der Jesuiten, der die Verehrung Mariä in starkem Maße förderte, nicht zuletzt durch die zahlreichen marianischen Kongregationen, die aus seinem Geiste heraus entstanden. So ist es auch die neulateinische Jesuitendichtung, die der Verherrlichung der Gottesmutter im 17. Jahrhundert wohl am eifrigsten gedient hat. Freilich schränkte die lateinische Sprachform die Wirkungsmöglichkeit auf den Orden, die höheren Schulen und die gebildeten Hof- und Patrizierkreise ein. Als Dichtung aber stellt sie einen Gipfelpunkt dar. Was hier mit den souverän beherrschten Ausdrucksformen des klassischen, vor allem des horazischen Lateins poetisch geleistet wurde, findet in der gleichzeitigen deutschsprachigen Dichtung kaum Entsprechungen. In Drama wie Lyrik wird Maria als strahlende wie alles vermögende Himmelskönigin gefeiert. Wohl konnte sie naturgemäß nicht gut dramatische Mittelpunktsfigur werden, und es entstand deshalb kein eigentliches Mariendrama, aber als »regina coeli« erfährt sie im Erlösungs-, im Bekehrungs- und im Heiligendrama, ja selbst noch in den ganz an historische Anlässe gebundenen Festspielen eine einzigartige triumphatische Verherrlichung. Von alledem kann unsere Sammlung nichts bringen, da sie sich auf die deutschsprachige Mariendichtung beschränkt. Ähnliches gilt für die lateinische Marienlyrik der Jesuiten. Nur Jakob Balde, der größte unter den jesuitischen Lyrikern, sei vertreten mit den 1794 von Herder übersetzten Stücken seiner Marienlyrik. Maria ist ihm in eins die Gottesmutter, die Himmelskönigin und die Friedebringerin in chaotischer Zeit. In bald inniger, bald prunkhafter Weise erfährt die mittelalterliche Bilderwelt in seinen Oden eine strahlende Wiedergeburt. Aber auch aus dem mythologischen Vokabular der Antike wird mit dem lateinisch-römischen Sprachgeiste vieles aufgenommen und in den Dienst des Marienpreises gestellt. Neben ihm müßten Dichter wie Pontanus, Rettenbacher, Bidermann und Avancini genannt werden. – Die deutschsprachige Jesuitendichtung kann nur Friedrich Spee nennen. Sein »Klag- und Traurgesang der Mutter Jesu über den Tod ihres Sohnes« kleidet die Aussage ins Gewand der sogenanten Schäferdichtung, die als Gattung ihren Ursprung in der spätantiken Hirten- und Liebesdichtung hat. Den verlockenden Glanz weltlich-antiker Idyllendichtung auf solche Weise in den Dienst geistlicher Dichtung zu stellen, auf dem Wege scheinbarer Schäferei den Sünder und Ungläubigen zum wahren Hirten Christus zu führen, das bot sich nicht nur seit den Tagen des Humanismus und seiner Neubelebung der antiken Literatur geradezu an – gleichsam als eine neue Art von Kontrafaktur –, sondern rechtfertigte sich auch theologisch unmittelbar aus der Bibel selbst, aus dem Gleichnis Jesu vom guten Hirten, der keines seiner Schafe in die Irre gehen läßt. So konnte auch hier auf legitime Weise antike Welt aufgenommen und in den christlichen Kosmos eingeformt werden. Aus der Verbindung dieses Gleichnisses mit der antiken Hirtenwelt und der motivisch aus dem Mittelalter nachwirkenden Marienklage zieht Spees großes Gedicht seinen ganz eigenen poetischen Reiz. Die Anrufung der Gestirne zu Anfang und Ende verleiht dem Gedicht überdies ein hohes Maß an innerer Geschlossenheit. Die daneben noch zu nennenden Marienlieder des Christelius aus dem »Seraphinischen Liebjahr« (1678) gehen zwar vom Thema der mystischen Liebe aus, zeigen aber gegenüber Spee schon deutlich eine Fortentwicklung ins ausgesprochen Lehrhaft-Moralische.

Möglicherweise unter jesuitischem Einfluß hat Johannes Scheffler 1653 in Breslau seine vielumstrittene, immer neu und anders erklärte Konversion zum katholischen Glauben vollzogen. Vier Jahre darauf erschienen gleichzeitig die »Geistlichen Sinn- und Schlußreime« (später »Cherubinischer Wandersmann«) und die »Heilige Seelenlust oder geistliche Hirtenlieder der in ihren Jesum verliebten Psyche«. Beide Sammlungen erwachsen aus dem Geiste der Mystik, wenn auch auf verschiedene Weise. Die Epigramme des »Cherubinischen Wandersmannes« greifen in faszinierend knapper und paradoxer Formulierung altüberliefertes mystisches Gedankengut neuplatonischer Prägung auf. Maria erscheint darin vor allem als ideales Leitbild der gottliebenden Seele; sie, die auserwählte Gottesbraut, zeigt den Weg, auf dem jede Seele zu Gott gelangen kann. Imitatio Mariae als Voraussetzung der »unio mystica«, das ist Schefflers marianisches Hauptthema. Daneben erscheint Maria noch als inkarnierte Weisheit, als Sophia, die die eigentliche Weltschöpferin ist, eine Lehre, die wohl aus Jakob Böhmes Mystik stammt und ihre letzte biblische Wurzel im Buch der Sprüche 8, 22 ff. und Jesus Sirach 24 hat. – Die wie bei Spee in schäferliches Kostüm gekleideten Hirtenlieder

der »Heiligen Seelenlust« gehen dagegen von der gleichsam milderen, weniger kühnen Mystik der Auslegungen des Hohenliedes aus, wie sie im Mittelalter besonders Bernhard von Clairvaux versuchte. Maria in der Schönheit ihrer jungfräulichen Keuschheit zu feiern, ist das Grundthema von Schefflers Marienliedern. Dabei fällt nicht nur die Anlehnung an die überlieferten hymnischen Formen auf, sondern mehr noch, wie hier – im Prinzip ähnlich wie bei Balde – die Bilder- und Formelwelt der mittelalterlichen Mariendichtung noch einmal in aller Fülle und Kraft aufgenommen und zum Ausdruck der Rühmung wird, wie in solchem Maße bei keinem anderen Dichter dieses Jahrhunderts. Erst in Schefflers Liedern scheint das marianische Mittelalter endgültig auszuklingen.

Gegenüber den Mariengedichten der Jesuiten und des Mystikers zeigen die einer Gruppe süddeutscher Dichter eine weit stärkere Bindung an das alte Kirchenlied, wenn schon auch sie ihren Liedern die neuen humanistischen Bildungselemente einfügen. Entscheidender ist jedoch, daß hier eine bewußt lehrhaft-seelsorgerliche Dichtung entsteht, die keinen ausgesprochenen Kunstcharakter mehr besitzt. Diese Dichter schreiben ganze Bände reiner Marienlyrik, um auch durch die Quantität zu wirken. Der Passauer Procopius von Templin veröffentlicht eine Sammlung von fünfundneunzig Marienliedern: »Mariä Hülff Lobgesang« (1659). Mehr oder weniger deutlich erwachsen sie, die als Perikopenlieder den einzelnen Sonntagen des Kirchenjahres folgen, unmittelbar aus der Predigt – Procopius war Kapuzinerprediger –; so können sie diesen didaktischen Ursprung nirgends ganz verleugnen. Ein ähnlicher Liederband, »Marianum Epithalamium« (1636) stammt von dem Münchener Johannes Kuen; daß er dreiundzwanzig Jahre später bereits die fünfte Auflage erlebte, was für damalige Verhältnisse keine Kleinigkeit ist, bezeugt die große Wirkung dieser Lieder unter den Gläubigen. Weit mehr als bei Procopius spricht sich bei Kuen die Lehre schon im Bilde selber aus, so daß er als der größere Poet von beiden erscheint. Als dritter zählt zu dieser Gruppe der Vorarlberger Kapuziner Laurentius von Schnüffis. Gegenüber den ersten beiden tritt er mit höherem literarischen Anspruch auf, wie es etwa die Verwendung schäferlichen Gewandes beweist, ohne freilich diesen Anspruch immer sprachlich adäquat erfüllen zu können. Immerhin weist seine »Mirantische Mayen-Pfeiff« (1692) die differenzierteste Formkunst unter den Liedern der drei Dichter auf. Geht es Procopius und Kuen vor allem um die Tugendvollkommenheit Mariä, so Laurentius weit mehr um die Tugendschönheit und die Holdseligkeit der himmlischen Braut.

Es ist zuweilen von einer protestantischen Mariendichtung des 17. Jahrhunderts gesprochen worden. Wir übernehmen diese Formulierung, jedoch wohlwissend, daß sie im Grunde nur irreführt. Denn was hier zu nennen ist, trägt doch fast durchweg einen völlig anderen Charakter, allein schon, weil das Marienmotiv in der protestantischen Dichtung niemals dominierende Funktion erhalten hat, auch nicht in den größeren Passions- und Weihnachtsdichtungen. So erscheint das Motiv nirgends in seiner alten dogmatisch-poetischen Würde. Wir verzichten deshalb auf solche marianische Einsprengsel, wie sie in den Dichtungen von Paul Fleming, Andreas Scultetus, Simon Dach und Martin Opitz auftauchen. Selbständige Mariengedichte bilden nur die beiden Stücke von Harsdörffer und Gryphius. Die völlig didaktisch-erbauliche Tendenz des ersten und die betont christologische des zweiten (bei aller Neubelebung des alten Eva-Maria-Motivs) lassen deutlich den protestantischen Geist spüren. Nur die marianischen Einlagen in den Dichtungen von Johann Klaj besitzen Gewicht genug, um aus größeren Zusammenhängen herausgenommen und hier gewürdigt zu werden. Klaj, mit Harsdörffer der Gründer der Nürnberger Sprach- und Dichtergesellschaft der

Pegnitzschäfer, strebte eine Art poetisches Gesamtkunstwerk an. Lyrisches Lied, epischer Bericht, allegorische Handlung und dramatische Szene verbinden sich zu höherer poetischer Einheit, die sich uns heute als geistliche Oper, besser: als noch stark deklamatorisches Oratorium darbietet. In den eigentlichen Liedern erreicht er dabei einen durchaus eigenen und neuen Ton, so etwa in den Marienliedern der festlichen »Freudengedichte« auf Jesu Geburt. Wenn wir daneben noch die Marienklage aus der »Trauerrede« auf Jesu Tod stellen, so deshalb, weil in keinem zweiten Mariengedicht dieses Jahrhunderts die Klage der Schmerzensmutter so realistisch, so leidenschaftlich und aufgewühlt erklingt wie hier; in der drittletzten Strophe kann sich die Fassungslosigkeit Mariä nur noch in der Reihung von Paradoxa ausdrücken. Hier erreicht Klaj die Höhe der besten Dichtungen eines Gryphius. –

Wer mit diesen Dichtern und also mit dem 17. Jahrhundert eine Auswahl marianischer Dichtungen schlösse, wäre durchaus im Recht. Über alle Wandlungen hinweg steht doch die deutsche Mariendichtung vom frühen Mittelalter bis zum Ende des 17. Jahrhunderts in einem großen dogmatisch-poetischen Zusammenhang. Mit dem 18. Jahrhundert, dem großen Säkulum der Ratio, zerbricht endgültig die Allgemeinverbindlichkeit des christlich-katholischen Weltbildes, gleichzeitig geht endgültig die Führung der Dichtung in den protestantischen Raum Deutschlands über, wo sie jedoch nicht von der orthodox-lutherischen Theologie, sondern von der Aufklärung und hie und da vom Pietismus ihre Bestimmung empfängt. War die Dichtung des 17. Jahrhunderts, gerade die katholische, entweder bewußt für die breite Masse der Gläubigen, wie bei den süddeutschen Dichtern, oder aber in enger Bindung an die höfisch-feudale Welt als Kulturträger der Zeit geschrieben worden, so tritt nun im 18. Jahrhundert, ähnlich wie im Ausgang des Mittelalters, nur weit konsequenter, der Bürger das Erbe der Poesie an. Bei der engen Bindung der Kirche an die Welt des Hofes im 17. Jahrhundert mußte der politische Protest gegen die feudale Welt auch ein weltanschaulicher gegen jede Form orthodoxen Glaubens werden und damit aller großen geistlichen Dichtung zunächst die Grundlagen entziehen. Wohl lebte im Volk das alte marianische Kirchenlied fort, was von nicht geringer Bedeutung ist, wenn man bedenkt, wie relativ klein die bürgerlich-geistige Oberschicht war, die der Träger der großen literarischen Bewegungen des 18. Jahrhunderts war, aber es fehlte einfach der entscheidende Impuls für eine neue Mariendichtung. Als solche dann marianische Stellen der Dichtung Klopstocks, also aus dem »Messias«, herauszuheben, wie man getan hat, geht nicht an. Wo aber der echte Impuls wirklich noch da ist, da fehlt die poetische Kraft und entsteht nichts als poetische Stümperei, wie im Falle Lavaters und Kosegartens. Freilich gilt auch das genau Umgekehrte; dort, wo ein großer Dichter sich der Mariengestalt zuwendet, wie Goethe im Faust, entsteht zwar große Dichtung, doch ohne religiöse Verbindlichkeit für Dichter und Leser. Nur die Dramenfigur Gretchen lebt noch in dieser marianischen Welt, nicht mehr ihr Dichter. Die Mater gloriosa, die der Doctor Marianus als einziger bei Fausts Himmelfahrt erschaut – Goethe dachte wohl an Bernhard von Clairvaux, vielleicht auch an dessen Gebet im 33. Gesang des »Paradiso« in Dantes Göttlicher Komödie –, sie ist vor allem die Inkarnation des Ewigweiblichen, dessen rettende und friedebringende Gestalt der Mann in seiner Liebe wie in seiner Unrast ewig sucht. Die alte dogmatische Figuration Mariä tritt zurück hinter dem Bilde des weiblich gefaßten, in die Höhe gnadenhafter Vollkommenheit und letzter Vergeistigung gerückten Eros. So wie der gesamte II. Teil des »Faust« nicht realistisch-wörtlich, sondern sinnbildhaft gemeint ist, so auch der scheinbar katholische Schluß. Auch dieser Schluß »ist nur ein Gleichnis«. – Unendlich tiefer als diese Verse Goethes spricht uns heute Hölderlins kaum noch enträtselbarer Entwurf einer Madonnenhymne an. Wohl ist Hölderlin auch in diesen letzten Hymnen und hymnischen Entwürfen vor seiner Umnachtung nicht zum überlieferten Glauben an Christus zurückgekehrt; das sei gegenüber unsachlichen Versuchen, dies zu behaupten, energisch betont. Aber er bietet doch das erschütternde Bild eines Dichters, der um ein neues persönliches Verhältnis zu Christus wie dann auch zur Gottesmutter ringt. Allerdings werden beide von Hölderlin seinem antik-griechischen Glauben anverwandelt und damit unmittelbar auf die griechische Götterwelt bezogen. Christus ist für Hölderlin nicht der »Erlöser«, sondern der letzte der griechischen Götter, d. h. der letzte, der »offenbar« auf der Erde wandelte, wie die Olympier auch. Mit ihm schließt der griechische Göttertag und beginnt zugleich die große Weltepoche der Götterferne, die also in Hölderlins Augen mit der Zeit des Christentums zusammenfällt. In dieser Zeit der Götterferne aber waltet Maria als Stellvertreterin der Götter, »statt anderer Gottheit, sie, die allvergessende Liebe«. Bis zum Anbruch des erhofften neuen Göttertages ist sie in der dennoch »heiligen Nacht« der Götterunsichtbarkeit die »Königin« und vertreibt die Furcht und behütet das Werdende in dieser Zeit. Hölderlins Kraft reichte nicht mehr aus, dieses zentrale Motiv deutlich und zusammenhängend durch die Hymne hindurch zu führen. So steht der hymnische Torso vor uns als Zeichen des so grandiosen wie tragischen Versuches, die christliche Gotteswelt in einen neuen, bei aller Subjektivität doch tief ernsten griechischen Glauben einzuformen. Nach solchem Versuch, die Abgründe zwischen Olymp und Golgatha zu schließen, stürzte der Dichter in die Nacht eines siebenunddreißigjährigen Wahnsinns.

Eine wirkliche Rückeroberung der christlichen Religion für die Dichtung brachte erst die Romantik, die mit ihren Anfängen zeitlich der Klassik parallel läuft. Als Rückschlag auf den Rationalismus der Aufklärung und seine teilweise nur verwandelte, gehobene Form in der Klassik wendet sie sich allerdings nicht so sehr spontan als vielmehr auf dem Wege historischer Erkenntnis aufs neue dem christlichen Glauben zu. Die Wiederentdeckung des Mittelalters, vorbereitet schon im Sturm und Drang, bedeutete für die Romantik die Wiederentdeckung der entscheidenden katholischen Weltepoche. Man erkannte wieder die geschichtliche und poetische Kraft des katholischen Glaubens; ein vergessener Reichtum fand neue Hüter. Konversionen bezeugten später auch den persönlichen Ernst solcher Begegnung. Herder hatte im 70. der »Briefe zu Beförderung der Humanität« Maria als eine »eigne Idee« im Zuge der Humanisierung der Religionsbegriffe, wie sie von der Antike überliefert waren, gefeiert. Sie als eines der »Bilder sittlicher Humanität«, der »Denkbilder reiner Formen der Menschheit« zu verstehen, das hieß freilich, Maria aus der Mitte klassischen Denkens ganz neu zu sehen und zu begreifen; das schuf einen neuen, aber kaum mehr glaubensmäßigen Zugang zur Mariengestalt. Die Romantik hat auch diese Gedanken aufgenommen und weitergeführt. Entscheidender aber wurde für ihre Marienverehrung das Erlebnis der mittelalterlichen Malerei. Wackenroder und die Gebrüder Schlegel empfingen durch sie die stärksten Eindrücke und Anregungen. Raffaels Sixtinische Madonna in der Dresdener Galerie wurde für sie zum marianischen Ur- und Idealbild. Mehr oder weniger lassen es die frühromantischen Mariengedichte alle hindurchschimmern. Aber freilich, auch sie können den Subjektivismus und Individualismus der Epoche nicht verleugnen. Erst jetzt wird es möglich, daß, wie etwa bei A. W. Schlegel und dem nicht unmittelbar zur Romantik gehörigen Schenkendorf, Maria selbst spricht, ihr eigenes Fühlen kundgibt. Bisher war das lediglich in der Marienklage und thematisch verwandten Liedern geschehen (mit Ausnahme von Klajs Oratorium); der kultische Grund der Verehrung ließ es nicht zu, daß sie auf andere Weise sich selber aussprach. Das aber ist nun grundsätzlich möglich; damit zieht mehr als bisher die Phantasie in die Madonnendichtung ein. Der Weg zu Maria führt für die Frühromantiker eben nicht mehr über das Dogma und den Kult, er führt über – die Kunst! Und darin erweist sich auch der frommste Romantiker noch als Kind seiner Zeit. Genau diesen Weg aber hatte Herders Denken gebahnt.

Selbst die so innigen Marienlieder des Novalis entbehren dieses alten kultischen Grundes vollkommen, und das nicht nur, weil der Dichter aus pietistisch-protestantischem Elternhause stammte, sondern weil seine eigentliche Religiosität aus dem ganz persönlichen Grunde eines Todeserlebnisses, des Todes seiner Braut, Sophie von Kühn, erwuchs. Nur von dort her lassen sich letztlich die mystisch-pantheistischen Züge erklären, die selbst in seinen »Geistlichen Liedern« ab und an auftauchen. In den beiden Marienliedern spricht – höchst subjektiv – das spezielle Ich des einmal gramgebeugten, das andermal tief beseligten Dichters. Weder wird Maria mit dogmatischen Titeln gefaßt, noch die Verlassenheit der eigenen Seele aus der christlichen Sündenlehre gedeutet. Diese zwei Lieder drücken weder eine typisch katholische noch typisch protestantische, sondern eine in aller Christlichkeit höchst individualistische, eben romantische Glaubenshaltung aus. Daß gerade auf solchem Wege, im Verein mit der hohen Sprachkunst des Novalis, die Gestalt Mariä einen ganz neuen Zauber erhält, kann nicht bestritten werden. So traumhaft zarte Verse wie die des zweiten Liedes sind vor wie nach Novalis nicht geschrieben worden. Wird hier auch der Weg zu Maria nicht über die Kunst genommen, so wird doch statt der Kirche die verklärte Geliebte zur Mittlerin zur »Himmelskönigin«, ja hinter der jungfräulichen Gottesmutter, hinter der Himmelsbraut steht für den Dichter unmittelbar das Bild dieser verklärten Geliebten selbst. Im »Heinrich von Ofterdingen«, dem Roman des Novalis von der Weltmission der Poesie, sollten beide, die Geliebte Mathilde und Maria, auf mystische Weise gleichgesetzt und am Ende sogar eins werden. Der Grund dieses Glaubens ist dichterisch, nicht dogmatisch, nicht kirchlich.

Die spätere Romantik hat demgegenüber eine weit festere Bindung an den katholischen Urgrund der Marienverehrung, so wie ihr gesamtes Verhältnis zur Religion und Geschichte realistischer ist – nicht zuletzt deshalb, weil die großen Dichter der Spätromantik selbst durch Herkunft Katholiken sind. Gewiß erscheint Brentano in der Unruhe wie Heißblütigkeit, in der Schwermut wie Labilität seines Wesens als Inbegriff romantischer Existenz- und Dichterproblematik; gewiß findet er den festen Boden des streng katholischen Glaubens erst wieder – bezeichnenderweise! –, als er seine wesentlichen poetischen Leistungen vollbracht hatte. Dennoch, auch in dieser ersten Lebensepoche voll genialischer Extravaganz lebt das katholische Erbe in ihm fort. Nicht aus der Gläubigkeit selbst, sondern aus der religiösen Sehnsucht des Zerrissenen entsteht das große »apokryphisch-religiöse Gedicht« der »Romanzen vom Rosenkranz«, wie er selber das lyrische Epos von der Erlösung eines sündigen Geschlechts durch die bedrohte Keuschheit dreier Schwestern genannt hat. Wenn irgendwo, so wird im Gesang der Sirene »Meerstern, wir dich grüßen ...« noch einmal ein großes Mariengedicht auf der alten dogmatisch-kultischen Grundlage geschrieben. Das uralte Bild von Maria als Meerstern wird neu aufgenommen und aus romantischem Sprachgeiste gestaltet; darin gründet die poetische Größe dieses Gedichts.

Katholik von Hause aus war auch der Schlesier Eichendorff, nur gibt es in seinem Leben nie eine »derart glaubensferne Epoche wie in dem Brentanos, wohl aber eine allmähliche, immer tiefere Neuaneignung des katholischen Glaubens. Die Reihenfolge seiner vier Mariengedichte veranschaulicht diesen Weg sehr genau. Am Anfang, 1808, wird Maria, reichlich unverbindlich, nur aus dem romantisch verstandenen Geiste des Volksliedes erfaßt. In den beiden Liedern von 1822/23 erscheint sie, wenn auch noch in sehr romantischen Tönungen, bereits als »advocata« und »mater misericordiae«, sogar schon als »regina coeli et terrae«. Doch erst das Mariensonett des 51jährigen Dichters zeigt das Bild der Gottesmutter restlos befreit von allen romantischen Formeln und Requisiten; wie bei Brentano, nur ohne dessen verbindendes »Wir«, gewinnt auch hier das Gedicht seine Größe aus dem uralten Bilde des menschlichen Lebens als einer großen Irrfahrt auf »wüstem Meer«. Verse Konrads von Würzburg, Seifrid Helblings und anderer stellen sich wie von selber daneben. So scheint sich auch hier eine wichtige Erfahrung zu bestätigen: die ältesten Bilder besitzen die größte poetische Lebens- und Zeugekraft. Vielleicht, daß sie sich damit als Urbilder erweisen.

Was im weiteren Gefolge der ausklingenden Romantik über Uhland und Rückert bis zu Friedrich Wilhelm Weber, Geibel und Schönaich-Carolath folgt, ist im Vergleich zu diesen Mariengedichten so epigonal und sentimental oder so unverbindlich romanzenhaft, daß wir es hier nicht zu berücksichtigen brauchen. Der Geist der Zeit lenkte wieder in andere Bahnen. –

Erst die Jahrhundertwende brachte mit der Krise des Naturalismus, mit dem seit 1890 alle europäischen Nationalliteraturen von Frankreich aus befruchtenden Symbolismus und mit den Anfängen des Expressionismus eine neue dichterische Religiosität, aber freilich weit mehr noch als in der Frühromantik von höchst problematischer Natur. Darwinismus und Materialismus hatten auf ihrem Siegeszuge noch die letzten Reste katholischen Erbes in der geistig führenden Schicht aufgelöst. Der Lebensweg und die Dichtungen Rilkes dokumentieren dies geradezu exemplarisch. Sein »Stundenbuch«, einst als mystisches Gebetsbuch gefeiert, erweist sich uns heute als Zeugnis einer tief monistischen und ästhetizistischen Religiosität. Wie die ganze Dichtung dieser Zeit, so steuert auch ihre Religiosität mehr oder weniger in die Richtung der »poésie pure«; was sich als Glaube anbietet, ist eine esoterische Kunstreligion. Nach Rilkes eigenem Geständnis sind aus dem gleichen Geiste wie das Stundenbuch auch noch die Gedichte des »Marien-Lebens« von 1912 entstanden. Unmittelbar voraus ging zwar die Lektüre des sogenannten »Malerbuches vom Berge Athos«, eines ikonographischen Handbuches der griechisch-orthodoxen Kirche, aber die hier empfangenen Anregungen wie die des Malers Heinrich Vogeler aus früherer Zeit führten doch zu keiner Gläubigkeit. Der Zyklus wird zu nichts mehr als einer sprachlich raffinierten, lyrisch verdichtenden Beschreibung alter Marienbilder. Rilke verehrt sie als große Dokumente der Frömmigkeit, er versenkt sich in sie, er weiß sie bis in feinste Nuancen des Fühlens hinein zu beleben, aber es steht kein eigener Glaube mehr dahinter. Auch hier: das Verhältnis zum christlichen Glauben ist ein rein ästhetisches geworden. Noch im gleichen Jahr spricht Rilke von seiner »rapiden Antichristlichkeit« und nennt den christlichen Glauben einen »abgegessenen Tisch«. Ein Jahr später sind in Spanien die beiden erstmalig 1953 veröffentlichten Gedichte auf Mariä Himmelfahrt entstanden. In ihnen ist auch noch die letzte heilsgeschichtliche Spur getilgt. Maria wird zum Inbegriff irdischer Vollkommenheit; nicht als Mutter Gottes, sondern als »Frucht aus unserm Grunde« fährt sie zum Himmel empor, dem sie mit ihrem Reichtum selige Nahrung bedeutet; so verliert mit ihr alles irdische Sein etwas von der ihm wesenhaft eigenen Süße und Milde. Sie symbolisiert die Essenz aller irdischen Seligkeit, die sich wie Weihrauch von der Erde löst. Allein Rilkes unerhörte Sprachkunst vermag es, diesen esoterischen Gedichten die poetische Einheit und hohe Suggestivkraft zu sichern.

Weniger begabte Dichter wie Otto zur Linde schreiben zwar ebenso eine Reihe von Mariengedichten ohne dogmatisch-kultische Grundlage, aber bis auf Ausnahmen wie das volksliedhafte Blumenstraußgedicht vermag die Sprache des Dichters allein die völlig freischwebende Mariengestalt nicht zu tragen. Fast in jedem Gedicht verliert diese ganz auf sich selbst verwiesene Sprache zumindest einmal ihre poetische Balance und zerbricht an stilistischen Unmöglichkeiten, obschon sie im romantischen Volksliedton einen gewissen Halt zu finden sucht. Selbst R. J. Sorges Mariengesang, kurz vor des Dichters Konversion geschrieben und wichtiges Zeugnis frühexpressionistischer Religiosität mit sehr dantischen Erinnerungen, ist gerade infolge der notwendigen Kühnheit, mit der die Sprache erst durchstoßen muß zu neuer Formulierung der alten Gestalt, voll von poetischen Härten. Wo aber, wie beim frühen Hermann Hesse, die Unfähigkeit zum Glauben offen bekannt wird, da spricht der Dichter im Grunde nur noch von sich selbst, Maria wird zur beliebigen Adressatin seiner affektvollen Beichte. Nur der Titel verrät noch, daß Maria gemeint ist, ihre Funktion innerhalb dieser Gedichte könnte jede andere hohe Frauengestalt ebenso erfüllen.

Demgegenüber scheint sich der junge Rudolf Alexander Schröder noch einmal wie die Frühromantiker an Raffaels Meisterwerk zu entzünden. Doch was damals als marianisches Idealbild gesehen wurde, das wird dem modernen Dichter zum Inbild von Mariä absoluter Einsamkeit, die ihren Grund nicht nur in der »Leere« der Himmel, sondern vor allem in der restlosen Fremdheit und Beziehungslosigkeit hat, die zwischen ihr und den Menschen waltet; beide können und haben einander nichts mehr zu sagen. Nur entsteht damit gerade ein neuer, wenn auch unausgesprochener Bezug: das »Graun der Leere« um die göttliche Maria entspricht der Verlorenheit der menschlichen Existenz auf Erden.

Neben all diesen äußerst problematischen Gedichten entsteht aber nach dem Ersten Weltkrieg auch eine neue, religiös verbindlich gemeinte Marienlyrik. Vieles freilich bleibt im Epigonalen stecken, aber auch das wenige Große bezeugt die unendliche Schwierigkeit, eine zugleich neue und gültige Mariendichtung zu schaffen. Gerade dort, wo aus innerstem katholischen Geiste heraus gedichtet wird, wie in Gertrud von Le Fort's »Hymnen an die Kirche« (1924), stehen auch die marianischen Stücke bereits auf der Grenze zwischen echter Lyrik und kirchlicher Liturgie. Nur im Rückgriff auf die Sprache der Psalmen und der Litaneien wird hier Marienhymnik noch möglich. So sehr sich Ludwig Derleth von dieser Dichterin durch seine herrische, sendungsbewußte, mystisch-katholische, aber dogmatisch nicht gebundene Frömmigkeit auch unterscheiden mag – auch sein Werk will und kann als religiöse Dichtung nicht mehr reine Dichtung sein. Es knüpft bewußt an die stilistische und formale Vielfalt des Korans an, wodurch eine Fülle poetischer Ungereimtheiten in sein Werk strömt; der »Fränkische Koran« duldet zu seiner gerechten Würdigung keinen primär poetisch orientierten Leser, er ist weithin Gebet oder philosophische Reflexion. Die selbstverständliche Einheit von rein poetischer Gestalt und streng dogmatischem Gehalt, die alle frühere Mariendichtung besitzt, scheint überall verlorengegangen zu sein. Zwar nimmt sich neben Derleth Konrad Weiß wie ein Lyriker alten Schlages aus; aber sein dunkler, bis in den Satzbau hinein »gebrochener« Stil zeigt an, wie auch hier das Ringen um eine neue wie gültige religiöse Aussageform bewußt in seiner ganzen Schwere erfahren wird, nur daß dieses Ringen hier eben wirklich im Raume der Dichtung bleibt. Insofern ist Weiß vielleicht der bedeutsamste marianische Lyriker der letzten Jahrzehnte, trotz aller Ungereimtheiten auch bei ihm. Der sehr gefühlige, sehr weiche, manchmal rilkisierende Ton der sehr produktiven Ruth Schaumann erscheint neben solcher Herbheit gerade in seinem Wohlklang von geringerer Aussagekraft. –

Auf dem Wege durch ein knappes Jahrtausend sind wir in der Gegenwart angekommen. Geht der Weg auch für unser Motiv weiter? Neben den »Stern aus Morgenland« sind die Sterne aus Menschenhand getreten. Aber der Kosmos der Seele und der Kosmos des Himmelsraumes sind zweierlei. Steigen neue Sterne siegend in dem einen auf, müssen die uralten im andern darum nicht untergehen. Der »Schritt der Jahrhundertmitte« (J. R. Becher) verwirrt den nicht, der im Jahrtausend-Zusammenhang lebt und urteilt. Und in ihm steht, wer dieses Buch liest.

ZUR TEXTGESTALTUNG

Die Wiedergabe der Texte erfolgt nach den jeweils philologisch verläßlichsten Ausgaben der einzelnen Dichtungen, wie sie unter den Anmerkungen als Quellen zitiert werden. War damit der Herausgeber bestrebt, einen philologisch gesicherten Text zu bieten, so erlaubte er sich doch einige Freiheiten, um dem Leser das Verständnis vornehmlich der alten Texte zu erleichtern, ohne die Philologie ernstlich zu kränken.

Bei den spätmittelhochdeutschen Dichtungen wurde die orthographische Willkür ihrer Überlieferung vorsichtig ausgeglichen, annähernde Eindeutigkeit des orthographischen Zeichens und Fortfall von Konsonantenhäufungen sind das Ergebnis. Heute ungebräuchliche Zeichen, z. B. u für v und umgekehrt, wurden durch die heute üblichen ersetzt, das gleiche gilt für ältere Formen der Umlaut- und Diphthongbezeichnung. Streng wurde darauf geachtet, daß mit der Zeichengestalt nirgends die Lautgestalt des Textes verändert wurde.

Soweit wie nötig gilt dies auch für das religiöse Gemeinschaftslied vom 14. bis zum 17. Jahrhundert und für die Dichtungen der Barockzeit. Fast alle Texte, die keiner Übersetzung mehr bedürfen, wurden um der besseren Lesbarkeit willen unserer derzeitigen Orthographie angeglichen; in einigen wenigen Fällen wurden dafür befremdende Schriftbilder in Kauf genommen. Nur häufiges altes p für b (bairisch) wurde stets zu b gewandelt (»Blut« statt »plut«) und altes b nach m im Auslaut gestrichen (»warumb« wird »warum«). Die Lautgestalt der Worte, die grammatische Form und die altertümliche syntaktische Fügung sind nirgends verändert worden. Uns heute Ungeläufiges wird in den Anmerkungen erklärt. So hört der Leser unverändert die Sprache der vergangenen Jahrhunderte.

Die Satzzeichensetzung der Textvorlagen wurde, wo nötig, bei allen Texten bis zum Ende des 17. Jahrhunderts mehr oder weniger dem heutigen Brauch angeglichen. In vielen Fällen wird dadurch das Verständnis wesentlich gefördert. Daß der Herausgeber dabei mit großer Zurückhaltung und äußerster Behutsamkeit vorgegangen ist, versteht sich von selbst.

Zum Lesen der alten Texte

Die mittelalterliche Dichtung verlangt vom Wesen ihrer Sprache her das laute Lesen. Jedes ihrer Lautzeichen gibt gesprochene und gehörte Sprache wieder. Nur das laute Lesen kann den alten Sprachgeist wie die poetische Schönheit jener Denkmäler einer großen Zeit heute noch nacherleben lassen. Vor allem aber – das vergesse man nicht! – verringert es gleichzeitig viele Schwierigkeiten im Verstehen des Inhalts, die beim flüchtig-stummen Lesen, wie wir es heute weithin nur noch kennen, den Laien begreiflicherweise unwillig machen. Für ihn, der des Mhd. nicht kundig ist, seien im folgenden einige Hinweise für die Aussprache gegeben. Wem sie im ersten Augenblick kompliziert erscheinen, der wird, versucht er sie nur einige Male im lauten Lesen zu befolgen, bald die Erfahrung machen, wie leicht sie zu beachten sind. Und beim echten Freund der Dichtung wird sich dazu bald die Freude am zugleich herb und heimlich anmutenden Klang der altdeutschen Sprache gesellen. Die beigegebenen Übertragungen in unser heutiges Deutsch wollen nichts anderes sein als eine Lesehilfe in Prosa, zuweilen in rhythmischer Glättung, aber stets nur als eine Aufforderung, sich in die poetische Schönheit der alten Texte selbst zu versenken.

Alle einfachen Vokale (Monophthonge), die kein Dach (ˆ) als Längezeichen tragen, sind kurz zu sprechen; Doppelvokale (Diphthonge) sind von Natur lang. Man beachte aber, daß das Längezeichen ^ nie ein Betonungszeichen ist! Mhd. Texte ohne Längezeichen lese man hinsichtlich Kürze und Länge der Vokale nach der heutigen Aussprache. In diesen Fällen wie grundsätzlich bei allen spätmhd. Texten, zumal bei stark mundartlicher Färbung, glaube man jedoch nicht, in jedem Einzelfall die Lautform, wie sie im Munde des damaligen Sprechers erschien, gefunden zu haben. Sie läßt sich oft nicht mehr eindeutig festlegen. Im ganzen aber gelten die weiteren Regeln: Mhd. »ei« wird gesprochen, wie es geschrieben wird, als verschliffenes e + i, nicht als heutiges ai wie in Mai; die heutige hochdeutsche Aussprache von ei = ai liegt mhd. nur bei ai vor. »iu« spreche man stets als langes ü, also »liute« (Leute) = lüte; »ie« ist dagegen immer Diphthong und nicht langes i wie heute, e nach i ist noch nirgends Dehnungszeichen (»liebe« wird also noch »li-ebe« gesprochen). Ligatur von a + e = ae und o + e = oe lese man als ä und ö. Bei den Konsonanten beachte man, daß mhd. Doppelkonsonanz auch stets als Doppellaut, d. h. aber lang zu sprechen ist. Mhd. »h« ist im Wortinneren im Silbenanlaut noch überall wirklich zu sprechen, also »sehen« nicht als »se-en«, sondern als »se-hen«; auch h ist noch nirgends bloßes Dehnungszeichen. Vor t spreche man es als ch: »naht« wie heutiges »Nacht«, im Auslaut nach Vokal – »ich«, »mich«, »sach« (= sah) usw. – wie ch in heutigem »schwach«, also hart und mit dem Gaumen, nicht mit dem Kehlkopf. Mhd. z spreche man dort, wo das Neuhochdeutsche s spricht, ebenfalls nur in gelispelter Form, so in »daz«, »uz«, »maze« usw.; in allen anderen Fällen ist es gewohntes z (t + s). Im allgemeinen gilt, daß beim Versuch, von Anfang an langsam und sehr ausdrucksvoll zu lesen, auch die alte Aussprache am raschesten erreicht wird.

Textsammlungen, die mehrfach als Quellen zitiert werden, seien mit ihren Abkürzungen vorangestellt; in ihnen findet der interessierte Leser noch eine Fülle weiterer Mariendichtungen.

Kleinere Deutsche Gedichte des XI. und XII. Jahrhunderts. Hrsg. von A. Waag. Halle 1910 (Altdeutsche Textbibliothek 10); zitiert: Waag.

Das deutsche Kirchenlied von der ältesten Zeit bis zum Anfang des XVIII. Jahrhunderts. Von Philipp Wackernagel. Band II, Leipzig 1867. Band V, Leipzig 1877; zitiert: W II, W V.

Katholische Kirchenlieder, Hymnen, Psalmen, aus den ältesten deutschen gedruckten Gesang- und Gebetbüchern zusammengestellt von Joseph Kehrein. Bd. II. Würzburg 1860; zitiert: K II.

Marianischer Liederkranz. Eine Sammlung von Kirchenliedern, Gesängen und Gedichten vom Jahre 1500 bis auf unsere Zeit. Hrsg. von Ph. M. Körner. Augsburg 1841; zitiert: Körner.

Verweise auf alttestamentliche Bibelstellen folgen der Ausgabe: Die Heilige Schrift des Alten Bundes. Übersetzt von Paul Riessler. Leipzig (1958).

DIE KUNSTDICHTUNG DES MITTELALTERS
LIED, GEBET, SEQUENZ UND LEICH

Frau Ava: Aus verderbter Überlieferung wurde der Text hergestellt von R. Kienast in: Ava-Studien I, Zeitschrift für deutsches Altertum 74 (1937), S. 19/20. – Das halb epische, halb hymnische Lied leitet das episch breit erzählte »Leben Jesu« der ersten mit Namen bekannten deutschen Dichterin ein. Wahrscheinlich ist sie die »Klausnerin Ava«, deren Tod die Annalen verschiedener Donauklöster, u. a. Melk, 1127 vermerken. Dem Schluß der Dichtung zufolge war sie Mutter zweier Söhne, die ihr, mutmaßlich als Klostergeistliche, bei der Abfassung der Dichtung zur Seite standen.

ein magit: Wie oft in lat. Hymnen wird Maria – auch Josef – nicht bei Namen genannt, sie wird am überlieferten Formelgut erkannt.

er bescatewet ir den lîchnamen: Dahinter steht das Bild vom Hl. Geist in Gestalt der Taube; ihr Flügel warf Schatten auf Mariä Leib.

entswebete . . .: Der Zustand der Entrückung als Voraussetzung der göttlichen Empfängnis.

dô gehîte der himel zuo der erde: Alte hymnische Formel für Mariä Empfängnis, vgl. Melker Marienlied Str. 7.

Melker Marienlied: Waag Nr. XV. Überliefert in einer Handschrift des berühmten Benediktinerstiftes Melk in Niederösterreich, entstanden um 1130/40. Von manchen wird es früher, von anderen später datiert, ob es als Chorlied gesungen wurde, ist fraglich. Der größte Teil der alttestamentlichen Bilder verdeutlicht Mariä Unberührtheit.

Aaron: Numeri 17,23.

Moyses: Exodus 3,2.

Gedeon: Richter 6,37f.

Ein angelsnuor gefohtin ist: Vgl. Hiob 40,25f. Die Angelschnur ist der Stammbaum Christi, somit auch Mariä, z. T. sogar ist Maria selbst die Angelschnur, Christus ist der Angelhaken, bzw. der Köder an ihm. Dahinter steht der Gedanke, daß der Teufel durch göttliche List besiegt wurde: Der menschgewordene Logos wurde ihm zur Lockspeise vorgehalten; indem er sie nach Art eines gierigen Fisches verschlingen wollte, starb er am Angelhaken der Gottheit. Häufiges Bild in mittelalterlichen Schriften.

Ysayas: Isaias 11,1.

ein beslozzeniu borte: Ezechiel 44,2.

waba triefendiu: Die von Honig triefende Wabe, vgl. Hohelied 4,11.

pigmenten sô volliu: a.a.O.

âne gallen glîch der turtiltûben: häufiges Bild im Hohenlied.

brunne besigelter: Hoheslied 4,12.

garte beslozzener: a.a.O. 4,12ff.

cederboum: Jesus Sirach 24,13; Psalmen 80,11; 92,13 u. a.

rosa in Jericho: Jesus Sirach 24,14.

dû irwelte mirre: a.a.O. 24,15.

Eva brâht uns zwiscen tôt . . .: Die Verdammnis um der Sünde willen als geistlichen, das Sterbenmüssen als leiblichen Tod, der erste ist von Christus aufgehoben worden. Maria wird zur anderen, zweiten, neuen Eva – wie Christus zum anderen, zweiten, neuen Adam.

laetitia: Freude.

sacrarium: Sakristei, Kapelle.

Vorauer Sündenklage: Waag Nr. XII, Vers 227–290. Überliefert in der großen Vorauer Sammelhandschrift (Kloster Vorau in der Steiermark), Gedicht von 859 Versen, das in seinem Einleitungsteil, bis Vers 290, sich an Maria, von da bis zum Schluß an den »herre« Gott wendet, entstanden um 1150.

Arnsteiner Mariengebet: Waag Nr. X, Vers 4–29, 78–97, 312–324. Überliefert in einer Handschrift aus dem ehemaligen Marienkloster Arnstein an der Lahn. Burg Arnstein wurde 1139 von ihrem Besitzer in ein Prämonstratenserkloster umgewandelt, die Verfasserin ist wahrscheinlich die ehem. Burgherrin Guda von A., die als Klausnerin 1179 starb. Das Gedicht ist mit seinen 326 Versen nur unvollständig überliefert; kein zum Gesang bestimmtes Lied, sondern wohl eher ein Gebet für die stille Einzellesung. Am Anfang und Schluß steht die preisende Anrufung Mariä, der größere Mittelteil enthält die Bitte der reuigen Sünderin um Mariä Gnade für sich wie für alle Sünder überhaupt.

daz glas daz dir ist gelîg: Eines der häufigsten nichtbiblischen Bilder für Mariä Keuschheit bzw. unbefleckte Empfängnis, vgl. Walther v. d. Vogelweide.

lovet dig Cherubîn, êret dig Seraphîn: Das Verb gibt eindeutig den Singular an, die Formen Cherubîn, Seraphîn scheinen dagegen den Plural zu meinen (-in für korrektes -im).

Milde Maria, genêdige Maria, suoze Maria: Wörtliche Übernahme der Schlußworte der berühmten Marienantiphon »Salve regina«: »O clemens, o pia, o dulcis virgo Maria!«

Mariensequenz von Muri: Waag Nr. XVII. Vom Mittel- oder Oberrhein, überliefert in einer Handschrift des Klosters Muri im schweizerischen Kanton Aargau, neben der Mariensequenz von Seckau (St. Lambrecht) die älteste deutsche Nachbildung der lateinischen Sequenzenform; um 1190. Am Anfang abhängig von der Mariensequenz »Ave praeclara maris stella«, die Hermann dem Lahmen von Reichenau zugeschrieben wird.

maris stella: Meerstern, in der abendländischen Patristik bevorzugtes Bild für Maria, vom hl. Hieronymus (gest. 420) aus der hebräischen Namenform Miriam abgeleitet, die Bedeutung des Polarsterns für die Schiffer auf dem Meere vertiefte das Bild (deshalb frühe Verehrung Mariä als Polarstern und Patronin der Schiffer).

bislozzinû porta: Ezechiel 44,2.

dir cham ein chint . . . dur dîn ôre: Die unbefleckte Empfängnis wurde als Empfängnis durch das Ohr aufgefaßt, sofern Gott in seiner

Natur als »logos«, als Wort betont wurde (ja wurde dû swangir von Worte), häufig im gesamten Mittelalter.

Walther von der Vogelweide: Die Gedichte Walthers von der Vogelweide. 10. Ausgabe, neu hrsg. von Carl v. Kraus. Berlin und Leipzig 1936, 4,2–6,6; 7,21–8,3. Der große Marienleich, außer einigen Kreuzzugsliedern Walthers einzige religiöse Dichtung, ist überliefert in der Großen Heidelberger o. Manessischen Liederhandschrift, beginnt mit einem Gebet an die Dreifaltigkeit, geht zum Preisgesang auf Maria über, wendet sich darauf ziemlich gewaltsam der politisch-religiösen Problematik der Zeit – Verfall des Christentums durch die Schuld Roms – zu und schließt mit dem Gebet an Maria als Fürbitterin. – Walther ist der bedeutendste Minnesinger und Spruchdichter der mhd. Lyrik, wohl ritterlicher Herkunft, verbrachte seine Jugend in Niederösterreich und am Wiener Hof (als Schüler Reimars v. Hagenau); ab 1198 Wanderleben als fahrender Sänger, enge Beziehungen zu den Herrschern der Zeit, Philipp v. Schwaben und Otto IV. v. Braunschweig, von 1213 bis 1228 auf seiten Kaiser Friedrichs II., der ihm 1220 das langersehnte eigene Lehen gibt; sein Todesjahr ist unbekannt, wahrscheinlich in Würzburg gestorben (um 1230).

Leich: Aus der Sequenzdichtung hervorgegangene lyrische Großform, gegliedert in verschieden lange, meist zweigliedrige Abschnitte (Gesätze) aus freien Versen, der Funktion nach mit der Hymne in der neueren Lyrik vergleichbar.

gert Arônes: Numeri 17,23.

ûf gênder morgenrôt: Hoheslied 6,10.

Ezechîêles porte: Ezechiel 44,2.

ganz geworhtez glas: Fensterglas, das aus einem Stück gearbeitet ist, im Gegensatz zur sonst im Mittelalter üblichen Mosaik- oder Butzenscheibenform, Bild für Mariä Unbeflecktheit.

ein bosch der bran: 2. Mose, 3,2.

Salomônes hôhes trônes: Hoheslied 3,9f.

balsamîte: Jesus Sirach 24,15, Bild für Mariä Gottesliebe wie Tugendfülle.

margarîte: Bedeutung wie balsamîte.

Gedeônes wollen: Richter 6,37f.

entslôz dînr ôren porten: s. Mariensequenz von Muri.

ordenungen: Zuerst Bezeichnung der 9 Engelchöre, dann sämtlicher Stufen und »Stände« in Natur- und Menschenwelt.

Meister Sigeher: H. P. Brodt: Meister Sigeher. Breslau 1913, S. 86ff. Bürgerlicher Spruchdichter, frühester datierbarer Spruch um 1251/52, zeitweise am Hofe Wenzels I. und Ottokars II. v. Böhmen, an dessen erstem Kreuzzug gegen die heidnischen Ostpreußen 1254/55 er wahrscheinlich teilnahm, jedoch Verzicht auf ständigen Aufenthalt am Hofe: Anlaß späterer Armut, fand zuletzt Heimat in Tirol, spätester datierbarer Spruch 1278.

cederboum . . balsemsmac: Jesus Sirach 24,13ff., s. auch Walther v. d. V.

liljenouwe: Lilie häufig im Hohenlied, Symbol für Mariä Unschuld.

ölboumast: Jesus Sirach 24,14, Symbol für Mariä Treue und Gottesliebe.

muscâtnuz: Außerbiblisches Bild ohne patristische Belege.

seitenklanc: 1. Samuelis, 16,23 (Maria stammt aus dem Hause Davids).

fürstenstuol: Gemeint ist wohl der Thron des Salomon, Hoheslied 3,9.

krône: Hoheslied 3,11.

dich mant daz her von Babylôn: Erinnerung an die aus babylonischer Gefangenschaft befreiten Juden.

erloese uns . . .: Durch Hinweis auf die Befreiung der Juden soll Maria veranlaßt werden, die Erlösung der durch die Erbsünde dem Teufel verfallenen Seelen zu erwirken.

gerte von Jessê: Isaias 11,1.

stern Dîâne: Diana, altitalische Göttin des Lichts, später mit Artemis gleichgesetzt, von den Mädchen vor allem als Schützerin der Keuschheit verehrt.

trimontâne: Der Nordstern = der Polarstern, der die Schiffer leitet.

wolkenduz: Psalm 72,6; Isais 45,8.

mirrentrouf: Hoheslied 5,5.

bisme richiu krâme: Der Wohlgeruch des Bisams wurde auf Mariä Tugendschönheit bezogen.

honeges fluz: Hoheslied 4,11.

Seifrid Helbling: W I, Nr. 345. Unbekannter Verfasser, wahrscheinlich niederösterreichischer Ritter völlig anderen Namens, dessen Gedichte größtenteils in die Jahre zwischen 1282 und 1299 fallen.

wir israhêlisch armez her: Hinweis auf die babylonische bzw. ägyptische Gefangenschaft der Juden, verschmolzen mit dem Bilde des Lebens als Fahrt auf dem Leidensmeer, über dem Maria als Polarstern strahlt.

Arônes gerte: Numeri 17,23.

Ezechiêles porte: Ezechiel 44,2.

Der Mönch von Salzburg: W II, Nr. 577. Haupt eines Dichterkreises am Hofe des Salzburger Erzbischofs Pilgrim II. von Puchsheim (1356–96), in den Handschriften bald Johannes, bald Hermann genannt, wobei zweifelhaft ist, ob beide identisch sind. Die geistlichen Gedichte des »Mönchs« enthalten allein 18 Mariengedichte. – Die Nachsilbe -leich ist als heutiges -lich zu sprechen.

järleich klärleich ist der tag: in einer Handschrift die Überschrift »Von unser vrawen schiedung«, also auf Mariä Himmelfahrt geschrieben.

SPRUCHDICHTUNG

Reinmar von Zweter: Die Gedichte Reinmars von Zweter. Hrsg. von G. Roethe. Leipzig 1887, Sprüche Nr. 16, 19, 259; 235–39. Neben Walther v. d. V. der bedeutendste Spruchdichter, wahrscheinlich Ritter aus dem niederrheinischen Landadel; war wie viele am Wiener und am böhmischen Hofe; unstetes Wanderleben:

Von Rîne sô bin ich geborn,
in Osterrîche erwahsen,
Beheim hân ich mir erkorn. (Nr. 150)

gest. nach 1252.

grundelôse helle: Eigentlich Hölle, hier aber nur als Tiefe im Gegensatz zur Höhe gemeint.

Der Marner: Der Marner. Hrsg. von Ph. Strauch, Straßburg 1876, S. 99, 134. Bürgerlicher Sprachdichter aus Schwaben, Fahrender, vielleicht ehemaliger Kleriker, in Kärtnen, im Rheinland und anderswo bezeugt, erster datierbarer Spruch 1231, letzter 1267, um 1270 als blinder Greis ermordet.

meres leitestern: Polarstern.

trôn ûf aller güete: Die Krone aller Vollkommenheit (güete nicht vorwiegend moralisch verstanden).

heilawâc: Heiliges Wasser, das in der Weihnacht geschöpft wird. 387 predigte schon Chrysostomus, man solle am Epiphaniastag Mitternachtswasser schöpfen, da es frisch und unverderblich bleibe. Solches

Wasser sollte Krankheiten heilen, wahrscheinlich klingt auch Heidnisch-Germanisches nach.

Meister Sigeher: a.a.O. Spruch Nr. 17, vgl. das Marienlied u. Anm. dazu.

Meister Rumsland von Sachsen: W II, Nr. 285. Bürgerlicher Fahrender niederdeutscher Herkunft, bezeugt in Bayern, Dänemark, Pommern, Rheinland, wesentlich in die zweite Hälfte des 12. Jahrhunderts gehörig, bis gegen 1285. Die Übertragung des Minnebegriffs auf Maria führt zu der gewagten Behauptung, daß Mariä Liebe die Menschwerdung Gottes erwirkt habe.

in dieser niuwen wîse: Die Spruchdichter besaßen den Ehrgeiz, eigene, neue »Töne« zu finden, d. h. neue metrische Formen mit neuen Melodien, die stets als Begleitung dazu gehörten.

Meister Boppe: Georg Tolle: Der Spruchdichter Boppe. Schulprogramm Sondershausen 1894, S. 21, 23. Alemannischer Fahrender, nachweisbar zwischen 1275 und 1287, u. a. in Beziehung zu Rudolf von Habsburg.

mit nazzen vüezen: Einer, der vom rechten Wege ab in den Sumpf geraten ist.

vlücker valke: Der »valke« ist schon im frühesten Minnesang der Liebesbote wie das Bild des Geliebten.

drî vriedel: Vgl. Heinrich von Meißen: ich slief bî drîn. Die marianische Ausdeutung des Hohenliedes deckt theologisch die scheinbar blasphemische Stelle.

DIE GROSSEN PREISDICHTUNGEN

Rheinisches Marienlob: Hrsg. von Wilhelm Grimm: Zeitschrift für deutsches Altertum Bd. 10 (1856), S. 1–142c. Umlautbezeichnungen wurden hinzugefügt nach der neuen, teilweise aber unglücklichen Ausgabe von A. Bach, Leipzig 1934. I = a.a.O. S. 3, Vers 5 – S. 4, Vers 26; II = S. 39, 31–S. 41, 20; III = S. 24, 33–S. 25, 6; S. 25, 17–S. 26, 4; S. 28, 17–S. 29, 6; S. 33, 7–15. (Überschriften vom Herausgeber hinzugefügt in Anlehnung an A. Bach.) Überliefert in einer einzigen Handschrift aus dem ripuarischen Sprachgebiet des südkölnischen Raumes. Die Aussprache ist nicht in jedem Falle eindeutig festlegbar. Länge und Kürze der Vokale weitgehend schon wie im heutigen

Deutsch; u spreche man dort, wo es in der neuhochdeutschen Form des Wortes nicht als u erscheint, als langes ü (obgleich es z. T. wohl auch als langes u oder ö gesprochen wurde, aber seltener und selten fest entscheidbar). – Größte Marienpreisdichtung, 5145 Verse, behandelt im Hauptteil: 1. Mariens Symbole und ihre Bedeutung, 2. die Bedeutung des Namens Maria, 3. die Freuden Mariä, 4. Mariä Erhabenheit über die neun Engelchöre, 5. Mariä himmlische Schönheit und 6. der thronenden Maria himmlische Glückseligkeit. Der Verfasser, wahrscheinlich ein Geistlicher, entweder Priester in einem Nonnenkloster oder geistlicher Betreuer eines Beginenkonvents, verschweigt seinen Namen absichtlich.

Maria – de himel ho, die erde reine: Damit beginnt der erste Teil, über Mariä Symbole und ihre Bedeutung.

ein schine vure algare: Wohl nach 1. Mose, 1,14.

dat weizen corn: In Anlehnung an Joh. 12,24.

Bitte des Dichters . . .: Einlage in den 3. Teil, über die Freuden Mariä, im Anschluß an die hymnische Schilderung von Mariä Freude über Jesu Geburt.

van miner unmezlicher truricheide: Die große Schwermut, der Lebensüberdruß, acedia, ist als häufiges seelisches Leiden der Klosterinsassen im Mittelalter bezeugt.

Alse ich zu der cribben gan: Hier der Abendmahlsgang.

dines vures: Das Feuer als Sinnbild von Mariä Liebe, vgl. I.

dines wines: Der Wein als Sinnbild von Mariä Freude.

Mariä Klage: In den 2. Teil (die Bedeutung des Namens Maria) wird bei der 3. Deutung: Maria = bittercheit, dieser gewaltige Klagegesang Mariä von über 400 Versen eingefügt; aus tiefster Klage und immer erneutem Leiden ringt sich Maria allmählich hindurch, Sinn und Notwendigkeit von Christi Sterben zu begreifen und zu deuten. Von der Größe dieses Gesangs geben die ausgewählten Verse nur eine sehr schwache Vorstellung.

Konrad von Würzburg: Die Goldene Schmiede (genauer: das goldene Geschmeide). Hrsg. von E. Schröder. Göttingen 1926, Verse 1–6, 139–165, 586–611, 692–729, 1316–1385, 1958–2000 (Längezeichen nach der Ausgabe von Wilhelm Grimm, Berlin 1840). Überliefert in 24 Handschriften, beliebtestes Werk Konrads; besteht aus 1000 Reimpaaren, wobei die Satzgliederung stets zwischen die zusammengehörigen Reimverse fällt, wodurch stilistisch die Vorstellung einer Kette (»Geschmeide«) entsteht. Konrad, um 1220/30 als Würzburger Bürger geboren, lebte größtenteils in Basel und in Straßburg, starb in Basel am 31. 8. 1287. Einer der schaffensreichsten und thematisch vielfältigsten Dichter des Mittelalters mit Wirkung bis ins 15. Jh. »Die Goldene Schmiede« entstand im Auftrag des Straßburger Bischofs Konrad III. von Liechtenberg und war wahrscheinlich bestimmt, für den Weiterbau am Straßburger »Münster unserer lieben Frauen« zu werben (Bauperiode Erwins von Steinbach); 1275 Grundsteinlegung zur Westfassade, nach Vollendung des Langhauses. In diese Jahre fällt Konrads Werk.

lebermer: Die Vorstellung vom Leidensmeer des Lebens verbindet sich hier mit der mittelalterlichen Sage vom »lebermer«, einem geronnenen Meer, in dem die Schiffe nicht mehr von der Stelle kommen (die bei Konrad aber gerade »sweben«).

diu syrêne: Antike Sirenenüberlieferung (Odyssee) verbindet sich mit der christlich-marianischen Meeresvorstellung: zeigt Konrads souveränes Verfügen über alle Bildbereiche. Nach dem mittelalterlichen, aus der Antike stammenden Tierbuch des »Physiologus« sind die Sirenen Weiber mit Vogelfüßen, die durch ihren Gesang die Schiffer anlocken und dann zerfleischen.

Domînicus: 1170–1221, Stifter des Dominikanerordens.

Franciscus: Franz von Assissi 1182–1226, Stifter des Franziskanerordens.

basiliscus: Fabelwesen des Altertums, geflügelte Schlange mit tödlich wirkendem Blick, christlich umgedeutet auf den Teufel.

hermelîn: In seinem reinen Weiß Sinnbild Christi, dessen Kampf am Kreuz wird zum Kampf zwischen dem Hermelin und der giftigen Schlange, zwischen Gott und Teufel.

arômâtwürze: Hoheslied, 3,6; 4,10, 16; 5,1,13.

dem pantier loufet . . .: Nach dem »Physiologus« zieht der Panther ob seines Wohlgeruches die Tiere an, früh auf Christus gedeutet.

dîn wesen daz ist ie gesîn . . .: Sprüche 8,22 ff.; Jesus Sirach 24; Maria als ewige »Sophia« in der späteren Mystik (Böhme) häufig.

mirtelboum ûz paradîs: Genesis 2,9; 3,22; Off. d. Joh. 2,7.

mandragôra: Die »Liebesäpfel« aus dem Hohenlied 7,14.

nardespike: Jesus Sirach 24,15; Hoheslied 4,13 f.

aphalter von Punike: Granatapfel, Hoheslied 2,3; 4,13; nach seinem lat. Namen: malum punicum.

ein bluome wahset in dem mer: Originelle Bildschöpfung Konrads ohne jede Vorlage.

dur dîner ôren tor: s. Mariensequenz von Muri.

Alemannischer Marienpreis: L. Wolff: Der Gottfried von Straßburg zugeschriebene Marienpreis und Lobgesang auf Christus. Jena 1924, Strophen 12–14, 21–27, 39–41. Dichtung von 94 gleichgebauten, kunstvoll gereimten vierzehnzeiligen Strophen, oft auch »Lobgesang auf Maria und Christus« genannt, der Marienpreis endet mit Strophe 53, im Gegensatz zum Rheinischen Marienlob ohne jede innere Gliederung; überliefert in drei verschiedenen Handschriften, die jeweils einzelne Teile, nie das Ganze bieten. Die Einleitung wie der Lobgesang auf Christus gehören kaum zur ursprünglichen Dichtung. Zwischen 1293 und 1300 von einem unbekannten geistlichen Dichter im westlichen Bodenseegebiet geschrieben, früher fälschlich Gottfried von Straßburg zugewiesen. Neben vielen lehrhaften und schwunglosen Strophen stehen im mutmaßlichen Kern der Dichtung Partien von hinreißender Rhythmik und Bilderpracht. Vorbilder wahrscheinlich Gottfried von Straßburg, Konrad von Würzburg und Hugo von Langenstein.

Ir bernden himel: bernde = fruchttragend, fruchtbar, schwanger, als Adjektiv bzw. Partizip Präsentis vom Dichter auffällig und deshalb wohl bewußt häufig gebraucht; soll das Motiv der Heilsgeburt wie des mit ihr verbundenen neuen Lebens in allen Bildbereichen anklingen lassen.

minnetranc: Wahrscheinlich übernommen aus der weltlichen Liebesdichtung Gottfrieds von Straßburg (Tristan).

Dû gimme . . .: Die Bilder bezeichnen in dieser Dichtung z. T. nicht mehr, wie in den früheren, ganz bestimmte Eigenschaften, sondern wollen zuallererst auch Mariä Schönheit preisen.

helfenbein: 1. Könige, 10,18.

honecsein: Hoheslied 4,11.

dû reiniu süziu stunde: Verkürzt für: jede Stunde ist süß, die der Mensch mit dir lebt.

dar in diu gotheit suoze dranc: Die Süße ist Christus.

der gnade ein wünschelruote: Exodus 17,5 f.

trône . . cherubîn . . seraphîn: Siebenter, achter und neunter Chor der neunstufigen Engelshierarchie.

Heinrich von Meißen (Frauenlob): L. Pfannmüller: Frauenlobs Marienleich. Straßburg 1913, Gesätze 1, 2, 10, 11, 14, 19. Überliefert in sechs Handschriften. Heinrich v. M. geboren wahrscheinlich 1270 in Mainz, gestorben daselbst 1318, fahrender Sänger, gilt als erster Meistersinger, da er nach späterer Überlieferung in Mainz die erste Singschule eröffnet hat. In seinen Liedern und Leichen ist er bemüht, die ganze Fülle des weltlichen und geistlichen Wissens der Zeit zu verarbeiten, oft sehr wirr und unvollkommen, weshalb er von den älteren Beurteilern (auch von Pfannmüller) fast immer verdammt, z. T. sogar als geistesgestört erklärt wurde; seine große Bedeutung als Sprach- und Bildgestalter wie als Reimkünstler wurde erst nach den entsprechenden modernen Erfahrungen des Expressionismus und der Verskunst Rilkes erkannt. Die 20 Gesätze des Marienleichs, der dem Dichter seinen Beinamen eintrug, sind jeweils in sich völlig abgeschlossen und selbständig.

Ei ich sach . . .: Off. d. Joh. 12,1.

in silben liuhtaeren: a.a.O. 1,12ff.

ûf Sîon: a.a.O. 14,1.

bluome: Sinnbilder des pflanzlichen Wachstums für die Mutterschaft Mariä bei Frauenlob besonders häufig (im Anschluß an Numeri 17,23 und Isais 11,1).

die trûben: Numeri 13,24. Die Traube der Kundschafter des Moses im Mittelalter allegorisch als Bild für Christus am Kreuz verstanden; der weitere Bezug auf Maria nicht eindeutig zu erklären.

mîn türne: Mariä unantastbare Keuschheit.

sunne . . . mâne: Off. d. Joh. 12,1.

swenne er mich vester swester sagt ff.: Hoheslied 8,8.

alrûnen: Mandragora, Hoheslied 7,14.

vlehten unde zûnen: Nach Hoheslied 2,6; 8,3(?).

smit von oberlande: Vielleicht in Anlehnung an 2. Könige 13,17, Jeremias 23,29, gewiß aber unter Aufnahme germanischer Vorstellungsreste von Schmiedegott, Hammer und Donnersteinen.

siben heilikeit: Mit Christus und durch ihn ruhen zugleich die sieben Sakramente in Mariä Schoß.

ich slief bî drîn: Die gesamte Trinität war an der Inkarnation beteiligt.

(wie zühtic . . .): dieser und der folgende Vers nur verständlich, wenn sie Zwischenrede des Dichters sind.

mîn brüstel: Hoheslied 1,2; 4,10.

ich daz hal: Um die Inkarnation vor den Höllengeistern zu verbergen.

hirzgewîge: Nach dem »Physiologus« tötet der alternde Hirsch seine Feindin, die Schlange, woraus ihm Verjüngung zuteil wird.

an mînem gelde: Ihre Begnadung und Auserwähltheit durch Gott macht sie fähig, den Fluch (= die Schlange) zu zertreten, zu vertreiben.

ich worhte . . .: Als Mutter Christi hebt Maria das »Gesetz« des Alten Testamentes auf.

ein snîder sneit mir mîn gewant: Beliebte mittelalterliche Allegorie, wonach Maria Christo menschliche Kleidung gibt. Frauenlob setzt eine Einkleidung Mariä – ihre Erschaffung und Geburt – voran, in Anlehnung an Esther 5,1, die als Präfiguration Mariä galt.

er was sun des alten gartenaeres . . .: Gott als Gärtner, sein Baum ist zugleich der Baum der Erkenntnis aus dem Paradiesgarten, darunter die Menschenmutter Eva zerbrach, wie das Reis aus Jesse, das dem Baume mit Christus aufgepfropft wurde, wie auch der Stamm des Kreuzes auf Golgatha, vielleicht auch eine Erinnerung an die sog. Kreuzholzlegende.

die sehzic starken: Hoheslied 3,7. Die Zahl ist Inbegriff der Unendlichkeit, hier die Gesamtheit der Diener am Wort Gottes (6 = die sechs Tage der Schöpfung, 10 heilig durch die zehn Gebote).

vier unde zweinzic ist der wîsen alten: Off. d. Joh. 4,4.

zwelfe sint der boten: Die Jünger Christi.

der ordenunge niune: Die neun Engelchöre.

drî patriarchen: Moses, Abraham, Jakob.

noch sint ir ahte: Da die 60 noch nicht voll ist, hilft sich der nie verlegene Dichter durch Hinweis auf 8 weitere heilige Männer, ohne sie identifizieren zu können.

Nu ströuwet mir die bluomen: Der Glanz des Blumen- und Erdenjahrs wird im folgenden auf Maria und Christus übertragen, ohne daß jedes Teilbild voll erklärbar zu sein braucht.

herbest: Genauer hier: Weinlese, in der Lauretanischen Litanei wird Maria Weintraube (botus, vitis) genannt, das hineinspielende Bild der Kelter gibt für Maria keinen befriedigenden Sinn.

Bruder Hans: Bruder Hansens Marienlieder aus dem vierzehnten Jahrhundert . . . Hrsg. von R. Minzloff. Hannover 1863, Verse 1616–1650; 4577–4592; 4769–4784. Ein siebenteiliges Marienbuch von 5280 Versen in krauser Dialektmischung von Niederfränkisch und

Oberdeutsch. Nach Vorrede, Abstammung Mariä und Wunderkraft des Ave in den ersten drei Teilen folgen »Marien genaat«, »Marien staat«, »Marien danz« und »Marien glanz«, heitere Grundstimmung, stilistisch in der bunten Mischung von Hohem und Banalem reinster Ausdruck des späten Mittelalters, weithin völlig unselbständig, mit Ausnahme der Stellen, wo der Dichter von sich selbst spricht; er war mutmaßlich ein Adliger vom Niederrhein, ursprünglich verheiratet, später Geistlicher, der sich ganz der Marienminne schenkte; schrieb das Buch bald nach 1391.

sprenzel: Eigentlich Sperber, hier wohl ein zur Jagd abgerichteter Falke.

MARIENKLAGE

Lichtenthaler Marienklage: Schauspiele des Mittelalters. Hrsg. von F. J. Mone. Bd. 1. Karlsruhe 1846, S. 31ff. Bayrische Handschrift im Kloster Lichtenthal bei Baden vom Ende des 13. Jahrhunderts, ältestes Zeugnis für die dialogische Marienklage in Deutschland. In dreimaligem Wechsel sprechen Maria und Johannes. Das Doppel-n in »wanne« und »sanne« bedeutet keine Verkürzung des langen Vokals. In der Nachsilbe -leich ist ei als langes i zu sprechen.

Bordesholmer Marienklage: Die Bordesholmer Marienklage. Hrsg. u. eingel. v. G. Kühl, Jahrbuch des Vereins für niederdeutsche Sprachforschung 24. 1898, S. 58–62 (Vers 585–725); einige orthographische Ausgleichungen in teilweiser Anlehnung an die erste Ausgabe von K. Müllenhoff, Zeitschrift für deutsches Altertum 13. 1867, S. 303 bis 313. Berühmteste deutsche Marienklage, 855 Verse, aufgezeichnet 1475 oder 1476 in mittelniederdeutscher Sprachform im Holsteiner Augustinerkloster Bordesholm, die Gesangspartien mit Noten, außerdem lateinische Regieanweisungen für die Spieler; wurde am Karfreitag in der Klosterkirche auf einer vor dem Chor aufgeschlagenen Bühne, bei gutem Wetter im Freien aufgeführt, als Teil des Gottesdienstes. Sämtliche Rollen wurden von Priestern gespielt, die der drei Frauen von jungen Geistlichen. Das Spiel ist äußerst langsam, feierlich, abgemessen zu denken, der Überlieferung nach soll es zweieinhalb Stunden gedauert haben. Ablauf und Inhalt: Textwort, Predigt, Gebet – Weg zum Kreuz – Klagen um den leidenden Christus – Christi Sterben – Klagen um den toten Christus – Abschied vom Kreuz – Schlußwort, Gebet und Segen. In der Gesamtanlage vorwiegend lyrisch. – Zur Aussprache sei nur das Allerwichtigste vermerkt: nach einem Vokal ist e stets nur Dehnungszeichen (laen = lân, moet = môt usw.), dasselbe gilt für y nach e (eyn, geyst = ên, gêst); langes a spreche man verdumpft in Richtung auf o, langes o mit beginnender Diphthongierung zu ou; y ist i. Yoden = Jöden (Juden). Scheinbares langes u (heutiges eu) ist ü zu lesen (lute = lüte). g ist im Anlaut wie zwischen zwei Vokalen wie j zu sprechen, ebenso gh.

Symeonis grymmige swert: Lukas 2,35.

Flecte ramos, arbor alta . . .: Drittletzte Strophe des Karfreitagshymnus »Pange lingua« von Venantius Fortunatus (gest. um 600): Neige, hoher Baum, die Äste, / deine Fasern beug erschlafft; / deine Härte soll verschwinden, / die der Ursprung dir verschafft, / deines hohen Königs Glieder / spanne aus auf zartem Schaft (Schott, Römisches Meßbuch).

Geistliches Gemeinschaftslied (14.–17. Jahrhundert)

KONTRAFAKTUREN

Ich muoz springen: W II, Nr. 470, überliefert in einem Pergamentkodex des 14. Jh.s mit Predigten Meister Eckharts, vielleicht Kontrafaktur eines alten Tanzliedes.

twinget: drückt.

tringet: bedrängt.

ioch: fürwahr.

den von dinen füezen: Als zu deinen Füßen.

tougen: wunderbar, geheimnisvoll; im stillen.

Es stot ein lind in himelrich von Heinrich von Laufenberg: W II, Nr. 789, Kontrafaktur zu: Es steht ein Lind in jenem Tal. Heinrich v. L. geb. in Laufenberg am Rhein (Aargau), 1429 Priester in Freiburg, 1445 Eintritt in das Johanniterkloster in Straßburg, gest. 1460; dichtete gegen 120 deutsche geistliche Lieder, darunter allein 38 Marienlieder, bedeutend auch als Übersetzer.

har: herab.

ein maget lise: Eine züchtige, anständige Jungfrau.

bewiesen: Lehren, bezieht sich auf Gabriels Worte in der vorausgehenden Strophe.

Ich han mir userkoren: W II, Nr. 831, nach einer Handschrift des 15. Jh.s; weltliche Vorlage nicht genau auszumachen.

min Truren sie ernahrte: Meinem Trauern hat sie geholfen.

nu dicke . . .: Nun immer wieder mit dieser Liebe Kraft.

den Einhürn und die Hinde . . .: Sinnbilder für Mariä Keuschheit. Nach dem »Physiologus« konnte das Einhorn nur gefangen werden, wenn es seinen Kopf in den Schoß einer reinen Jungfrau legte; im 15. Jh. auch auf die Menschwerdung Christi bezogen. Hinde auf Maria bezogen, wenn Christus nach Hohes Lied 2,4 als junger Hirsch gedeutet wird.

Den liebsten Buhlen, den ich han: W II, Nr. 837, nach einem Münchener Codex von 1505, Kontrafaktur zu: Den liebsten Buhlen, den ich han, der liegt beim Wirt im Keller.

Sohne: Sühne.

Es flog ein Vögelein leise: W II, Nr. 883, nach: Schöne Christenliche Catholische Weinächt oder Kindtleß Wiegen Gesang. Augsburg 1590. Kontrafaktur zu: Es flog ein kleins Waldvögelein der Lieb fürs Fensterlein, es klopfet also leise. Das Lied ist zahlreich und in vielerlei Variationen überliefert (sehr häufig: Es flog ein Täublein weise vom Himmelreich herab).

wiederbringen: wiedergutmachen.

Fahl: Fehl.

verhängt: nachgibt, geschehen läßt.

Es wollt ein Jäger jagen: W II, Nr. 1137, nach: »Berkreihen«. Nürnberg 1551, in älteren Flugblattdrucken und Gesangbüchern sehr häufig, auch mehrfach erweitert; Kontrafaktur zu: Es wollt ein Jäger jagen, wollt jagen vor einem Holz (der Jäger fängt für seinen Schloßherrn ein namenloses Mädchen und führt es ihm gewaltsam zu).

Es fiel ein Himmelstaue: Körner S. 123 ff., nach: Rheinfelsisch Deutsches Catholisches Gesang-Buch. Augsburg 1666; Kontrafaktur zu einem altniederländischen Volkslied: Het viel een Hemels douwe vor mijns liefs vensterkijn.

Ich weiß ein hübsches Häuselein: W II, Nr. 1150, nach einer Kloster-Neuburger Handschrift vom Anfang des 16. Jh.s, Vorlage nicht auszumachen.

fäscht ein: Einwickeln, in das breite Wiegenband einbinden (fascia = Binde, Windel).

Ich weiß ein Maget schone: W I, Nr. 1152, 1.–5. der 11 Strophen nach: Catholisch Manual. Mainz 1605 (»Noch ein sehr alt Gesang von der lieben Mutter Gottes«), Kontrafaktur zu: Ich weiß mir ein Jungfrau schön.

sie ist bei Diensten weis: Sie versteht sich auf Verehrung, weiß sie zu schätzen.

Einhorn: Symbol für Mariä Keuschheit; s. Anm. zu: Ich han mir userkoren.

meisterlichen Schäften: Meisterschaft.

Es sah sie an dem Throne / der Fürst Octavian: In der berühmten »Legenda aurea« des Jacobus de Voragine (geschrieben 1263–1273), Kapitel VI (De nativitate Domini), wird erzählt: Als die römischen Senatoren Kaiser Augustus als Gott verehren wollten, verlangte er von seiner Weissagerin Sibylla zu erfahren, ob je auf Erden ein Mensch größer sein werde als er. Als er am Tage von Christi Geburt mit Sibylla allein in seiner Kammer war, erschien am Mittag ein goldener Kreis um die Sonne und in seiner Mitte die schönste Jungfrau über einem Altar stehend und ein Kind auf ihrem Schoße haltend. Eine Stimme sprach: Das ist der Altar des Himmelsgottes. Und Sibylla sprach zum Kaiser: Dieses Kind ist größer als du, deshalb bete es an. (Freundlicher Hinweis von Herrn Prof. Dr. Klapper, Erfurt.)

der Man: Der Mond.

Und unser lieben Frauen: W II, Nr. 1213, 1.–9. Strophe, nach Beuttners Catholisch Gesang-Buch. Grätz 1660 (1602). Vorlage nicht genau auszumachen; dritte Strophe wahrscheinlich spätere Zutat:

Herr Jesu Christ, der Heiland,
ist unser Heil und Trost,
mit seiner bittern Marter
hat er uns all erlöst.

Auf der Welt hab ich kein Freud: Fränkische Volkslieder mit Bildern und Weisen, hrsg. von St. Ankenbrand. München 1933, S. 13f. Kontrafaktur zu: Auf der Welt hab ich kein Freud, ich hab ein Schatz und der ist weit.

Dich Frau von Himmel ruf ich an: Hoffmann von Fallersleben: Geschichte des deutschen Kirchenliedes. Hannover 1861, Nr. 68. Diese drei Gesätze wahrscheinlich die ursprünglichen, nach einem Vorsatzblatt des 15. Jh.s zum Parcival von 1477 in Seifenstetten, später vielfach erweitert, in allen frühen Gesangbüchern zu finden, vgl. W II, Nr. 1030–32.

Salve Regina: W II, Nr. 673, nach Vehes Neu Gesangbüchlein Geistlicher Lieder. Leipzig 1537. Verdeutschung der Marienantiphon »Salve regina misericordiae«, die Hermann dem Lahmen von Reichenau zugeschrieben wird, nachweisbar seit dem 11. Jh., liturgisch verwendet seit 1135.

Zehertal: Zähren-, Tränental.

Dich Muotter Gottes rüf wir an: W II, Nr. 1034, nach einem Augsburger Liederdruck von 1512.

verseicht: versiegt.

nicht verzeicht: Nichts versagt.

Maria zart von edler Art: W II, Nr. 1036, 1.–3. Strophe, nach Münchner Codex von 1505, bei Leisentrit 1584 fünf Strophen, später 29 (s. K II, Nr. 391).

der Altväter Verlangen . . .: Daß die »Altväter« des Alten Testamentes in der Vorhölle leben, war eine dem Mittelalter vor allem durch die Osterspiele vertraute Vorstellung. Ihre Quelle ist das apokryphe Nicodemusevangelium, das von Christi Abstieg »ad inferos« berichtet (s. C. v. Tischendorf, Evangelia Apocrypha, Editio altera 1876); erinnert sei auch an Dantes Vorhölle.

Ave Maria, du Himmelkünigin: W II, Nr. 1219, nach« Catholisch Gesangbüchlein . . . Innsbruck 1588.

ein Form der Reinigkeit: Ein Muster, ein Vorbild an Keuschheit.

Gilg: Lilie.

Do Maria im Kindelbett: W III, Nr. 1371. Verfasser ist Nicolaus Herman (1480–1561), protestantischer Dichter und Komponist (Sonntagsevangelien, Wittenberg 1561). 1567 steht das Lied ohne Verfassername bereits in Leisentrits Gesangbuch. Strophe 4–13 reines Jesuslied. Darstellung Jesu im Tempel Lukas 2,22–24.

Es ist ein Ros entsprungen: W II, Nr. 1153, Strophen 1–2, 21–23, nach der ältesten Überlieferung: Alte Catholische Geistliche Kirchengesäng. Cölln M.D.C. (Speierisches Gesangbuch), dort schon 23 Strophen. Die Strophen 3–20 erzählen die Verkündigung und die Geburt Christi. Das Lied stammt gewiß schon aus dem 15. Jh., Überschrift a.a.O.: »Das altkatholische Triersche Christliedlein«, also im Rheinland entstanden. Heutige Melodie nach dem vierstimmigen Tonsatz von Michael Prätorius in »Musae Sioniae VI. 1609«, Nr. 53; als Protestant änderte Pr. die letzte Zeile der 2. Strophe in das heutige geläufigere »wohl zu der halben Nacht«. In Anlehnung an Isaias 11,1–2 erscheint statt »Ros« oft »Reis«.

Alle Tage sing und sage: K II, Nr. 396, nach: Alte Catholische Geistliche Kirchgesäng. Cölln 1617; später 74 Strophen. Die lateinische Vorlage »Omni die dic Mariae« wird in Corners Gesangbuch (1625) dem hl. Casimir (1459–1484) zugeschrieben, wahrscheinlich aber von Anselm v. Canterbury (1033–1109).

Maria ging hinaus: K II, Nr. 418, nach Corners Groß Catholisch Gesangbuch. Nürnberg 1625. Lukas 1,39ff.

Hebron: Stadt südlich von Jerusalem und Bethlehem.

Ein Jungfrau zart von edler Art: W V, Nr. 1529, nach Corners Geistlicher Nachtigall. Wien 1631 (vgl. K II, Nr. 398), 35 Strophen, möglicherweise auch Anlehnung an ein weltliches Volkslied.

Maria ist geboren: K II, Nr. 428, nach Vorners Groß Catholisch Gesangbuch. Nürnberg 1625.

bei Sanct Matthaeo: Matthäus 1,1–17.

vierzehn: a.a.O. 1,17.

Aus so viel Blumen: So (statt: als so viel Blumen) gebessert nach Körner S. 40.

Maria, breit dein Mantel aus: Körner, S. 333ff., nach einem Innsbrukker Vierliederdruck von 1640 mit 29 Strophen, davon hier die Strophen 1–4, 10, 16, 17, 24, 29. Ausgangspunkt ist eine Legende: ein frommes Ordensglied kommt in den Himmel und findet nirgends seinesgleichen; nach langem Suchen kommt es zu Maria, die ihren Mantel öffnet, unter ihm findet es alle Ordensmitglieder.

Wunderschön Prächtige: Des Knaben Wunderhorn. 2. Bd. Heidelberg 1808. Neudruck der Originalausgabe Meersburg 1928, S. 179. Weitverbreitetes Lied vom Ende des 17. Jahrhunderts, schließt sich in der 1. Strophe eng einem Liede des Laurentius von Schnüffis (s. d.) an: Sonnenschön prächtige, überaus mächtige, himmlische Frau; 2. und 3. Strophe der heutigen Gesangbuchfassung aus dem 19. Jh.

Ave Maria, ain Ros an alle Dorn: W II, Nr. 59, nach einer Stuttgarter Handschrift von 1476, im Typus wahrscheinlich bis ins 12. Jh. zurückgehend, später vielfach überarbeitet, heute zumeist: Maria, Rose ohne Dorn.

an alle dorn: *ohne* alle Dornen.

missetant: Missetat, Frevel.

versien mich: Bewahre mich.

durch dines kindes tod: Um den Tod deines Kindes willen; die gleiche Konstruktion in Vers 9.

der engel brot: Abendmahl (= Christi Leib).

mit riuwen: reuig.

wuot: drang.

wages fluot: Meereswoge.

Es kumpt ain Schiff geladen: W II, Nr. 458. Von der Überlieferung dem Mystiker Johannes Tauler (geb. um 1300, gest. 1361) zugeschrieben; Tauler war Dominikaner, Schüler Meister Eckharts, Prediger in Basel und Straßburg. Das Lied ist früh mit sehr verschiedenartigen Erweiterungen überliefert, bald echtes Volkslied geworden.

wage: Wasser.

zwy: Reis, Zweig.

zitenlose: Frühlingsblume, citamus, Narzisse oder Krokus (nicht Herbstzeitlose!).

Marienbittruf der Geißler: A. Hübner: Die deutschen Geißlerlieder. Berlin-Leipzig 1931, S. 187. Die deutsche Geißlerbewegung von 1349, mitten in der großen Pestzeit und durch sie wesentlich ausgelöst, begann Ende 1348 in Steiermark, griff Anfang 1349 auf Nieder- und Oberösterreich über, bis zum Herbst Ausbreitung über ganz Deutschland, vom Niederrhein aus gar auf Holland, Teile Frankreichs und England übergreifend, im Oktober 1349 durch Bulle Papst Clemens' VI. verdammt. Die Lieder sind schwäbisch aufgezeichnet in der Chronik Hugos von Reutlingen 1349.

ellind: Fremde, gegenüber der himmlischen Heimat.

bhoett: behüte.

dhain: kein.

gaehen tot: Der rasche Tod durch die Pest, ohne Empfang der Sterbesakramente.

himelbrot: Abendmahl, Christi Leib als letzte Wegstärkung.

daz si dez trosts nit werden an: Daß sie der Hilfe nicht verlustig gehn.

und da der sacher rowe vant: Da wo der Schächer Ruhe fand (Lukas 23,43).

Maria, Gottes Mutter: W II, Nr. 1196, Strophe 12–15, nach dem Mainzer Cantual von 1605. »Es sungen drei Engel ein süßen Gesang« ist ein sehr altes Prozessionslied, z. T. aus dem 13. Jh. stammend: In der Schlacht auf dem Marchfelde (26. 8. 1278) sang das Heer Kaiser Rudolfs, wie der Chronist Ottokar von Horneck berichtet:

Sant Maria muoter unde meit,
al unsiu not si dir gekleit,

also die 12. Strophe des späteren Liedes.

Joseph, lieber Neffe min: W II, Nr. 605, nach einer Leipziger Handschrift vom Ende des 14. oder Anfang des 15. Jh.s, dort als Beginn eines Wechselgesangs zwischen Maria, Joseph und dem Chor, später völlig selbständiges Volkslied. Das sog. Kindelwiegen war bei den Darstellungen der Weihnachtsgeschichte im 14.–16. Jh. in Deutschland sehr verbreitet und rief eine große Zahl von Wiegenliedern für den Jesusknaben hervor.

Neffe: Früher auch in der Bedeutung von Oheim, damit Entsprechung zu Muhme, beide Bezeichnungen sollen wohl auf die uneigentliche Ehe von Maria und Joseph hinweisen.

In Gottes Namen singen wir hie: W II, Nr. 1175, nach: Schöne Christliche Kreuz und Kirchen-Gesänger, Straubing 1615. Der Schluß bezeugt das Lied als Wallfahrtsgesang.

drei Rosen: s. Es blühen drei Rosen auf einem Zweig.

Die Engel singen süßen Sang: W II, Nr. 1197, nach dem Andernacher Gesangbüchlein. Cölln 1608. Marianische Nebenform des alten Prozessionsliedes »Es sungen drei Engel ein süßen Gesang«.

Es ging unser liebe Fraue: W II, Nr. 1194, nach einem Druck des 15. Jh.s; in sehr verschiedenen Fassungen überliefert. Die weiteren Strophen (teilweise bis zu 100) schildern Christi Passion.

Biß: sei.

Märbelstein: Marmorstein, Sinnbild der Reinheit.

Maria Mutter Jesu Christ: K II, Nr. 423, nach Corners Groß Catholisch Gesangbuch. Nürnberg 1625.

O Königin, holdselige Frau: Deutsche Volkslieder. Sammlung von

Fr. L. Mittler. 2. Ausg. Frankfurt a. M. 1865, Nr. 371, nach dem Fuldaer Gesangbuch von 1695, ähnlich schon bei Corner 1625.

Meerstern, ich dich grüße: Deutscher Liederhort, von Ludwig Erk, fortgesetzt von F. M. Böhme. Bd. 3. Leipzig 1894, Nr. 2048. Wallfahrtslied aus dem Paderbornischen, ähnlich auch im Fränkischen gesungen.

Wie hell leucht't der Mond: Weltliche und geistliche Volkslieder und Volksschauspiele. Hrsg. von H. Pröhle. Aschersleben 1855, Nr. 118, nach einem Fliegenden Blatt ohne Jahresangabe, wahrscheinlich aus dem 17. Jh.

Einsiedeln: Benediktinerabtei von Einsiedeln im Kanton Schwyz, berühmt durch ein wundertätiges Marienbild.

Es blühn drei Rosen: Deutscher Liederhort, von Ludwig Erk, fortgesetzt von F. M. Böhme. Bd. 3. Leipzig 1894, Nr. 1190, 1840 als schlesisches Volkslied aufgezeichnet.

ins Himmelreich: im Himmelreich.

Maria sollt zur Schule gehn: Des Knaben Wunderhorn. Vierter Teil Hrsg. von L. Erk. Berlin 1875, S. 133. Legendarisches Lied aus Mayen am Rhein.

Maria ist sich geritten heraus: J. H. Schmitz: Sitten und Bräuche, Lieder, Sprichwörter und Rätsel des Eifler Volkes. Trier 1856, Nr. 8, mit zwei weiteren Fassungen und Erklärungen von John Meier im Jahrbuch für Volksliedforschung 5, 1936, S. 46ff.

Concelebrant (lat. = sie feiern): hier als Eigenname aufgefaßt, eigentlich ein Verb aus der Präfation der Messe zu den virtutes. In frühchristlichen Abendmahlsdarstellungen ist der Fisch eucharistisches Symbol, hier verbunden mit alten Sagen von einem Urfisch als Träger der Welt, dessen Bewegungen Erdbeben verursachen, ohne ausdrücklich mit Christus gleichgesetzt zu werden; das Verhältnis des Fisches zu Maria und der weihnachtlichen Geburt im Lied sehr verschwommen. Im Grunde sind es zwei Lieder, Strophe 1–6 ein sog. Herbergslied, 7–11 Lied vom heidnisch-christlich-eucharistischen Weltfisch.

Maria durch 'nen Dornwald ging: Deutsche Volkslieder. Sammlung von Fr. L. Mittler. 2. Ausg. Frankfurt a. M. 1865, Nr. 382, ursprünglich ein Wallfahrtslied aus dem Eichsfeldischen.

Ufm Berga da giht dar Wind: Die deutschen Volkslieder mit ihren Singweisen. Hrsg. von L. Erk und W. Irmer. 2. Ausg. Leipzig 1843. 6. Heft, Nr. 59. Volkslied aus dem oberschlesischen Gebirge.

Dichtung der Barockzeit

JESUITISCHE DICHTUNG

Jakob Balde: Herders Sämtliche Werke. Hrsg. von B. Suphan. Bd. 27. Berlin 1881, S. 265–72. Herders Übertragungen erschienen zuerst in »Terpsichore«, 1.–3. Teil 1795/96 (abgeschlossen 1794), mit einem »Kenotaphium des Dichters Jakob Balde« und einer »Nachschrift. Eine Rechenschaft des Übersetzers«. (A.a.O. S. 201–34, 274–282.) Größter jesuitisch-lateinischer Lyriker, 1603 geb. in Ensisheim, Elsaß, seit 1624 Jesuit, 1632 Professor der Rhetorik in Ingolstadt und Innsbruck, seit 1638 Hofprediger in München.

Hermon: Hohes Gebirge im Norden Palästinas.

Karmel: Ins Mittelmeer vorspringendes Gebirge im Norden Palästinas.

Au Engeddi: Oase am Westufer des Toten Meeres.

Libanon: Gebirge in Syrien, längs der phönizischen Mittelmeerküste.

Hesbon: Hauptstadt des alten Amoriterreiches, östlich der Mündung des Jordans ins Tote Meer.

als ewige Weisheit: Sprüche 8,22 ff.

Schwangengesang des Dichters: Im ersten Teil wird von der Verwandlung der Leier des Dichters in einen Schwan gesprochen.

Friedrich Spee: Trutznachtigall oder Geistlichs-Poetisch Lust-Wäldlein 1649. Hrsg. von G. O. Arlt. Halle 1936, Nr. 44 (Neudrucke dt. Lit. Werke des 16. u. 17. Jh.s, Nr. 292–301). Friedrich Spee von Langenfeld geb. 1591 in Kaiserswerth, 1610 Eintritt in den Trierer Jesuitenorden, nach dem Studium Lehrer an den Jesuitenschulen in Speyer, Worms, Mainz, 1625 Professor der Philosophie in Paderborn, 1631 Opposition gegen die Hexenprozesse, 1633 Professor der Moraltheologie in Trier, starb 1635 bei der Pflege pestkranker Soldaten.

Daphnis: Berühmter Hirtenknabe aus dem spätantiken Hirten- und Liebesroman »Daphnis und Chloe« von Longos (3. Jh.), Nachwirkung in der Schäferdichtung des 17. Jh.s.

brann: brannte.

zerspleissen: Altes Wort für »zerspalten«.

gunnt: begannet.

Bäcklein: Küsse.

Lefzen: Lippen.

schleisse: hinbringen, zubringen (Verschleiß!).

sich zerschleisset: nimmt ein Ende.

Bartholomäus Christelius: Seraphisches Liebjahr. Öllmütz 1678, Augustmonat XV (Überschrift vom Hrsg.). Geb. 1624 in Müglitz, Mähren, Rektor des Jesuitenkollegiums in Breslau, gest. gegen 1700.

Elias: 2. Könige, 2,9–12.

erzeuge dich zu sein: Beweise durch die Tat, daß du bist . . . (bezogen auf die folgenden Verse).

SCHLESISCHE MYSTIK

Johannes Scheffler: Angelus Silesius. Cherubinischer Wandersmann (Geistreiche Sinn- und Schlußreime 1657). Hrsg. von G. Ellinger. Halle 1895. IV 42, III 195, I 23, II 9, I 286, III 3, III 33. Heilige Seelenlust oder Geistliche Hirtenlieder der in ihren Jesum verliebten Psyche 1657. Hrsg. von G. Ellinger. Halle 1901, I 15, V 156 (Neudrucke dt. Lit. Werke des 16. u. 17. Jh.s, Nr. 177–181). – Größter deutschsprachiger Dichter des katholischen Barock, 1624 geb. in Breslau, Studium in Straßburg, Leiden und Padua, 1653 aufsehenerregender Übertritt zur katholischen Kirche, 1654 Hofmedikus Kaiser Ferdinands III., 1661 Eintritt in den Minoritenorden in Breslau.

Psyche: Seele, hier in bewußter Anlehnung an die gleichnamige Mädchengestalt aus dem Märchen von Amor und Psyche in des Apuleius Roman »Der goldene Esel« (2. Jh. n. Chr.).

Zu den biblischen Bildern s. Anmerkungen zu den ersten mittelalterlichen Dichtungen.

bis: Alte Imperativform für heutiges »sei«.

Judith: Judith 13,9 ff.

Abisai: 1. Könige, 1,1–4, der wahre David ist Christus.

Rahel: Genesis 30,22–24; 41,47–49 (Joseph ließ in den sieben reichen Jahren das Korn speichern für die sieben mageren Jahre).

Procopius von Templin: Der groß-wundertätigen Mutter Gottes Mariae Hülf-Lob-Gesang. Gerichtet auf all ihre hohe Fest und auf die Sonntäg des ganzen Jahrs. Passau 1659, LXIX, Gesang zum 5. Sonntag nach Pfingsten, auf den Schrifttext Hohes Lied 6,8. – 1608 geb. in Brandenburg, nach der Konversion 1628 Eintritt in den Kapuzinerorden als dessen Prediger in Passau, Znaim und Wien tätig, 1680 gest. in Linz.

unter Männig: Unter den Menschen.

ein einigr Mon: Ein Mond, den es nur *ein* Mal gibt.

Johannes Kuen: Diadema Marianum. Ehren-Kron mit zwölf Edelgesteinen, deren Kraft und Eigenschaft in zwölf Gesänglein begriffen, XII. Gesang; aus: Marianum Epithalamium. München 1636, Text nach der 5. Aufl. von 1659, S. 299–303. – Geistlicher Lyriker und Komponist, geb. 1605 oder 1606 in Moosach bei München, 1630 Priester in München, von J. Balde gefördert, gest. 1675.

gebrunnen: gebrannt, geleuchtet.

brann: brannte.

brinnt: brennt.

Phöbus: Beiname Apollos als Sonnengott.

Gaudebunt campi: Rosetum Marianum, 3. Gesang. Text a.a.O. S. 204–207.

Aeolus: Sohn Poseidons, König der Winde.

so fast: so sehr.

Bühel: Hügel.

damits: damit sie (Maria).

Sonnenwend: Wilder Heliotrop (Heliotropium europaeum), ehemals als Heilkraut verwendet.

Näst: = Äste.

herein bringen: Wiedergutmachen.

Laurentius von Schnüffis: Mirantische Mayen-Pfeiff. Oder Marianische Lob-Verfassung. In welcher Clorus, ein Hirt, der Großmächtigsten Himmels-Königin und Mutter Gottes Mariae unvergleichliche Schön-, Hoch- und Vermögenheit besingt. Dillingen Anno 1692. Anderer Theil, Elegia II. Die 30 Lieder dieser Sammlung sind allesamt mit Kupfern und Melodien versehen. – Laurentius 1633 geb. in Vorarlberg, zog als fahrender Schauspieler durch die Lande, 1655 am Hofe

Erzherzogs Ferdinand Karl in Innsbruck, nach Studium der Theologie 1665 Eintritt in das Kapuzinerkloster Zug, gest. 1702.

blau beluffet: Blau beluftet, Assimilation von t zu f.

blöd: In der alten Bedeutung: schwach (mit schwachen Augen).

entweget: Vom Wege abgebracht.

PROTESTANTISCHE MARIENDICHTUNG

Georg Philipp Harsdörffer: Hertzbewegliche Sonntagsandachten. Nürnberg 1649. 1. Teil, S. 128ff. – 1602 geb. in Nürnberg, nach großer Bildungsreise durch Europa Gerichtsassessor, später Mitglied des Nürnberger Rates, gründete 1644 mit Joh. Klaj den »Löblichen Hirten- und Blumenorden an der Pegnitz«, eine der wichtigsten Sprach- und Dichtergesellschaften des 17. Jh.s; äußerst produktiv in Lyrik und Epik, Verfasser des »Poetischen Trichters« (davon der sog. Nürnberger Trichter!).

Andreas Gryphius: Sonn- und Feiertags-Sonette 1639. Neu hrsg. v. H. Welti. Halle 1883, Festtags Sonette Nr. 11 (Neudrucke dt. Lit. Werke des 16. u. 17. Jh.s, Nr. 37/38). – Größter deutscher Dramatiker des 17. Jh.s, bedeutender Lyriker, 1616 geb. in Glogau, Studium in Leiden, nach Aufenthalten in Frankreich und Italien 1647 in Straßburg, 1650 Syndikus der Stände im Fürstentum Glogau, 1664 gest. in Glogau.

seinen Eid: Alttestamentliche Weissagungen von der Geburt des Messias, besonders Isaias 7,14.

erhaben: erhoben, erhöht.

Johann Klaj: Johann Klaj der Hochheil. Gotteslehre Ergebenens und gekrönten Poetens Freudengedichte Der seligmachenden Geburt Jesu Christi zu Ehren gesungen. Nürnberg [1650]. Neu hrsg. v. W. Flemming in: Deutsche Literatur in Entwicklungsreihen. Barockdrama Bd. 6, S. 27ff. – dess. Trauerrede über das Leiden seines Erlösers. Nürnberg im Jahre MDCL, S. 27 (Überschrift vom Herausgeber). – Schöpfer des deutschen Oratoriums, 1616 geb. in Meißen, mit Harsdörffer (s. d.) in Nürnberg, Lehrer an der Sebaldusschule, 1650 Pfarrer in Kitzingen, gest. 1656.

Dreiling: Maßgefäß für Getreide und Flüssigkeiten.

Auf, Stimmen . . .: Im Ton von »Vom Himmel hoch, da komm ich her« (Anm. von Klaj).

behagt: wohlgefällt.
bejochet: eingespannt.
verwacht: Durch zu angestrengtes Wachen geschädigt.
unverbleiben: unverzüglich.
Fürst: Die Sonne.
zweigestammt: Weil aus menschlichem und göttlichem Geschlecht.
Eder: Wohl Edrei, Stadt in der Landschaft Basan im Norden des Ostjordanlandes.
Ihrer hellen Äugelein: Im Ton von »Der Tag, der ist so freudenreich« (Anm. von Klaj).
Hesbon: Hauptstadt des alten Amoriterreiches, östlich der Mündung des Jordan ins Tote Meer.
Gilead: Landschaft im Ostjordanland.
Höcken: Plural zu Höcker, Auswuchserscheinungen.

Klassisch-romantische Dichtung

Johann Wolfgang von Goethe: Faust, Verse 3587–3619, 11989–12012, 12096–12103 nach: Goethes Werke (Weimarer Ausgabe) Bd. 14/15, Weimar 1887/88 (Überschriften vom Herausgeber).

August Wilhelm Schlegel: Athenaeum Bd. 2. Berlin 1799, S. 141f. – 1767 geb. in Hannover, führender Kritiker, Übersetzer und Forscher der romantischen Bewegung, 1798 Professor in Jena, 1801 Vorlesungen in Berlin, 1808 in Wien, 1818 Professor in Bonn.

Friedrich Hölderlin: Sämtliche Werke. Bd. II, 1. Stuttgart 1951 (Große Stuttgarter Ausgabe), S. 211–216. – 1770 geb. in Lauffen am Neckar, Studium der Theologie im Tübinger Stift, ab 1796 Hauslehrer im Hause des Frankfurter Bankiers Gontard (Diotima-Erlebnis), später in Homburg, Hauptwil, Bordeaux und Nürtingen, 1806 geistige Umnachtung, bis 1808 in der Tübinger Irrenanstalt, lebte unheilbar noch bis 1843 in der Pflege des Tübinger Tischlermeisters Zimmer. Zu den Erklärungen vgl. a.a.O. Bd. I, 2, S. 846–849.

Doch Himmlische . . .: Für den protestantisch-deutschen Dichter ist der katholisch-lateinische Madonnenkult eigentlich fremd, unzugänglich, Lilie = altes Sinnbild für Maria.
statt anderer Gottheit: In der Zeit der großen Götterferne.
Denn gut sind Satzungen . . .: Das Folgende zu deuten auf Herodes,

der Johannes den Täufer enthaupten, und auf die Römer, die Christus töten ließen, sie sind »die Beiden«.

in heiliger Nacht: Die auch als solche noch heilige Zeit der Götterferne, in der Maria wacht.

Damit sie nicht die Amme: Der neue Göttertag verlangt einen Menschen, der nicht in falscher Seßhaftigkeit und die Mutter belastender Trägheit zu verstehen versäumt »die Freiheit, aufzubrechen, wohin er will« (»Lebenslauf«).

Vor allem, daß man schone: Die Wildnis ist die götterlose Zwischenzeit, die dennoch nach klarem Göttergesetz gebaut ist, das damit die Kinder des Gottes nur aus der Wildnis haben können; so brauchen es ihnen die Götter bei ihrer Wiederkehr nicht gewaltsam zu entreißen wie von Knechten, die es verfälschten.

Knochenberg: Bei Bad Driburg gelegen, in der Nähe liegt Teutoburg, damit aber vermischt der thessalische Berg Ossa, Denkmal des Kampfes der Giganten mit den Göttern; bei Driburg verlief lange Zeit die Grenze zwischen Römern und Germanen. Das »geistige Wasser« nach den Driburger Heilquellen, aber auch unter Mitklang von Johannes 3,5: »Wahrlich, wahrlich, ich sage dir: Es sei denn, daß jemand geboren werde aus Wasser und Geist, so kann er nicht in das Reich Gottes kommen.«

Und zu sehr zu fürchten die Furcht nicht: 10. Juni 1796 an den Bruder: »Ich fürchte mich nicht vor dem, was zu fürchten ist, ich fürchte mich nur vor der Furcht« (nach Montaigne).

o Gesang: Der vom Göttlichen in götterloser Zeit erfüllte Gesang wird als Zeugnis dieser Zeit bleiben.

unverständig im Eigentum: Das einsame Glück persönlicher Befriedigung hätte ihn fast überfallen und nicht mehr nach den lebendigen Göttern fragen, sondern unverständig sich den Schatten zuwenden lassen.

du: Wohl der Vater aller Himmlischen, der Sterblichen versuchsweise Göttergestalt gab, wie eben der Madonna, weshalb dem Dichter zeitweise jedes echte Wort von den wahren Göttern überflüssig dünkte, schien ihm doch das göttliche Lebenslicht gespart, d. h. hier erhalten, bewahrt.

wie sie die Kraft: Nach den üblichen Lesarten sind diejenigen der Dichter gemeint, die in den Zwischenzeiten etwas von der Kraft der Götter entlehnen. Diese geliehene Kraft übertragen sie auf die Halbgötter und Sterblichen, denen der Vater nur versuchend Göttergestalt gegeben hat.

Max von Schenkendorf: Gedichte. Hrsg. von E. Groß. Berlin-Leipzig o. J., S. 134. Dichter vaterländischer und religiöser Lieder während der Befreiungskriege, 1783 geb. in Tilsit, ab 1806 in Königsberg im Staatsdienst, 1813 Kriegsfreiwilliger, später Regierungsrat in Koblenz.

Friedrich von Hardenberg: Novalis. Schriften. Hrsg. von P. Kluckhohn u. R. Samuel. 2. erw. u. verb. Aufl. Stuttgart (1960). Bd. 1, S. 175 – 177. Novalis war der bedeutendste Dichter der Frühromantik, geb. 1772 auf Oberwiederstedt in Thüringen, Jura- und Philosophiestudium in Jena, Leipzig und Wittenberg, 1797–99 Bergakademie Freiberg, 1799 Salinenassessor in Weißenfels; die Geistlichen Lieder entstanden 1799.

Clemens Brentano: Aus der achten der »Romanzen vom Rosenkranz«, Text nach: Märchen und Romanzen. Neu hrsg. v. H. Löwe. Meersburg-Leipzig 1936. 3. Bd. S. 154ff. – Als Lyriker, Dramatiker, Erzähler und Mitherausgeber von »Des Knaben Wunderhorn« führender Dichter der späteren Romantik, 1778 geb. in Ehrenbreitstein, Freundschaft mit Achim von Arnim, 1804 in Heidelberg, ruheloses Leben ohne Beruf, 1817 Rückkehr zum katholischen Glauben, 1819–24 Aufenthalt bei der stigmatisierten Nonne Katharina Emmerich in Dülmen, nach weiterem Wanderleben 1842 gest. in Aschaffenburg.

Josef von Eichendorff: Werke. Hrsg. von A. v. Grolmann. Leipzig (1928). Bd. 1, S. 198 (1808), 199 (1822/32), 222 (1823?), 219 (1839). – 1788 geb. auf Lubowitz in Oberschlesien, Studium in Halle, Heidelberg, Berlin, Wien, 1813 Lützower Jäger, ab 1816 im höheren Verwaltungsdienst in Danzig, Berlin, Königsberg, 1857 gest. in Neiße.

Dichtung seit 1900

Otto zur Linde: Gesammelte Werke. Erste Abteilung: Gesammelte Gedichte. Bd. VII/VIII. Lieder des Leids. Berlin-Lichterfelde 1924, S. 38f. 1873 in Essen geb., philosophischer Lyriker unter teilweisem Einfluß von Nietzsche, Begründer des Charon-Kreises, zu dessen Mitarbeitern auch R. Paulsen und K. Röttger gehörten. Herausgeber der Zeitschrift

»Charon« (ab 1904), 1938 gest. in Berlin. Mit freundlicher Genehmigung des Heinrich-Heine-Institutes Düsseldorf, 1988.

Rainer Maria Rilke: Sämtliche Werke. Hrsg. vom Rilke-Archiv. In Verbindung mit Ruth Sieber-Rilke besorgt durch Ernst Zinn. Im Inselverlag (Wiesbaden). Bd. 1. 1955, S. 667, 670, 678f. (aus dem Zyklus »Das Marien-Leben« 1912). Bd. 2, 1956, S. 46f. (»Himmelfahrt Mariae«, 1913). – 1875 geb. in Prag, nach Aufenthalten in Italien, Rußland und Frankreich (Sekretär bei Rodin) fast ständig auf Reisen, ohne Heimat, ohne Beruf, bewußt »reine« Dichterexistenz, seit 1919 in der Schweiz, seit 1922 in Muzot (Wallis), gest. 1926.

Theorbe: Baßlaute, Instrument von 14–16 Saiten.

Hermann Hesse: Die Gedichte von Hermann Hesse, Berlin 1947, S. 124 (aus den Jahren 1899 bis 1902). – 1877 geb. in Calw (Württ.), seit 1904 freier Schriftsteller am Bodensee, 1912 Übersiedlung in die Schweiz, dort Teilnahme an den Arbeiten des Roten Kreuzes im Ersten Weltkrieg, seit 1918 in Montagnola bei Lugano, 1946 Nobelpreisträger, gest. 1962.

Reinhard Johannes Sorge: Mutter der Himmel. Ein Sang in zwölf Gesängen. München (1917), aus dem siebenten Gesang S. 29/30. – 1892 geb. in Berlin-Rixdorf, freier Schriftsteller in Rom, kurz vor seinem Übertritt zur katholischen Kirche 1913 entstand obige Dichtung, 1916 gefallen. In Lyrik und Mysterienspiel religiöser Expressionist.

Rudolf Alexander Schröder: Gesammelte Werke. Berlin 1953. Bd. 1, S. 227ff., Nr. 2, 4, 5, 6 der 24 Sonette an die Sixtinische Madonna (begonnen 1907, vollendet 1928). – 1878 geb. in Bremen, Maler, Architekt, Mitbegründer der »Insel« 1899, als Dichter Verwalter antiker wie christlich-protestantischer Tradition, seit 1935 in Bergen in Oberbayern, 1942 Ordination zum Pfarrer, 1946 Mitglied der evangel. Landessynode von Bayern, gest. 1962.

Gertrud von le Fort: Hymnen an die Kirche. Leipzig 1957 (erste Ausgabe 1924), S. 45 und 65. Beide Gedichte sind in dem Zyklus der Kirche in den Mund gelegt. – 1876 geb. in Minden, aus alter Hugenottenfamilie, Studium der Geschichte und Philosophie in Heidelberg, 1925 Übertritt zur katholischen Kirche, lebte als freie Schriftstellerin in Oberstdorf, gest. 1971.

Ludwig Derleth: Der Fränkische Koran. Ludwig Derleth, Das Werk, Bd. 2, Verlag Hinder + Deelmann, Gladenbach 1971. Geb. 1870 in Gerolzhofen, Unterfranken, Literatur- und Psychiatriestudium, Mitarbeiter an Georges »Blättern für die Kunst«, lebte in München, Paris, Rom, bei Wien, seit 1935 in San Pietro di Stabio im Tessin, von starkem religiösen Sendungsbewußtsein erfüllt, gest. 1948.

Istar: Weibliche babylonische Hauptgottheit, bes. Göttin der Liebe, ihr Symbol der Planet Venus.

Dea, Mater . . .: Göttin, Mutter, geliebteste Gestalt des Lebens, ewiges Licht in der Finsternis der Zeit.

Nike: Die griechische Siegesgöttin, die berühmte hellenistische »Nike von Samothrake« stand auf einem Schiffsvorderteil.

Anathemen: Flüche, Anathema hieß im Mittelalter der Kirchenbann.

Konrad Weiss: Gedichte. 1914–1939. Hrsg. von F. Kemp. Kösel-Verlag, München 1980. 1880 geb. in Rauenbretzingen bei Schwäbisch-Hall, Studium der Theologie, Philosophie, Kunstgeschichte, Germanistik in Tübingen, München, Freiburg; zuerst zum Priester bestimmt, nach Beendigung des Studiums jedoch freier Schriftsteller, 1905–1920 in der Schriftleitung des »Hochland«, 1920 Eintritt in die Redaktion der »Münchener Neuesten Nachrichten« als Kunstreferent, gest. 1940. Neben dramatischen Arbeiten mit mittelalterlichen Stoffen und Lyrik großartige Städte- und Landschaftsschilderungen; in seiner Bedeutung erst durch die Veröffentlichungen und Neuauflagen des Kösel-Verlages nach dem Kriege erkannt.

Ruth Schaumann: »Maria am Abend«, »Magd Maria« aus: »Der Rebenhag«. München 1927, S. 109, 125. »Erschaffung Mariae« aus: »Der Knospengrund«. München 1929, S. 11. »Pietà« aus: »Das Passional«. München 1950. – Sehr produktive Lyrikerin, viele Marienlieder, Erzählerin, bildende Künstlerin, geb. 1899 in Hamburg, lebte in München, gest. 1975. Der Abdruck der Gedichte erfolgte mit freundlicher Genehmigung von Andreas Fuchs, München.

Inhalt

DIE KUNSTDICHTUNG DES MITTELALTERS

Lied, Gebet, Sequenz und Leich

Spruchdichtung

Die großen Preisdichtungen (Auszüge)

Marienklage (Auszüge)

GEISTLICHES GEMEINSCHAFTSLIED

(14.–17. Jh.)

Kontrafakturen

Frühes Kirchenlied

Pilger-, Wallfahrts- und Volkslied

DICHTUNG DER BAROCKZEIT

Jesuitische Dichtung

Schlesische Mystik

Süddeutsche didaktische Dichtung

Protestantische Mariendichtung

KLASSISCH-ROMANTISCHE DICHTUNG

DICHTUNG SEIT 1900

ERLÄUTERUNGEN

Zu dieser Ausgabe

insel taschenbuch 1168
Deutsche Mariendichtung

Der Text folgt der Ausgabe: Deutsche Mariendichtung aus neun Jahrhunderten. Herausgegeben und erläutert von Eberhard Haufe. (1961) Lizenzausgabe mit freundlicher Genehmigung des Union Verlages Berlin. Umschlagabbildung: »Thronende Maria mit Kind« des Meisters von Seeon, zwischen 1412 und 1433. München, Bayerisches Nationalmuseum (Lindenholz: Höhe 108 cm, Breite 84 cm. Ehemals Mittelfigur eines Altarschreines im Benediktiner-Kloster Seeon im Chiemgau).

Alte Welt und Mittelalter
im insel taschenbuch

Aischylos: Prometheus in Fesseln. Zweisprachige Ausgabe. Herausgegeben und übersetzt von Dieter Bremer. Mit Hinweisen zur Deutung und Wirkungsgeschichte. it 918

Jost Amman: Frauentrachtenbuch. Mit kolorierten Holzschnitten der Erstausgabe von 1586 und einem Nachwort von Manfred Lemmer. it 717

Apuleius: Der goldene Esel. Mit Illustrationen von Max Klinger zu ›Amor und Psyche‹. Aus dem Lateinischen von August Rode. Mit einem Nachwort von Wilhelm Haupt. it 146

Augustinus: Bekenntnisse. Lateinisch und Deutsch. Eingeleitet, übersetzt und erläutert von Joseph Bernhart. Mit einem Vorwort von Ernst Ludwig Grasmück. it 1002

Joseph Bédier: Der Roman von Tristan und Isolde. Mit Holzschnitten von 1484. Deutsch von Rudolf G. Binding. it 387

Otto Borst: Alltagsleben im Mittelalter. Mit zeitgenössischen Abbildungen. it 513

Giordano Bruno: Das Aschermittwochsmahl. Übersetzt von Ferdinand Fellmann. Mit einer Einleitung von Hans Blumenberg. it 548

Dante: Die Göttliche Komödie. Mit fünfzig Holzschnitten von Botticelli. Deutsch von Friedrich Freiherr von Falkenhausen. 2 Bde. it 94

Das Leben des Flavius Josephus. Aus seinen eigenen Aufzeichnungen zusammengestellt und übersetzt von Emanuel bin Gorion. it 536

Epikur: Philosophie der Freude. it 1057

Erasmus von Rotterdam: Das Lob der Torheit. Mit den Randzeichnungen von Hans Holbein dem Jüngeren. Übersetzt und herausgegeben von Uwe Schultz. it 369

Das Evangeliar Heinrichs des Löwen. Herausgegeben von Elisabeth Klemm. Mit farbigen Abbildungen. it 1121

Aulus Gellius: Attische Nächte. Ein Lesebuch aus der Zeit des Kaisers Marc Aurel. Herausgegeben von Heinz Berthold. it 1079

Geschichte des Königs Apollonius von Tyrus. Ein antiker Liebesroman nach dem Text der Gesta Romanorum. Übertragen von Ilse und Johannes Schneider. Mit Illustrationen von Harry Jürgens. it 977

Geschichten aus dem Mittelalter. Herausgegeben von Hermann Hesse. Aus dem Lateinischen übersetzt von Hermann Hesse und J. G. T. Graesse und mit Nacherzählungen von Leo Greiner. Neu zusammengestellt von Volker Michels. it 161

Gesta Romanorum. Das älteste Märchen- und Legendenbuch des christlichen Mittelalters. Übersetzt von J. G. T. Graesse. Augewählt und eingeleitet von Hermann Hesse. it 315

151/1/7.88

Alte Welt und Mittelalter
im insel taschenbuch

Griechisches Lesebuch. Herausgegeben von Hellmuth Flashar. it 995

Griechisches Theater. Aischylos: Die Perser. Die Sieben gegen Theben. Sophokles: Antigone. König Ödipus. Elektra. Aristophanes: Die Vögel. Lysistrata. Menander: Das Schiedsgericht. Deutsch von Wolfgang Schadewaldt. it 721

Helmut Hiller: Heinrich der Löwe. Herzog und Rebell. Eine Chronik von Helmut Hiller. it 922

Homer: Ilias. Neue Übertragung von Wolfgang Schadewaldt. Mit antiken Vasenbildern. it 153

Klosterleben im deutschen Mittelalter. Nach zeitgenössischen Quellen von Johannes Bühler. Herausgegeben von Georg A. Narciß. Mit zahlreichen Abbildungen. it 1135

Christoph Kolumbus: Bordbuch. Mit einem Nachwort von Frauke Gewecke und zeitgenössischen Illustrationen. it 476

Dieter Kühn: Ich Wolkenstein. Eine Biographie. Neue, erweiterte Ausgabe. it 497

Das Leben der Heiligen. Eine Auswahl aus der ältesten deutschen Druckausgabe von Heiligenlegenden »Das Passional«. Mit zahlreichen farbigen Holzschnitten. it 892

Longus: Daphnis und Chloë. Ein antiker Liebesroman. Aus dem Griechischen übersetzt und mit einem Nachwort von Arno Mauersberger. Mit Illustrationen der »Edition du Régent«. it 136

Thomas Malory: Die Geschichten von König Artus und den Rittern seiner Tafelrunde. 3 Bde. Übertragen von Helmut Findeisen auf der Grundlage der Lachmannschen Übersetzung. Mit einem Nachwort von Walter Martin. Mit Illustrationen von Aubrey Beardsley. it 239

Meister Eckhart: Das Buch der göttlichen Tröstung. Ins Neuhochdeutsche übertragen von Josef Quint. it 1005

Minnesinger. In Bildern der Manessischen Liederhandschrift. Mit Erläuterungen herausgegeben von Walter Koschorreck. Vierundzwanzig Abbildungen. it 88

Die Nibelungen. In der Wiedergabe von Franz Keim. Mit Illustrationen von Carl Otto Czeschka. Mit einem Vor- und Nachwort von Helmut Brackert. Im Anhang die Nacherzählung ›Die Nibelungen‹ von Gretel und Wolfgang Hecht. it 14

Ovid: Liebeskunst. Nach der Übersetzung von W. Hertzberg. Bearbeitet von Franz Burger-München. Mit Abbildungen nach etruskischen Wandmalereien. it 164

Francesco Petrarca: Dichtungen. Briefe. Schriften. Auswahl und Einleitung von Hanns W. Eppelsheimer. it 486

151/2/7.88

Alte Welt und Mittelalter im insel taschenbuch

Gaius Petronius: Satiricon oder Begebenheiten des Enkolp. In der Übertragung von Wilhelm Heinse. Mit Illustrationen von Marcus Behmer. it 169

Platon: Phaidon. In der Übersetzung von Rudolf Kassner. Mit einem Nachwort von Karl Hielscher. it 379

– Theaitet. In der Übersetzung und mit den Erläuterungen Friedrich Schleiermachers. Revision und Nachwort von Reinhard Thurow. it 289

– Das Trinkgelage oder Über den Eros. Übertragung, Nachwort und Erläuterungen von Ute Schmidt-Berger. Mit einer Wirkungsgeschichte von Jochen Schmidt und griechischen Vasenbildern. it 681

Römisches Lesebuch. Herausgegeben von Manfred Fuhrmann. it 996

Der Sachsenspiegel in Bildern. Aus der Heidelberger Bilderhandschrift ausgewählt und erläutert von Walter Koschorreck. it 218

Sagen der Römer. Geschichten und Geschichte aus der Frühzeit Roms. Nach antiken Autoren erzählt von Waldemar Fietz. it 466

Sappho: Strophen und Verse. Übersetzt und herausgegeben von Joachim Schickel. it 309

Friedrich Schlegel: Romantische Sagen des Mittelalters. Herausgegeben von Hermann Hesse. it 930

Gustav Schwab: Sagen des klassischen Altertums. Mit sechsundneunzig Zeichnungen von John Flaxman und einem Nachwort von Manfred Lemmer. 3 Bde. it 127

Seneca: Von der Seelenruhe. Philosophische Schriften und Briefe. Herausgegeben und aus dem Lateinischen übertragen von Heinz Berthold. it 743

Sophokles: Antigone. Übertragen und herausgegeben von Wolfgang Schadewaldt. Mit einem Nachwort, einem Aufsatz, Wirkungsgeschichte und Literaturhinweisen. it 70

– König Ödipus. Übertragen und herausgegeben von Wolfgang Schadewaldt. Mit einem Nachwort, drei Aufsätzen, Wirkungsgeschichte und Literaturnachweisen. it 15

Tacitus: Germania. Zweisprachig. Übertragen und erläutert von Arno Mauersberger. it 471

Der tanzende Tod. Mittelalterliche Totentänze. Herausgegeben, eingeleitet und übersetzt von Gert Kaiser. it 647

Teresa von Avila: Von der Liebe Gottes. Über etliche Wort des Hohenlieds Salomonis. Nach der deutschen Erstübersetzung von 1649 bearbeitet von Barbara Könneker. Herausgegeben und mit einem Nachwort versehen von André Stoll. Mit zahlreichen Abbildungen. it 741

151/3/7.88

Alte Welt und Mittelalter im insel taschenbuch

Theokrit: Sämtliche Dichtungen. Übertragen und herausgegeben von Dietrich Ebener. it 1158

François Villon: Sämtliche Dichtungen. Zweisprachige Ausgabe. Aus dem Französischen von Walther Küchler. it 1039

Walther von der Vogelweide: Gedichte. Mittelhochdeutscher Text mit der Übertragung von Karl Simrock aus dem Jahre 1833. it 1004

Wie ein Mann ein fromm Weib soll machen. Mittelalterliche Lehren über Ehe und Haushalt. Herausgegeben, ins Neuhochdeutsche übertragen und mit einem Nachwort versehen von Michael Dallapiazza. it 745

151/4/7.88